# 苦寒磨砺筑方圆
# **律师演讲**技能提升之道

朱树英　著

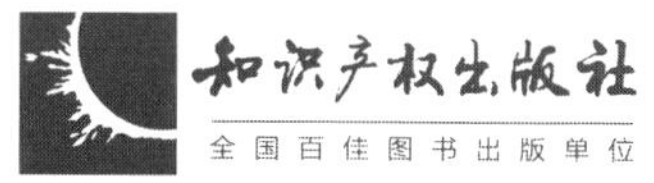

**图书在版编目（CIP）数据**

苦寒磨砺筑方圆．律师演讲技能提升之道／朱树英著．—北京：知识产权出版社，2018.3（2021.1 重印）

（建纬律师文库）

ISBN 978－7－5130－5436－2

Ⅰ.①苦…　Ⅱ.①朱…　Ⅲ.①司法—口才学　Ⅳ.①D90－05

中国版本图书馆 CIP 数据核字（2018）第 031009 号

**责任编辑：** 齐梓伊　雷春丽　　　**责任印制：** 刘译文

**封面设计：** SUN工作室　韩建文

智兴设计室　索晓青

## 苦寒磨砺筑方圆

——律师演讲技能提升之道

朱树英　著

**出版发行：** 知识产权出版社有限责任公司　**网　　址：** http://www.ipph.cn

**社　　址：** 北京市海淀区气象路 50 号院　**邮　　编：** 100081

**责编电话：** 010－82000860 转 8176　**责编邮箱：** qiziyi2004@qq.com

**发行电话：** 010－82000860 转 8101/8102　**发行传真：** 010－82000893/82005070/82000270

**印　　刷：** 天津嘉恒印务有限公司　**经　　销：** 各大网上书店、新华书店及相关专业书店

**开　　本：** 720mm×1000mm　1/16　**印　　张：** 18.75

**版　　次：** 2018 年 3 月第 1 版　**印　　次：** 2021 年 1 月第 2 次印刷

**字　　数：** 266 千字　**定　　价：** 59.00 元

ISBN 978－7－5130－5436－2

# 序　言
## 能说会写的律师是多了还是少了

很高兴又一次成了朱树英律师新作的第一读者，对我来说，这不仅是一个待遇，还是一个机遇，一个向朱树英律师学习的机遇。

我一边在翻阅这部上、下两本的新书，一边在思考一个问题：像朱树英律师这样能说会写的律师，在中国律师界到底有多少？在中国30多万执业律师中究竟是多了还是少了？

因为朱树英律师，我自然想起了“海派律师”；因为“海派律师”，我又想起了专业律师；因为专业律师，我则想起了在全国各地讲课最多的律师。

据我与朱树英律师20多年的深入交往，我认为朱树英律师已经不仅是一位律师，还应该是一种模式。对于“朱树英模式”，我们应该如何看待、怎样评价呢？在我看来，朱树英律师无疑是一位最具代表性的“海派律师”，是一位最具标志性的专业律师，最重要的是，他是一位最具能说会写风格与特色的中国律师。

说起“海派律师”，相比国内其他地方的律师，我曾经总结了“海派律师”的三个独特之处：

一是精明而不失真诚。在许多其他地方的律师同行看来，“海派律师”似乎显得很精明，甚至还有人认为是斤斤计较。其实，这正是“海派律师”真诚之处。他们不说无法兑现的大话，也不拍胸脯空口许诺，更不会打肿面子充胖子；他们精于计算但却从不算计，也不会假装义气，更不会落井下石；他们精明的是知己知彼，真诚的是待人以诚。

二是精致而又显大气。我们所见到的“海派律师”，永远是一副彬彬有礼的形象，精致的西服革履、精致的言行举止、精致的快人快语。同时，他们既讲雍容华贵、优雅得体，也讲洋为中用、中西合璧，更讲兼容并包、海纳百川。外地的律师来到上海都会受到真心欢迎，外地的律所进入上海都会得到平等待遇。

三是精业而更求超前。在“海派律师”看来，精打细算是一种本质，兢兢业业是一种素质，说到做到则是一种气质。作为律师，既要敬业，也要勤业，更要精业。为此，他们面向海洋而不会甘居人后，面向世界而不愿坐井观天，面向时代而不屑小富即安。

在“海派律师”中，我也曾经从个人年龄、执业年限、专业服务等不同视角作了一些分类与概括。其中就有一类像朱树英律师这样真诚、大气而超前的律师，这类律师既有管理业绩，也有行业影响，还有专业品牌。

对此，朱树英律师也曾经对“海派律师”作了一番分析。他说，“海派”是一种文化，是我们这座城市繁衍出来的文化，内容包罗万象。我们说“海派文化”，离不开上海这座城市在全国、在世界上的地位。一部中国百年现代当代史，上海一直起着至关重要的作用。他认为，上海律师队伍的规模和律师事务所的规模不是全国最大的，但在专业领域，上海律师是做得最好的。于是，他主张“海派”文化应该是领衔的、抢滩的、前瞻的、与国际接轨的。因此，“海派律师”就要做全国律师的领头羊。

作为“海派律师”的形象代表，作为全国律师协会建筑房地产业务委员会主任，作为曾经的全国律师协会民事业务委员会主任，朱树英确实在全国律师的专业化建设方面，起到了领头羊与主力军的作用。说起朱树英，许多人都知道他是一位建筑房地产业务方面的专家型律师、领军型人才、攻坚型专家。因此，谈到我国建筑房地产法律服务的专业品牌，首先就必须提起朱树英律师。尤其值得一提的是，在我国30多万执业律师中，朱树英律师一定是讲课讲得最多、讲得最好、讲得最无私、讲得最有成果的律师。

展现在我们面前这套名为《苦寒磨砺筑方圆——律师演讲技能提升之

道》《苦寒磨砺筑方圆——律师写作技能提升之道》的新书，不同于朱树英律师此前出版的任何一部书。这是一部可以让你掌握演讲和写作技法、提升演讲和写作技巧的活教材，也是一部可以让你分析演讲和写作得失、掌控演讲和写作成败的案例集，更是一部可以让你儒雅拓展业务、精准实现营销的工具书。

可以说，读了这部书，你才知道朱树英律师为什么能够成为一名能说会写的律师，你才清楚朱树英律师成为一位能说会写的律师为什么不是偶然的，你才明白为什么要成为一个像朱树英一样能说会写的律师其实说难不难、说易不易。

通过本书，朱树英律师告诉我们，成功的演讲和写作一定需要水到渠成。所谓水到渠成，是指为演讲付出了努力、积累了素材、做好了准备，那时就自然而然地成功了。于是，讲起来就得心应手、应付自如。所以，每到演讲之时，案例手到擒来，条文张嘴就来，方案说来就来。正如朱树英律师所说，律师执业离不开"能说"和"会写"，"能说会写"是律师的职业特点和必须具备的基本功。演讲和写作其实是相辅相成的，"讲得好"在于"写得好"，"写得好"则缘于"讲得好"。阅读本书，你会了解到，朱树英律师从事专职律师近30年来，始终坚持每天撰写的工作日记，坚持17年出刊的118期共920万字的《建纬律师》，铺垫写作观点的204篇热点法律专题论文，奠定写作基石的147个典型案例分析，每一次演讲初步形成的书面演讲稿（仅2010年以来积累的207篇演讲稿），都成了他演讲成功的鲜活素材与秘密武器。

通过本书，朱树英律师告诉我们，成功的演讲和写作一定是恰到好处的。所谓恰到好处的演讲，就是针对性、有效性、可操作性、实用性都能有机地结合到一起的演讲。用一位从博士转身为律师助理的年轻人对朱树英律师演讲的现场感慨来说，恰到好处的演讲就是言之有物、言之有序、言之有趣、言之有文、言之有智、言之有理的演讲。类似于这样来自第一线受众的感受，在本书中可谓比比皆是。有的人因为听了他一堂课而走上了专业律师之路，

有的人因为听了他一堂课而举家从外地迁往上海，有的人因为听了他一堂课而加入了建纬律师团队，有的人因为听了他一堂课而成了建纬律师事务所的固定客户……

在朱树英律师看来，律师演讲要获得成功，必须要解决两大关键问题：一是必须明确给谁演讲、受众是谁；二是必须明确听众关注什么、想听什么。为此，朱树英律师认为，要切实解决这两大前提性的关键问题，需要加强演讲的锻炼与磨砺。这不仅需要给律师同行讲课，还要尽可能更多地给不同的受众讲课，从而感悟不同的受众对听讲的不同需求，了解不同层次受众的需求。久而久之，思路就更清晰了，出路就更明确了。

通过本书，朱树英律师告诉我们，成功的演讲和写作一定是点到为止的。这里所说的“点到为止”，并非我们通常理解的那种浅尝辄止、蜻蜓点水的“点到为止”，而是强调演讲者的时间概念。从我对朱树英律师20多年来所了解的演讲活动来看，他是一位最能守时、最会控时、最讲信用、最善解人意的演讲者。在朱树英律师看来，成功而有效的“传道授业解惑”，一定要有对听众负责的态度，将听众最想获得的实务经验和操作技巧，用大家可以接受的方式分享和传授。换句话说，作为授课者，一要拿出干货，毫无保留；二要量体裁衣，倾囊相授；三要必须守时，严格控时。为此，他特别强调，律师的时间安排应以委托人的需求为准。如果时间安排有冲突，应首先服从于当事人和听课者。最重要的是，作为律师，作为律师演讲者，一定要有时间观念，学会掌握时间、控制时间。无论是面对客户还是听众，都应该如此，尊重受众从尊重他们的时间开始。在本书中，最让我感动的是，休假中的朱树英律师万里迢迢从洛杉矶赶回上海，只是为了参加上海市住房和城乡建设管理委员会的聘任法律顾问座谈会。可以说，这不是赴约而是守约，不是抢时间而是守信用。现实中，我们见到了太多的不守时、不控制时间的尴尬与难堪。朱树英律师的“点到为止”或许就是一面镜子，让那些既不守时又不会控制时间的人，早日意识到如何尊重客户或受众，不仅是能力与水平，更是一种习惯与境界。

谈到习惯与境界，朱树英律师从业近 30 年，办理过上千件的案件，现在已经 68 岁的他退而不休，依旧保持着没有双休日、每天凌晨四五点起床工作的习惯。每每出版新书，他在应他人要求签名时也依旧习惯地写下“业精于勤荒于嬉，行成于思毁于随”这样两句话。这两句话既是他的人生写照，更是他的人生境界。

从这个意义上说，他在这套书中告诉我们的水到渠成、恰到好处、点到为止这三条经验，与其说是演讲心得，还不如说是做人心得。正如朱树英律师所说，讲得好是因为写得好，写得好才能讲得好。现在看来，讲得好是因为写得好，写得好是因为做得好，做得好自然写得好与讲得好。

由此看来，在我国 30 多万名律师中，能说会写的律师不是多了而是少了。期待更多的律师能够像朱树英律师那样，业务做得好、文章写得好、演讲讲得好。

2017 年 11 月于党的十九大胜利闭幕之际

# 前　言

## 律师演讲——儒雅的拓展、精准的营销

“酒香也怕巷子深。”现代市场营销学认为，好的品牌也需要大力推广，专业律师的成功和业务做强、做大，同样离不开自我推广和专业营销。律师的专业能力需要法律服务市场和委托人的认可。专业律师承揽业务需要面对同行的竞争，只有通过有效的专业营销，才能扩大律师的影响，才能通过竞争赢得更多的业务。因此，一位成功的专业律师首先应该成为一名营销专家。

### 一、演讲是律师可以特别打造的营销方法

一个专业律师就算专业很好、能力很强，如果不善于通过演讲让人知晓，业务发展就会受到制约，难以实现顺利发展。反之，如果专业律师能够通过精准、特定的营销，使潜在客户知晓自己的专业能力和品牌，那么潜在客户遇到相关法律问题或纠纷时就会慕名而来。通过这种方式吸引的业务既有助于律师提升自身地位，又有利于律师商谈相关费用。

专业律师应该敢于营销、善于营销、精于营销。专业律师注重营销既不丢人现眼，也非自降身价。通过有效的、合适的方式推销自己、包装自己，既是律师职业的特点使然，也是法律服务市场的客观要求。作为专业律师，其营销方法应该符合专业法律服务的基本特点和专业律师的身份。在成为专业律师的进程中以及在提供专业法律服务的过程中，专业律师要不断完善专业的营销方式，不断提升自己的专业能力，其市场营销方法应该是高尚的、委婉的、儒雅的、精准的。

律师演讲之所以能够成为一种特殊的营销方式，是因为律师演讲的对象是有特定需求的听众。律师演讲营销作为一种市场手段，其成败自然要遵循市场规律，而来自演讲市场的受众的评价和认可是最公平的。律师的演讲如果能够契合受众的需求，受众自然就会在课后围着老师提问、交流、要名片。律师的演讲如果真正能够解决受众想要解决但自己不知如何解决的具体法律问题，受众就会产生“听君一堂课，胜读十年书”的感慨，遇到问题自然就会想到找这个律师来帮忙解决，律师演讲也就产生了扩大业务来源的市场效应。

## 二、律师的演讲营销经验值得认真总结，发扬光大

律师在提供法律服务的同时，应当认真研究拓展自己业务的营销方法。实践中律师的营销方法林林总总，对律师营销的评价也是褒贬不一。律师营销的具体方法有比较安全的，也有不安全的；有直截了当的，也有委婉含蓄的。比较律师各种营销方法，通过演讲进行营销是儒雅的，也是安全的。专业律师如何通过专业的市场营销，吸引更多慕名而来的业务？我的经验和体会是，在提供法律服务的同时持续不断地进行专业演讲，这也是我一直以来在做的。

对于我自己的演讲营销方式及其所产生的成效，原先是想等我空闲的时候，再好好总结提炼。现在，真到了想写这本书时，我突然对自己产生一种“不识庐山真面目，只缘身在此山中”的感觉。我讲了那么多的课，产生了这么明显的效应，这种市场效应究竟是如何产生的？我的演讲究竟有何特别之处？对这些演讲中的经验体会，该如何提炼、如何总结？要感谢开物律师事务所北京分所副主任段建国律师，他曾经写了一本《中国式律师营销》的专著，帮我总结得很到位。据他总结，具有中国特色的律师营销模式有八种：第一种是网络营销，第二种是演讲营销，第三种是出书营销，第四种是论坛营销，第五种是大师营销，第六种是政治营销，第七种是公益营销，第八种

是传媒营销。中国律师的营销方式应当总结，具体方法也可以讨论，但书中所列主要的营销方法都和我推崇的律师“能说会写”有关。在讲课营销和出书营销两种模式中，他都专门提到了我。

在该书“事半功倍的律师讲课营销”一文中，他提道：“律师是‘师’，是法律之师。传授法律知识，解答法律疑难，应当说是律师义不容辞的责任。律师的讲课，付出不多，却能收获不少，是一种事半功倍的营销模式。朱树英律师通过讲课获得了巨大成功。只要自己在某方面有专长，只要自己在某方面有积累，只要自己愿意先付出后思回报，将自己的法律知识兜售出去，总归是大有市场的。”“律师要重视业内讲课。知名度需要同行认可，尽管律师同行很少会直接有案件找这些讲课律师帮助，但是律师同行力所不能及的案件或者不方便办理的案件，并且往往是较大的案件，都会毫不犹豫地介绍给讲课的律师。给律师同行讲课，必须自己有真才实学，才能吸引同行，才能使律师同行心服口服，否则挑剔的律师同行会毫不客气地指出来。讲课老师必须有‘干货’，必须有扎实的专业知识。看看上海律师协会发布的朱树英律师给同行的‘当前律师在房地产领域中的新业务和新特点’的讲课提纲，我们不难发现，朱树英律师讲课内容之丰、内容之新、内容之专、内容之深。正因为讲课律师能够抓住听课律师的需求，讲到了点上，解决了实际疑难与困惑，才会深得同行喜爱。”

该书在客观总结并论述我的演讲营销的同时，还总结了我的写作营销。在该书“律师出书是很有品位的营销”一文中，他又写道：“律师通过出书，让客户认识了他们；律师通过出书，得到了同行的赏识。律师出书是很有品位的营销。”“律师出书可以展示自己突出的专业理论造诣。专著是作者心血与智慧的结晶，是作者潜心研究成果的展示。一本好的专著不仅可以推销作者的理论思想，而且会说服读者，赢得读者认可。如果遇到相应的法律问题，读者就可能成为忠实的客户。朱树英律师曾在大型建筑施工企业工作过28年。他在非诉讼领域首创的全过程和阶段过程服务模式，为拓展中国律师在建筑房地产领域的服务广度和深度作出了显著贡献。《房地产开发法律实务》

《建设工程法律实务》两本专著，都是他在房地产领域多年的理论研究成果，深得读者好评。”

一个律师能如此客观评价另一位并不认识的律师，其胸襟当然令人敬佩，我佩服并深表谢意。其实我并不认识段建国律师，但是他在《中国式律师营销》一书中总结我的演讲营销和写作营销的经验，是“旁观者清”的典范，他对我的总结是客观的，评价也是公平的，值得我自己好好学习，认真总结。

我曾经有过5年成人教育的工作经历，此后虽经历数次工作变动，但一直担任兼职教师，任教至今已有38年。离开企业走上专职律师之路的24年来，我在做律师的同时持续不断地进行业余授课。随着经验的积累和能力的提升，讲课也越来越受欢迎。我授课的地域范围越来越广泛，从上海开始，现已讲遍全国31个省、自治区和直辖市；尤其是在有着尊师重教历史传统的山东省，全省15个地级市中我到过13个；我的讲课足迹遍及国内两个建筑大省——江苏省和浙江省，其中包括江苏省13个地级市中的10个和浙江省11个地级市中的9个；我的讲课甚至讲到了香港和台湾地区。我讲课的层次也越来越高，曾应邀在多地仲裁委员会、北京市高级人民法院和江苏省高级人民法院等法院及中国法官协会讲课，还受聘担任北京大学、清华大学、中国人民大学、同济大学、交通大学、华东政法大学以及重庆大学、浙江大学、厦门大学、东南大学等国内名牌大学有关建设工程和房地产EMBA法律课程的法学客座教授，复旦大学管理学院还邀请我担任“职业责任与领导力”课程的“特聘导师”。作为一个专业律师，讲课已发展到这个程度，不管自己是否意识到，演讲已然成了自己特有的营销方法。

## 三、“律师之师”的由来和《我所认识的朱树英律师》

随着讲课次数越来越多，我积累了比较丰富的演讲经验，讲课时的心态也从一开始上讲台的紧张感逐渐变成了责任感，后来又变成了成就感。我是一个专业律师的代表，我的演讲听众中数量最多的当属各地的律师。律师应该算得上是文人，在中国传统文化中历来是“文人相轻”。然而，对于我的演讲，律师同行们都给予了毫不吝啬的赞美。有许许多多年轻的专业律师都自称是听了我的课走上专业律师之路的，甚至还经常会有律师比较听我讲课次数的多和少。2007年12月29日，在由我担任主任的上海市建纬律师事务所成立15周年之际，时任北京市西城区律师协会副会长、全国律师协会民事业务委员会副主任的李晓斌律师，特邀请著名书法家梁选锋先生专门给我书写竖、横两幅“律师之师”的题匾。

2002年6月，我们建纬律师事务所承办“第二届中国律师论坛”，《中国律师》杂志社记者李华鹏以《开弓没有回头箭——访上海市建纬律师事务所主任朱树英》为题发了采访文章。富有律师业务培训经验的山东律师许征，在半小时内以《我所认识的朱树英律师——读〈开弓没有回头箭〉一文有感》为题，对我的讲课写出如下即兴评价：

作为一名律师，没有比得到客户的认可更重要的了，因为客户是“衣食父母”；作为一名律师，没有比得到同行的尊崇更骄傲的了，因为同行是“冤家”。所以，他是幸运的，因为他既得到了客户的认可，也得到了同行的尊崇。他就是上海市建纬律师事务所主任朱树英律师。

他是一位风度翩翩的上海人。他没有北方人的伟岸，却有北方人的豪爽与正直；他拥有南方人的精明与严谨，却没有南方人的拘谨与“小心”。他是一位举止儒雅的律师。他没有硕士、博士学位，却有高深的专业学识与演讲家的口才；他没有留洋深造的资历，却拥有一片无人能开垦的绿地。

他普通，也许是因为他曾经当过木匠和建筑工人；他受人尊重，却是因为他“讲”得最多，也做得最好。朱树英，这是一位默默耕耘在建筑与房地产法律业务中的资深律师，一位开创中国律师专业化法律服务的带头人。看到《中国律师》第六期刊登的专访上海市建纬律师事务所主任朱树英律师的文章，我感到很亲切、很激动，甚至是冲动，或是这种冲动让我来不及思索，便想将朱律师立即“素描”出来。

认识（其实应该是“知道”）朱树英律师是在1997年，那时刚从政法院校毕业不久的我正在一家咨询公司做律师业务培训的商业会议工作。在联系上海的参会律师时，我偶尔打通了朱律师的电话，电话中朱律师没有像其他律师一样直接或委婉地拒绝邀请，而是详细询问了会议的主题和与会专家的情况，并希望能有机会参与这次会议的专题交流。虽然那次会议朱律师并没有参加，但简单的电话交流让我感觉到他是一位追求向上的学习型的律师。因此，在此后的几年里，无论我是在私企、国企还是律师事务所，无论我是在济南、青岛还是北京、上海，只要有关于建筑与房地产业的法律会议，我都能荣幸地邀请到朱律师作为专家莅临会议做精彩演讲，这在让更多业内人士认识他的同时，也让我有机会走近他、了解他、熟悉他。

由于工作原因，我接触过不少国内外知名的法学家、律师、企业家，法学家江平教授和朱树英律师是我邀请演讲次数最多的两位，也是最受律师欢迎的两位。朱律师诚实、谦虚、不保守，每次讲课都能直言不讳地将自己最新开拓的业务领域、业务开拓的切入点及运作方式、疑难案件的解决思路等“商业秘密”与受众分享。他善于与人交流、探讨，他更愿意接受同行的建议与批评。在一些同行只顾埋头赚钱的时候，他不断参加各种学术会议，汲取新的知识，不断总结实践经验，专业论文信手拈来；在一些同行靠关系、背景和不正当竞争等手段拉业务时，他却凭丰富的业务经验、精湛的办案水平一次又一次地赢得了客户的信赖与支持；在一些同行只顾做有限的诉讼业务时，他却凭饱满的热情将专业化的律师非诉讼业务开展得“如火如荼”。

有人说，他是一位精明的人；有人说，他是一位实在的人；还有人说，他是一位敢于吃螃蟹的人，也是一位有争议的人。我说，看看《建纬律师之路》和《建设工程法律实务》这两本书吧，你的认识或许会比我更深刻、更全面。我一直认为，做一名好律师很难，因为好律师是专业经验丰富的知识分子、善于驾驭各种关系的公关专家、能和客户讨价还价的商人、具有管理和经营能力的企业家。按照这个标准，我一直没能成为一名好律师，而且还差得很远，但对朱律师的认识让我明白，能得到客户的认可和同行的尊崇才是最高的标准。

“人无我有，人有我优，人优我新”是朱树英律师对自己多年律师工作的追求，我想，这也应是我们律师同行共同的方向。

2001 年我在专著《建设工程法律实务》一书的前言中，用了《建筑时报》刊登过的我的文章《一路风雨一路歌》，刊文其时恰逢中华人民共和国成立 50 周年，《建筑时报》评选出十名中国“东方建筑之子”，我以建筑行业专业法律服务的领军人物入选其中，《一路风雨一路歌》正是入选感言。该篇文章写了我多年来的执业感悟：专业律师认准了专业发展之路，就要一往无前、风雨兼程；虽然执业过程中经历风雨，但回头来看收获满满。在撰写本书时我的体会与此相同。回顾我担任专业律师后的一系列演讲，回顾我从教 38 年的经历，我有很多的经验要总结，也有很多难忘的故事要与各位分享。

这，也就是本书的写作缘由。

# 目 录

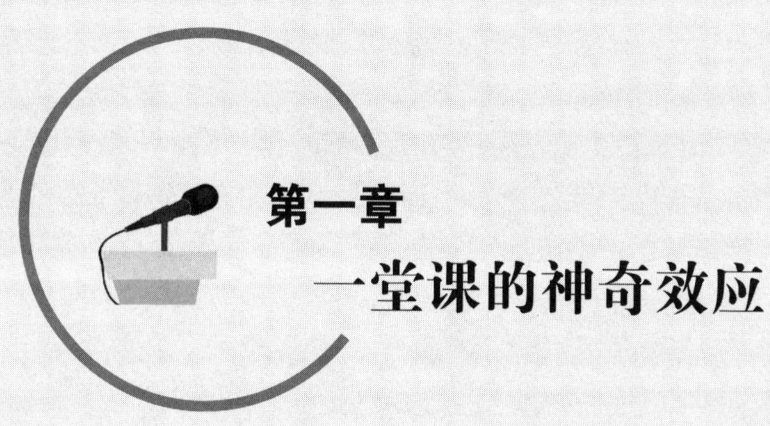

# 第一章 一堂课的神奇效应

专业律师通过演讲营销拓展自己的业务，所采用的最常用、最基本的方法是在法律服务市场里讲法律课。律师讲课的主题通常是由主办方给定的，也有主办方给出要求，具体主题由讲课老师确定的。讲一堂课就是给特定人群做一次特定广告，广告效应好不好取决于课讲得好不好、讲的内容是不是为特定人群所迫切需要。如何衡量、鉴别上课的客观效果？看听众的课后反应。

有的听众在听课后带着案件来到律师事务所，直接要求与讲课老师洽谈案件委托，这就说明律师的讲课起到了效果并带来了业务；讲了好多次课，仍不见有客户来洽谈业务，这不能埋怨听课人不给面子，讲课律师应检讨自己所讲主题是否为听众需要、所讲内容是否受听众欢迎。

营销针对的是市场，演讲营销应针对听众的市场需求，律师演讲营销当然应针对法律服务市场及其需求，也应当用市场的评价方法和规律来考量律师讲课的效果及其成因。确实有不少律师讲课效果欠佳，讲课内容不能打动人、讲课技巧不能吸引人，在此情况下教师一味责怪听众不遵守纪律，上课打瞌睡、随意走动、打电话，不尊重教师的劳动，这既不客观也不公平。

律师演讲要想取得好的效果，一定要先解决两个问题：一是这一次听课的都是什么人？二是他们最想听的是什么？只要解决了这两个前提性的问题，讲课的效果一般就会比较好，一般也不会出现课堂纪律问题。现在市场方式办班讲学，听课人都得出费用、花时间来听课。如果讲的内容不是听课人想听的内容，凭什么要求人家愿意听？课堂纪律怎么能好？反之，如果律师演讲的内容正是听讲者迫切需要了解、需要解决的问题，讲课针对问题提出的对策和解决方法，正是听讲人想解决而不知怎样解决的“干货”和

"实招"，那讲课效果一定就非常好，想让听讲人不好好听讲都很难。

律师演讲营销也是技术活，需要不断实践和总结。律师演讲，天道酬勤；持之以恒，熟能生巧。课讲得多了，能够掌握要领、熟练演讲，逐渐积累经验，就会形成品牌效应。

## 一、我给中国建筑第八工程局有限责任公司当法律顾问——"讲"来全不费工夫

我从 1999 年 4 月开始到今天，一直担任着中央大型施工企业中国建筑第八工程局有限公司（以下简称中建八局）的法律顾问，这缘于我给当时归建设部直管的中国建筑总公司的局级领导的一次有关《中华人民共和国建筑法》（以下简称《建筑法》）的讲课。讲一次课怎么就能给有 3 万多名员工的中建八局当法律顾问了呢？且看该局当时的副局长赵维茂同志的回忆。

我叫赵维茂，1999 年时任中建八局副局长。中建八局的前身是一支基建工程兵部队，1966 年 8 月，由军队部分施工队伍整编为基本建设工程兵部队。1970 年 11 月 18 日，国务院和中央军委批准成立师级建制的基建工程兵西安指挥部，这是中建八局的雏形。1973 年，西安指挥部奉命调迁辽宁省辽阳市，参加国家大型建设项目辽阳石油化工纤维厂建设，部队番号改称基建工程兵 22 指挥部，后又改称 22 支队（师级）。1982 年 8 月 9 日，党中央、国务院、中央军委根据国民经济调整和军队体制改革需要，决定撤销基础工程兵，将 22 支队改编为中国建筑第八工程局，基地设在山东省济南市。1999 年 2 月，为配合上海浦东开发建设，局总部移至上海浦东。

从部队到地方，"铁军"中建八局一方面继承部队艰苦奋斗、勇于拼搏的顽强作风，另一方面主动适应市场，以市场为导向开展企业的经营工作。市场经济的特征是契约经济，为此中建八局领导高瞻远瞩，非常注重对市场规则的适应和法律法规的应用。1998 年 7 月，《建筑法》施行才 4 个月，中国建筑总公司在北京组织局级领导进行贯彻执行《建筑法》的专题培训，中

建八局领导层非常重视这次专题培训，因为此项工作由我分管，局办公会议经研究决定派我参加培训。

总公司邀请讲课的一位老师是上海市建纬律师事务所主任朱树英。我原先并不认识朱律师，也不知道总公司为什么要请一个律师来讲《建筑法》，只是听主持人说这个律师曾在大型施工企业工作，当过法律顾问室主任，也参与了《建筑法》的起草、讨论工作。听了朱律师以《贯彻执行〈建筑法〉以及施工企业应注意的法律问题》为题的一天课，不由得被深深吸引。他从《建筑法》的立法精神、主要规定到施工企业如何贯彻执行，由浅入深地讲解，讲课中提炼出来的加强企业合同管理的一系列实务操作对策准确到位。我发现这个律师对我们施工企业的情况非常了解，讲课中行业术语一连串，与听众沟通不存在任何障碍；讲课内容也非常实用，不仅法律理论联系企业实际情况，而且指出的问题完全是企业合同管理中的现实情况，提出的对策具有可操作性。用今天的话来说，这次讲课内容非常接地气，感觉完全是自己人在研究讨论。

回到局里，我如实向梁新向局长做了汇报。梁局长当即指示：既然有这样的老师，能不能请来局里给全体干部再讲一次。我按局长指示与朱律师联系，商请其到济南给我们中建八局全体领导、干部再讲一次，朱律师一口答应。1998 年 10 月，朱律师应邀到济南中建八局总部，按总公司的相同培训内容又讲了一次。

1999 年 4 月，中建八局作为唯一一家大型施工企业被正式批准落户上海，参与浦东开发建设。在作出局本部转移到上海的决策的同时，中建八局领导层就酝酿聘请朱律师当常年法律顾问，并由我与朱律师洽商，落户上海过程中涉及的一些具体法律问题也由我向朱律师咨询。1999 年 7 月，中建八局和建纬律师事务所正式签订法律顾问合同，聘请朱律师担任常年法律顾问。中建八局之所以做这样的决定，很大程度上是因为朱律师去济南讲的那次课，中建八局的很多领导都评价说：那次课在全局上下引起很大的震动。

之后，我因工作变动调离了中建八局，梁局长也已到点离休，由黄克斯同志继任局长，但是，我知道朱律师之后几乎年年都在中建八局讲课，担任中建八局法律顾问至今，历时已17年。

我通过讲课给中建八局当法律顾问的情况引起业内关注。2003年1月，建设部直管媒体《建筑经济》杂志刊出“答记者问”方式的长篇报道（见附件1），由资深记者申月红以《善于发挥法律顾问的参谋作用——中建八局法律顾问朱树英律师访谈录》为题，报道了我从讲课入手成为中建八局法律顾问的故事。此后《建筑经济》杂志也聘请我担任法律顾问，每遇重大专题研讨活动，杂志社都会邀请我担任演讲嘉宾。2016年11月，杂志社在上海主办“第二届全国高校基建管理论坛暨典型建设项目观摩研讨会”，会议特邀我做“从典型案件看建设单位投资控制及其工程签证索赔的过程管理”的主题演讲。

**附件1：**

## 善于发挥法律顾问的参谋作用
## ——中建八局法律顾问朱树英律师访谈录（节选）

《建筑经济》记者申月红

朱树英，上海市建纬律师事务所主任，曾在施工企业从业28年，是建筑行业自己培养的专业律师。朱树英律师自1998年7月担任中建八局法律顾问以来，为保障大型施工企业的依法经营、规范运作，从企业实际出发，针对企业的经营管理现状，帮助企业贯彻执行好新颁布的法律法规，给局领导当好参谋，发挥了法律顾问的作用，受到企业的欢迎。中建八局的管理机构中，有局和公司的两级法务机构，在此前提下，企业要不要聘请法律顾问？如何发挥法律顾问的参谋作用？本刊记者就此专门采访了朱树英律师。

### 企业有法务机构，仍有聘请法律顾问的需求

**记者：**据了解，中建八局有自己的法务机构，局属公司也有法务人员，而且中建八局法务机构人数不少。在此前提下，您作为中建八局外聘的法律顾问，是如何被中建八局选定的？

**朱树英：** 有一次我在北京给中国建筑系统局级领导法制培训班上课，内容是关于执行《建筑法》的有关问题的，中建八局有位副局长参加了培训。事后，中建八局的领导请我去济南本部，给中建八局和下属公司的有关领导演讲《建筑法》以及施工企业应当注意的问题，我的讲话在中建八局引起了很大震动。从此，我和中建八局结下了不解之缘。1999 年 4 月，中建八局作为唯一一家大型施工企业被批准落户上海，在落户上海过程中就一些具体法律问题向我咨询。1999 年 7 月，中建八局和建纬所正式签订法律顾问合同，聘请我担任常年法律顾问。

**记者：** 您担任中建八局的法律顾问已经三年多了，您是如何在中建八局站稳脚跟并受到欢迎的？

**朱树英：** 我在担任中建八局法律顾问期间，从企业的实际出发，随时发现企业的法律服务需求，及时提出法律建议，当好领导参谋，因此受到欢迎。

## 企业要用好法律顾问，善于发挥法律顾问的作用

**记者：** 有不少企业也外聘法律顾问，但法律顾问的主要工作是等企业碰到了诉讼案件，代理企业去“打官司”，这样使用法律顾问有多大意义吗？

**朱树英：** 受聘中建八局当法律顾问近四年来，我最重要的、最频繁的工作不是承办案件，而是一次又一次的法制宣传，给局范围的各级领导上课。1999 年 8 月，中建八局梁局长向我介绍了中建八局的现状和存在的问题，要求在济南召开的全局工作会议上再给局领导上一堂法制课，主题是新颁布的法律给施工企业提出哪些新要求，企业应当如何应对。根据我的总结，我认为新颁布的法律在招标发包、承包方式、质量管理、工程造价四个方面作了一系列的新规定，提出了一系列的新要求。同时，我根据这些新要求，在演讲中对企业的机制、体制及管理方面提出了我的建议和对策，企业领导对我的讲话给予了充分肯定，并请我在全公司范围内进行了五次巡讲，反响强烈。

**记者：** 法律顾问给企业上法制课，看起来是一项重要的法律顾问工作，您认为上课能起多大作用，和依法治企有何关系？

**朱树英：**关键是法制课的内容。如果法制课能结合企业的实际，针对企业存在的问题提出法律建议和对策，使企业真正受益，就会使上法制课成为法律顾问的一项重要工作。我觉得我讲的内容对企业领导是有帮助的。因为我根据梁局长的要求在中建八局范围内分片演讲时，发现梁局长对同样的内容又听了一次。后来才明白：梁局长在思考着加强法制建设的一系列决策。此后不久，中建八局决定全面修改企业的合同管理办法，并要求我参与。经修改和调整的中建八局的合同管理办法加强了合同的签约管理和履约管理制度；全面取消了不规范的分包方法，制定了劳务分包格式合同和劳务分包管理办法，中建八局的劳务分包合同成为后来建设部起草建设工程劳务分包合同示范文本的主要参考文本；全面加强了法律事务部在企业管理中的地位，法务人员增加，并且在机构设置方面进行改革，法务部与合约部合并，成立了法律事务部，实行企业内部的法务和合约的统一管理；组建合同评审委员会，由主管副局长、总工程师和法律事务部经理等组成，专司重大合同的签约决策评估职能；在设立“三总师”的同时，设立总签约师职务。这一系列的措施，使中建八局的规范运作和依法管理的力度大大加强。从法制培训抓起，提高领导层的法制意识，主要领导高度重视并身体力行，改革企业的观念、机制、体制和机构，全面加强施工企业在市场中的抗风险能力，这是中建八局依法治企的成功经验。

**记者：**除了上法制课以外，您认为给企业领导当好参谋最重要的前提是什么？

**朱树英：**最重要的前提是企业领导在重大的经营决策碰到法律问题时能够听取法律顾问单位的意见，当然，作为法律顾问也应当积极主动发现问题，提出解决问题的建议和对策。

2001年10月和11月，我连续接受中建八局的紧急调遣，去广西南宁和辽宁沈阳考察两个建筑面积分别为18万平方米和40万平方米的住宅项目的投标策略和法律风险评估。局领导对这两个项目的谨慎和冷静，与当地项目负责人员的急切和热情形成了反差。

经过实地考察和对法律风险的评估，虽然明知法律顾问所提意见对合同评审委员会的影响，但我还是对两个项目提出了不同的意见：沈阳项目可以有条件拍板，遇到的法律风险能够控制；而南宁项目则存在五个法律问题且没有有效控制措施。于是，是否放弃南宁项目在中建八局的决策层引起激烈的争议。在最终拍板前，梁局长专程到律师事务所，详细地听取了我的意见，同时做了一个决定：合同评审委员会再专题讨论一次，是否存在五个法律问题？有没有控制风险的有效措施？最终，决策层拍板放弃南宁项目，而沈阳项目从已经履约的良好情况证明决策是完全正确的。法律顾问能够对一家大型施工企业的经营方面的重大决策起到参谋作用，这使我深感责任重大，也感到无上荣光。

## 法律顾问要把解决拖欠工程款作为工作重点

**记者：**现在施工企业面对的最大的法律问题是拖欠工程款，以及在清欠方面发现的企业合同履约管理方面存在的问题，作为法律顾问，您是否认为这是一个最重要的考验？您在为中建八局当法律顾问期间有什么经验可以介绍？

**朱树英：**我认为应当依法解决工程款拖欠，而最有效的法律武器就是《中华人民共和国合同法》（以下简称《合同法》）第 286 条关于工程价款优先权的新规定。为促成最高人民法院对此作出司法解释，我和中建八局的有关领导都身体力行。2001 年 7 月，当最高人民法院为起草司法解释召开专题座谈会时，我和中建八局梅副局长及法务部经理陈太祥都参加了会议，并发表了意见。

2002 年 8 月，我根据最高人民法院颁布的关于《合同法》第 286 条的司法解释对解决拖欠工程款的有利形势，直接向梁局长汇报，建议中建八局抓住机遇，利用工程价款优先受偿权，全面清理历年拖欠工程款的积案，解决困扰企业发展的老大难问题。8 月 11 日，正值中建八局召开上半年工作总结会议，我到会做了“贯彻执行最高人民法院关于《合同法》第 286 条的司法解释”的专题演讲，并结合企业实际提出了贯彻实施的十条措施。局领导非常重视，以雷厉风行的作风从上到下积极行动。中建八局接受我的建议，由法律事务部牵头，全局所属各企业分头认真排查，按工程价款已竣已结、已竣未结的不同情况，在8月底之前全面查清共有近800个项目有权在6个月之内行使优先受偿权。我再继续到中建八局下属公司，在北京、济南、上海分片进行宣传、演讲的同时，帮助中建八局设计、起草了根据不同情况的催告发包人限时还款以及行使工程价款优先权的公函文本，并且在8月底前全面用书面形式送达各项目的发包人。

针对中建八局承建项目点多面广的实际情况，为将责任落实到人，中建八局领导与各分公司和局属企业的一把手签订清欠责任状，把贯彻工程价款优先受偿权的时间表和工作责任与下属单位一把手的年终奖励指标直接挂钩。各下属单位的一把手也纷纷与各项目经理签订责任状，从而把每一个项目的清欠工作层层落实到人。局领导决定：划出一笔可观的资金，作为通过诉讼解决优先受偿权的专用款项；同时，加大对已获生效判决文书且正在执行的案件的催办力度。至今，中建八局对所有应行使优先受偿权的欠款项目，已全面发函催告并全部提出优先受偿权请求，有近一半的欠款项目已发生作用，追回欠款7000多万元，有37个项目已提起诉讼。据我所了解的情况，中建八局作为一个大型施工企业，贯彻建设部的清欠要求，运用最高人民法院司法解释行使优先受偿权，动作最快、措施最有力、工作最扎实、效果最明显。

## 要协助企业改变经营方针，以造价管理为中心

**记者：**您取得那么多的成绩，可能确实是因为您对施工企业比较了解，您的观点切合企业的实际。那么作为企业培养的专业律师，您认为施工企业当前的经营中存在的最主要的问题是什么？

**朱树英：**我认为广大的施工企业都要按照《合同法》第269条的规定改变经营方针。《合同法》第269条规定，建设工程合同是承包人进行工程建设，发包人支付价款的合同。施工企业完成工程建设的目的是收取工程款，这是法律的规定。而以往很多企业都是以工期和质量为管理中心的，这种局面要从根本上扭转。

在贯彻实施工程价款优先受偿制度的过程中，中建八局发现一个重要的施工企业普遍存在的在造价管理上的缺陷：合同履约管理尤其是资料管理薄弱，履约无专人管理，履约的造价管理资料基本上不适应工程价款优先受偿制度的贯彻，企业缺少大批合约管理人员。为解决这个严重制约企业依法、规范运作的“瓶颈”问题，经过分析、研究，中建八局决定建立一支合约经理队伍。2002 年 10 月，中建八局制定了《合约经理管理办法》，并从企业实际出发，从现有的工程预决算人员中挑选合适人员，担任合约经理，负责项目履约的专门管理。管理办法共有 4 章 14 条，对局、公司两级合约经理的选拔、培训、考核和合约经理的权利、义务、责任等都做了明确规定。

2002 年 10 月 30 日，中建八局第一期共 160 人参加的合约经理培训班开学，我应邀给学员上课。这是一期我从未上过的新课，也是一期具有重要现实意义的专题课。施工企业找到了一条加强合约管理的具有可操作性的措施，找到了为企业内部设定专门人员的行之有效的途径，这是中建八局创造的适合施工企业实际的加强合约管理和造价管理的重要办法。

**记者：**最后，请您就法律顾问的地位和作为的关系谈谈体会。

**朱树英：**讨论法律顾问的地位和作为，我认为关键是企业领导的重视，希望发挥法律顾问的作用，没有这个前提则没有法律顾问的地位和作为。当然，同样重要的是法律顾问自己的作为，有所作为才能有地位。

中建八局领导的重视和全局上下的法制意识，给了我一个平台，而我在法律顾问这个工作平台上结合施工企业实际的有效服务，也使我在给中建八局当法律顾问的工作中取得成效，取得突破。

山不在高，有仙则名。作为专业律师，只要用心给企业提供切合实际的服务，就能得到认可，就能有所作为。而被作为“衣食父母”的服务企业认可和赞赏，是律师最应当、最重要的追求。我会继续这种追求。

**记者：**这次采访使我对法律顾问的作用有了更深刻的理解，同时，您的讲话对企业也有很大启发，谢谢朱主任！

## 二、火上炙烤一整天，余音绕梁 12 年

2016 年 10 月 15 日，我应 iCourt（与众不同的律师法学院，又称法秀）的邀请，以“界定专业律师的内涵标志以及从成功案例看律师不断提升三种能力的重要性”为题，在新疆乌鲁木齐由 iCourt 举办的《专业大讲堂》上做首场开课演讲。课间休息时，有一位听讲的年轻律师拿着我 10 年前的一本专著《工程合同实务问答》让我签名。我一看，书已经翻得很旧了，再一看封面颜色，觉得很奇怪，便问：“这书是第一版的，十年前的了，你怎么现在还带到课堂上了？”她回答：“我刚刚开始做建设工程的专业律师，这本书对我帮助很大，我非常喜欢这本书。”

谈到这本书，要从我十几年前在北京的一次演讲说起。

那是 2004 年 12 月 25 至 26 日，正值双休日，在北京国贸地区的艾维克大厦，可容纳 400 人的多功能会议厅座无虚席，北京仲裁委员会和北京市高级人民法院在此共同举办最高人民法院《关于审理建设工程施工合同纠纷案件适用法律问题的解释》（以下简称《建设工程施工合同司法解释》）高级研讨班。作为北京仲裁委员会建设工程专业仲裁员，我在该司法解释生效前的 2004 年 12 月初，收到北京市高级人民法院和北京仲裁委员会的共同邀请，希望我以“最高人民法院《关于审理建设工程施工合同纠纷案件适用法律问题的解释》对规范建筑市场的重要意义以及司法实践中应注意的操作问题”为题在研讨班做一天主题演讲，并接受现场提问互动。

### （一）第一个半天：两段开场稳定现场

这次演讲之所以特殊和令人终生难忘，主要是因为受众的高层次和时间的特殊性、紧迫性，让我感受到了前所未有的压力。

现在在网上还能找到北京仲裁委员会就这次高级研讨班于当日所发的报道。原文如下：

2004 年 12 月 25 日上午，由北京仲裁委员会和北京市高级人民法院共同主办的“建设工程纠纷解决研讨会”在北京艾维克大厦会议厅顺利召开。北京仲裁委员会仲裁员，北京市各级人民法院民庭的审判长、庭长，奥运会组委会有关负责人，北京及驻京的各大建筑企业主管人员及其他各地仲裁委员会负责人、律师、工程造价鉴定单位负责人等460余人参加了研讨会。

当时，最高人民法院通过的《关于审理建设工程施工合同纠纷案件适用法律问题的解释》即将于2005年1月1日起实施，北京仲裁委员会联合北京市高级人民法院发起了关于“建设工程纠纷解决”的主题研讨会。作为在建设工程纠纷解决方面享有较高声誉和专业特色的北京仲裁委员会，以及受理案件标的高居全国前列的北京市法院系统，双方联合主办本次研讨会，无疑对建设工程纠纷解决的深入探讨具有建设性的意义，受到了各界的广泛欢迎，报名人数远远超过预定人数。为回应广大法律及工程界人士的参与热情，会议部署及时进行调整，以保障会议顺利召开。

会议开始，由北京仲裁委员会秘书长王红松致辞，第一天会议由北京市高级人民法院民一庭庭长张柳青主持。最高人民法院冯小光法官就“司法解释的理解与适用”主题，从司法解释的条文结构、产生背景以及讨论过程中存在的争议和不同观点给大家做了详细的介绍和深入的分析，激发了与会者更为浓厚的兴趣，他们纷纷在自由讨论阶段提出问题，与冯法官互相交流，在疑问和争论中扩展了对建设工程纠纷解决的思路和视角。下午由朱树英仲裁员从实践角度与大家交流——新的司法解释出台对法律界和建筑工程界的实际影响和应对策略，具有丰富实践经验的朱树英仲裁员的精彩演讲不时博得与会者会心的笑声和掌声。

第一天的会议主持人张柳青庭长认为，建设工程纠纷解决的法制规范过程伴随着建筑市场逐渐规范的进程，仅通过一个司法解释可能解决不了全部的问题，实践中的问题永远比法律规定得更丰富，我们对司法解释有个学习的过程，展开研讨本身也是对建设工程纠纷解决的一个逐步学习探讨的过程，希望能够从纠纷解决的角度形成与建筑市场规范化的良性互动。与会的仲裁员和律师等也都表示参会收获很大，司法解释的出台具有积极意义，对建设工程纠纷解决中很多悬而未决的问题都做了指导性的规定，尤其是经过两位主讲人的介绍和分析，此后在具体工程操作和工程类案件纠纷解决方面都有了更加明确的方向。北京仲裁委员会于2004年12月25日就本次会议进行了报道。

北京仲裁委员会这篇报道反映研讨班取得成功是实际情况，研讨“受到了各界的广泛欢迎，报名人数远远超过预定人数”也是事实，可我自己的感受却是仿佛被放在火上烤了一整天。

按事先商定的计划，北京市高级人民法院负责邀请主持起草该司法解释的最高人民法院资深法官冯小光，就该司法解释的理解和适用授课半天。北京仲裁委员会负责邀请一名专业仲裁员就司法解释的实务操作授课两个半天。作为一名专业律师，在这样“高大上”的研讨班发表一整天的专题演讲并接受现场提问，这是我所有演讲、授课中难度最大的一次；要“镇住”参加听讲的各路“大咖”，也绝对算得上是对我的演讲能力和水平的一次重大考验。

困难主要有两个：一是“人和”条件不利。让主要受众——共200多名全国最“牛”的北京法官和北京仲裁委员会仲裁员听我“一介律师”一整天的演讲，他们的心理和感情上可能难以接受。二是“天时”条件更不利。2004年年底前最后一个周末开班授课，忙了一年的听众原本可以休息却又不能休息，尤其是已连续多个周末加班结案的法官们元旦前再次加班，虽不至于怒火中烧，但很可能也是非常郁闷的。法官现在都这么忙了，不能过几天再办班吗？可是两个主办单位的领导也出于无奈，这个看似“不得人心”的研讨班不办不行了，因为该司法解释元旦后就要施行了。这人和、天时条件如此不利，对我的演讲挑战实在是太大了，我一走上讲台就感觉炙烤开始了。

当主持人北京市高级人民法院民一庭张柳青庭长介绍我是北京仲裁委员会仲裁员时台下还一片安静，可继续介绍我是上海市建纬律师事务所主任时，台下前几排即刻一片哗然，交头接耳之声不绝于耳，只见有人表情愤怒、有人不解、有人惘然。法官们多半会想：“律师又不判案，怎么找个律师给法官讲课?”估计前排坐着的主要是法官。事后得知，坐在后排的律师和企业人员当时都在担心：这可怎么办？这课还能讲下去吗？

凭我的讲课经验，一要知道受众是谁？二要知道受众想听什么？对此我事先早有准备。因为我知道今天听课的受众主要是北京三级法院的专业法官，他们想听的主要是如何运用司法解释判案。当主持人要求台下安静后，我便这样开场："我是一个专业律师，但我今天不会讲律师如何办案，而是和各位研讨如何运用即将施行的司法解释处理建设工程纠纷案件。可能有人不理解：律师怎样能讲案件裁处呢？原因在于我不仅是专业律师，也是北京仲裁委员会的建设工程专业仲裁员，同时还是中国国际贸易仲裁委员会和上海、武汉、济南、厦门、常州、苏州、台州等仲裁机构的仲裁员，我被选定或被指定的案件基本都是建设工程纠纷案件，有许多疑难复杂的案件由我担任首席仲裁员，我有责任负责案件的最终裁决，所以，我有司法实践经验与各位分享。"我说完这些话，台下声音开始减小。

我继续说道："上午冯小光法官讲课时讲到了这个司法解释的制定过程和重要性，我还要补充几句。我们都知道现行《建筑法》已施行了 6 年。全国人大前不久决定修订《建筑法》，由建设部 20 名专家组成的修订起草课题组，我是其中唯一的一名律师。在课题组第一次开会时，分管的副部长王卫在任务交底时指出：'最近，最高人民法院颁布了《关于审理建设工程施工合同纠纷案件适用法律问题的解释》，这弥补了《建筑法》的立法不完善。我们在讨论修订《建筑法》时，要把司法解释的规定尽可能设计到法条中去，使司法解释的相关规定有法可依。'因此，我认为最高人民法院的这个司法解释毫无疑问是推进了中国建设工程的立法。"

我讲完这段开场白，台下议论的声音明显减小了。

接着，我从一个疑难案件的审理开始讲课，为了说明该司法解释在 2005 年开始施行后，对建设工程施工合同纠纷案件尤其是一些疑难复杂的纠纷案件的准确处理的现实意义。我先给大家介绍一个上海市第二中级人民法院在审的案件，我是这个案件的一审代理律师。这个案件发生在上海。1992 年，上海市某进出口公司投资建设一个办公大楼，公司原先在上海外滩的外贸大楼内办公，因为外滩要建设金融一条街，这个公司被置换搬离处理。办公大楼于 1992 年通过立项，承发包双方于 1999 年 12 月 30 日签订合同并正式开工，大楼共 32 层，合同约定质量等级为优良，1996 年 6 月 30 日竣工。至 1994 年年底结构封顶，结构阶段质量验收合格进入装修施工。至 1995 年，大楼的外墙面砖已经完工，脚手架已经拆除，这时安装电梯的施工单位反映大楼垂直度有问题，因为电梯的导轨多次挂直后又发生偏移，电梯无法垂直安装，工程因此停工。有关方面认为大楼的不均匀沉降导致垂直度有缺陷，建设单位无奈只能进行观测沉降的质量鉴定。

由于沉降是否均匀是涉及大楼的主体结构质量的大问题，又由于观测沉降是一项时间长且难度大的重大质量缺陷的鉴定，因此，这个工程从 1995 年开始，先经过上海同济大学建设工程质量检测中心鉴定，后由于当事人对鉴定结论有不同意见，又经过上海市建设委员会科学技术委员会的鉴定，对后者的鉴定结论当事人还是持不同意见，又经过上海技术监督局的第三次鉴定。三次鉴定历时 10 年，直至 2004 年 2 月，技术监督局的鉴定结论才确认：大楼沉降已经稳定，垂直度偏移了 38 厘米。主要原因是施工单位没有按照设计的长度来打桩，同时也没有排除设计单位的责任。2004 年，建设单位向法院提起诉讼，要求赔偿停工损失 1.7 亿元，目前案件正在审理中。

本案的沉降不均匀导致大楼的倾斜属于建筑物主体结构的质量缺陷，而我国的法律法规对建筑物的主体结构质量有一系列规定。《建筑法》第 60 条规定：“建筑物在合理使用寿命内，必须确保地基基础工程和主体结构的质量。建筑工程竣工时，屋顶、墙面不得留有渗漏、开裂等质量缺陷；对已发现的质量缺陷，建筑施工企业应当修复。”国务院颁布的《建筑工程质量管理条例》第 39 条规定：“建设工程实行质量保修制度。建设工程承包单位在向建设单位提交工程竣工验收报告时，应当向建设单位出具质量保修书。质量保修书中应当明确建设工程的保修范围、保修期限和保修责任等。”第 40 条规定：“在正常使用条件下，建设工程的最低保修期限为：（一）基础设施工程、房屋建筑的地基基础工程和主体结构工程，为设计文件规定的该工程的合理使用年限……”这个案例充分说明国家法律、法规对建设工程主体结构的质量要求在合理寿命内保证使用的相应规定的极端重要性。同时，本案的实际情况说明了国外的一种主体结构质量缺陷的专业理论。在国外，如法国、德国，对建设工程都开设10年质量保险，国外的专业理论认为：建筑物的主体结构质量需要10年时间才能稳定。正是基于这个理论，国外的保险公司对工程交付使用后，开设了10年质量险。而现在这个案件恰好经过10年的沉降观测，才得到沉降已经稳定的结论。

对于这个案件的处理，会碰到三个主要的疑难法律问题：

第一，建设工程的主体结构的质量依法应当保证，本工程鉴定已确认的垂直度超标应当如何处理？由谁承担责任？

第二，工程停工已达10年之久，停工期间产生的重大经济损失和工期逾期责任由谁来承担？法院能否支持工期逾期损失赔偿？

第三，质量缺陷的过错责任往往是混合责任，如果设计也有过错，法院如何裁判设计单位与施工单位之间的过错责任分担？

应当说，本案是一起比较复杂的建设工程案件。由于这一案件起诉于2004年，按《建筑工程施工合同司法解释》第28条的规定是不能直接适用该司法解释的。但是，我已经介绍过这是一个一审在审的案件，当事人完全可以先撤诉再重新起诉，那么该司法解释就能够适用了。

而按照《建筑工程施工合同司法解释》的有关规定，本案的三大法律问题都是有针对性答案的。该司法解释第16条第3款规定：“建设工程施工合同有效，但建设工程经竣工验收不合格的，工程价款结算参照本解释第三条规定处理。”而该司法解释第3条则明确规定：“建设工程施工合同无效，且建设工程经竣工验收不合格的，按照以下情形分别处理：（一）修复后的建设工程经竣工验收合格，发包人请求承包人承担修复费用的，应予支持；（二）修复后的建设工程经竣工验收不合格，承包人请求支付工程价款的，不予支持。因建设工程不合格造成的损失，发包人有过错的，也应承担相应的民事责任。”因此，本案中第一个法律问题的答案很清楚：不论合同是否有效，质量有缺陷的工程，首先应进行整改修复，修复的费用由承包人承担。

针对本案的第二个法律问题，《建筑工程施工合同司法解释》第15条规定："建设工程竣工前，当事人对工程质量发生争议，工程质量经鉴定合格的，鉴定期间为顺延工期期间。"由于本案的质量问题发生在施工过程中，而且经鉴定质量不合格，那么工程逾期的期限不可作为顺延工期处理，而应由承包人承担逾期的违约责任。这句话好说而不好判，在本案中可是10年的逾期违约责任，即使按每天万分之二来计算，逾期的损失也要相当于整个工程的造价。

针对本案的第三个法律问题即设计和施工单位的责任分担问题，《建筑工程施工合同司法解释》第12条第1款规定，发包人提供的设计有缺陷，由发包人承担质量过错责任。《合同法》第269条规定："建设工程合同是承包人进行工程建设，发包人支付价款的合同。建设工程合同包括工程勘察、设计、施工合同。"因此，设计、施工单位都属于承包人。本案的设计和施工单位虽然分别签有合同，但由于工程是同一标的，质量缺陷也是同一争议，我作为建设单位的代理人，由于起诉前已经了解司法解释的规定，因此，本案以侵权损害赔偿作为案由，把设计和施工单位作为共同被告一并提起诉讼，法院也同意立案，两被告在举证期限内也没有提出异议。因此，本案中就不存在建设单位先行承担设计缺陷责任再另案向设计单位追偿的问题了。

上述案件三个疑难法律问题，都能够在该司法解释中找到答案，这就说明：我们必须要重视司法解释在审理建设工程施工合同案件中的针对性和可操作性。这么复杂的一个疑难案件如何准确处理，都可以在司法解释中找到答案。可见这个司法解释的针对性和可操作性是不可小视的。我们在司法实践中还有一个具体问题：如果这个案件当事人不撤诉，法官不是同样要准确处理吗？既然司法解释施行前的案件不适用，而原来的法律、法规中又没有相应的规定，就需要我们进一步学习，研究最高人民法院制定司法解释的指导思想和相关法律、法规、法理基础，从中寻找解决疑难问题的思路和方法。

我说完上述这个案例与该司法解释的关系后，台下鸦雀无声。

### （二）第二个半天：务实演讲获得成功

我这次演讲的题目是“最高人民法院《关于审理建设工程施工合同纠纷案件适用法律问题的解释》对规范建筑市场的重要意义以及司法实践中应注意的操作问题”，主要内容分为三个方面：

第一，关于司法解释的主要内容及其重点和难点；

第二，司法解释重点解决建筑市场运作不规范引起的案件的准确处理；

第三，审理建设工程施工合同纠纷案件的新要求以及操作中应注意的具体问题。

第三方面是演讲重点，分为 10 个具体问题：

（1）建设工程纠纷不再适用专属管辖，有利于消除地方保护主义的负面影响，有利于解决政府拖欠工程款的问题，同时为选择第三地仲裁创造了有利条件，仲裁机构承办此类专业案件的能力的提高有利于形成区域仲裁中心。

（2）农民工工资涉及劳务合同的效力，司法解释明确规定劳务合同合法有效，人民法院或仲裁机构不应支持把劳务合同认定为转包，也不能认定劳务分包合同为无效合同。

（3）该司法解释体现对农民工的特殊保护，即使违法分包或转包合同被确认无效，实际施工人仍可以以分包人、转包人、发包人为共同被告或共同被申请人提出主张，法院或仲裁委员会应支持实际施工人要求共同被告或共同被申请人负连带责任的主张。

（4）垫资开禁带来的包括垫资的种类（硬垫和软垫）、期限、占工程总价的比例（部分垫资和全额垫资）等相应法律问题；垫资利息的跨期限变化及其分段确定；垫资有效与“黑白合同”中“黑合同”的垫资条款不作为结算依据的界限，以及垫资有效对工程价款优先受偿权的负面影响。

（5）解决拖欠工程款包括垫资款利息的 6 种不同情况；工程价款中 5 种具体款项（预付款、进度款、签证款、结算款和保修金）的应付款时间以及利息起算的相关规定；承包人的月工程量报表确认以及进度款催款证据对计息的作用。

（6）工期和质量共同构成造价的对价；工期的起始和终结，开工与竣工的概念；认定竣工日期的依据及其对相应证据的采信；对实际竣工时间有争议，按《建设工程施工合同司法解释》第14条规定的三种情形分别处理。

（7）“黑白合同”产生的原因主要是标后让利或规避政府监管，其条款、内容区别主要是计价方法不同；标后让利的违法性及法律的强制性规定；“黑白合同”的主要区别为计价标准与中标确定的有关合同的造价实质性内容是否一致，实质性内容主要指工期、质量和造价；实质性内容的变更需要重新备案；“黑白合同”的计价依据以中标并经备案的合同的约定为准。

（8）合同约定固定价格的种类以及具体操作方式，除合同无效以外，不论以何种方式固定的造价，当事人不得再行要求重新鉴定；固定范围以外的增加工程量和变量签证的价款确认则按《建设工程施工合同司法解释》第16条、第19条的规定处理。签证和索赔是建设工程施工合同履约管理中的基本内容，签证和索赔的定义及其区别；《建设工程施工合同司法解释》第19条规定了索赔的证据要求。

（9）解决拖欠工程款时，切实解决发包人拖延结算的处理办法是逾期结算依约有可能被视为确认送审价，相应约定的内容是逾期答复视为认可结算；目前的《建设工程施工合同（示范文本）》第33条“竣工结算”第6款约定中并无相应内容；对《建设工程施工发包与承包计价管理办法》（建设部107号文件）的第16条规定的理解，合同相应条款中未约定适用该文件，不应视为已有相应约定。

（10）司法实践中解决造价争议的方法通常是司法鉴定，造价司法鉴定的六项基本原则以及审核采信；造价审价或结算协议与审计报告有矛盾，无其他约定的，以前者为准。

我在25日下午讲了上半段课程，下半段第二天继续。26日一大早，艾维克大厦大会议厅依然人头攒动。看到第二天还有那么多听众在场，我预感这次演讲已经取得了成功。26日上午我在讲课结束前预留了时间与听众现场答疑互动，结果收到的提问纸条有30多张。我现场预留的时间只能回答一部分，不过我当即承诺：今天来不及回答的问题，我将以书面方式在上海的《建筑时报》上统一回答。我做这个承诺已来不及与报社领导商量，但我作为该报多年的法律顾问，知道这不会有什么问题。事后整理的50个问题也确实先后在该报刊出。

### （三）炙烤一天的效应：演讲影响延续不断

不是当时只收到30多个问题吗？怎么会有50个问答呢？这是因为，26日下午北京仲裁委员会在办公所在地北京招商局大楼又继续举办了一个只有部分北京仲裁委员会仲裁员和北京各法院民庭法官参加的小型座谈会，我也参加了座谈。会上大家又提出了不少问题，经过分拣、整理，最后确定我要做书面回答的就是这50个问题。

下面是北京仲裁委员会对26日下午活动的报道："审裁各家共话建设工程案件争点。"

继本会和高院共同与各界人士在研讨会上就冯小光法官的"司法解释的理解与适用"主题和朱树英仲裁员的"司法解释对规范建筑市场的意义及法律适用中的操作问题"主题进行开放式探讨后，12月26日下午，本会的仲裁员和北京市各级人民法院民庭的法官们来到招商局大厦17层——本会新设的国际会议厅进行了一次卓有成效的审裁机构之间的互动交流。

建设工程纠纷案件既是本会长期以来受理的仲裁案件中的主流案件类型之一，也是各级法院，尤其是中级和高级人民法院受理的房地产类案件中的争议金额占到半数以上的案件类型。因其争议的发生往往涉及建筑工程的行业特点和专业问题，所以法律关系复杂，社会影响的范围较大，在纠纷解决的实践中产生的问题较多。随着我国基础设施建设的发展和首都奥运工程的积极建设，建设工程纠纷愈来愈多，如何妥善解决也成为各界关注的社会问题。作为纠纷处理的最后防线——司法与仲裁都给予建设工程纠纷以特别的重视，本会与北京市法院系统作为在京的审裁机构，以最高人民法院颁布实施《关于审理建设工程施工合同纠纷案件适用法律问题的解释》为契机，专门就建设工程纠纷解决召开研讨会，以期在建设工程纠纷案件的解决中达到交流经验、达成共识、共同推动建设领域的规范化发展的目标。

当日，由本会秘书长王红松和北京市高级人民法院民一庭庭长张柳青共同主持，北京市各级法院的法官50余人，与本会建筑工程方面的专家仲裁员80余人就案件处理中常见的争议焦点问题进行了交流和探讨。其中，法官和仲裁员主要对当事人违反了司法解释第1条和第4条列举的五种情形之外的强制性法律规定时，合同效力如何认定；合同认定无效时能否参照有效合同约定进行计价；涉及重大变更未按照约定办理签证文件是否计价；如何区分合法的合同变更和阴阳合同的变更；承包人所报结算文件中存在明显“高估冒算”情况时是否适用司法解释第20条的规定确认结算文件；对垫资利息无约定的情况下是否一律不支持利息请求等问题发表了各自的意见，并举出了实践中处理的案例供大家探讨。

张柳青庭长表示，既然2005年1月1日司法解释即将实施，各级法院法官还是应当以探讨如何正确适用司法解释的规定为原则，对适用中出现的疑难问题及时总结。王红松秘书长表示，本次司法解释的出台，对审裁机构在建设工程纠纷解决的法律适用方面给出了很好的指导性意见，规定的内容都涉及审裁实践中长期存在争议的问题，对建设工程纠纷解决的法律适用统一方面具有实际的建设意义。这次与北京市法院系统的交流有利于促进审裁机构之间的了解和信任，开阔彼此的视野，在促进建设行业的规范化运作和纠纷解决的可预期性方面都有重要价值。本会一直致力于发展成为具有建设工程纠纷仲裁专业特色的区域仲裁中心，将一如既往地关注这方面的动态和发展，为广大业界人士提供一个交流、互动、发展的良性平台。

不知怎么的，这堂课事先就传到了我国台湾地区。当时还在我国台湾环宇法律事务所担任律师的余文恭居然专程从香港转机飞来北京听这堂课。课间休息时，北京仲裁委员会工作人员介绍我认识余律师时，我既深感诧异又深受感动。以下是余律师后来所写的感受。

我是余文恭。现在上海段和段律师事务所任合伙人，是国家发改委 PPP 专家库专家、财政部 PPP 专家库专家、“一带一路”（中国）仲裁院仲裁员，具有台湾及大陆律师资格。

2004 年，我还是个执业没多久的年轻律师，当时我在环宇法律事务所工程部从事 PPP 模式及建设工程索赔相关的法律服务。如果没有记错，那一年我经历了许多事情：台湾高铁 PPP 项目刚好进入竣工验收的阶段，我和律所的其他律师刚好经历了项目验收的过程；台湾工程法学会正在组建阶段，我被推举担任了第一届工程法学会的秘书长；某个台商委托我处理上海浦东的厂房，因上海世博会征地拆迁事宜，那是我在大陆处理的第一个案件；我就读东吴大学法学院大陆在职硕士班，正要撰写硕士论文，论文题目是《两岸建设工程契约的比较研究》。我从那个时候开始接触大陆的建设工程法学，也正是从那个时候开始认识朱树英律师。

为了撰写论文，我使尽了洪荒之力，找了许多大陆建设工程方面的资料，当时研究建设工程法学的人并不多，但是我惊讶地发现：朱律师撰写了大量这方面的文章，因此我在图书馆将他的文章一篇一篇复印了下来，并且非常仔细地研读。令我印象最深刻的是，朱律师曾发表一篇有关于年经律师如何成为专业律师的文章，他的文章鼓励年轻律师成为一个复合型的人才；他还提到一个美国律师专门研究机场工程保险的例子，建议律师要把自己的专业研究得越细越好。这对于当时律师执业没多久的我产生了潜移默化的影响。

2004 年年底，最高人民法院出台了建设工程施工合同的司法解释，北京仲裁委员会为此举办了培训班。我无意间收到了一封电子邮件，看到了培训的简章，发现朱律师是该场培训的讲师，当时我觉得机会难得，不能错过这样的学习。虽然年底是律所最忙的时候，但我还是请了好几天的假，赶来北京参会。当时两岸还没有“三通”，所有两岸往来的班机都要从香港转机，我坐了好几个小时的飞机到北京听课。培训会场到处都是人，我在人群中细细听着朱律师讨论司法解释的内容。下课时，很多学员围着朱律师咨询法律问题，我静静地站在一旁，听着朱律师非常耐心地回答问题，好像没有什么问题可以难倒他，我心中觉得这就是专业律师该有的样子。

从此之后，我就更加坚定地走律师专业化道路，并以建设工程和PPP模式作为我的专业领域，最后通过了大陆的司法考试并在大陆执业，这一切都深受朱律师的影响。

这次讲课取得的巨大成功证明：能说会写就是专业律师扩大影响并获得成功的立身之本。说这次演讲取得了巨大的成功并不过分。首先，由于课堂上接受的提问都来自司法实践的第一线，讲课形成的50个问答在报道之后反响热烈，各家媒体、各地建筑业协会的刊物不断转载，直到现在还有新媒体在连载这50个问答。其次，《建筑时报》分期连载刊出这50个问答后，上海市第二中级人民法院民庭的一个资深法官在我参加的一次庭审后善意提出："你在《建筑时报》上发表的50个问答很有价值，对我们的审判工作很有帮助，你能否考虑整理出一本专门的书来？"这个建议提醒了我，过了一年多，以我的演讲内容为主，加上司法解释施行后我在各地演讲收集到的问答以及我的有关论文，合成一本专著——《工程合同实务问答》。专著出版后一路畅销，2008年7月重印时回答的问题增加到400个，2011年4月第2版出版。

这次令我终生难忘的讲课故事也印证了我的基本观点——律师的"能说"和"会写"是不能分割的，我在讲课前事先写成共约2万字的讲稿，而事后根据录音整理的文字约有10万字，这成了我之后完成的专著《工程合同实务问答》的第一部分内容。可以说，因为这次演讲，才有了我的专著《工程合同实务问答》。

## 三、连续奔波的超级宣讲，影响巨大的专业广告

律师演讲营销最重要的现实意义，就在于能够让业务找上律师，而不是律师去找业务。说律师演讲是委婉的拓展和儒雅的营销，安全而体面，指的也正是这层含义。演讲的成效和业务的提升往往成正比关系。一般来说，只要能演讲，就会有业务来源；演讲越成功，业务发展得越快。我自己的业务

都是靠不断演讲营销和写作营销得来的，每每有我并不认识的当事人因听过我演讲或者说是看了我写的书而慕名来找我谈案子时，我都会感恩于律师的营销拓展。因此，总结演讲经验和体会就成为我律师营销中必不可少的一环。

律师演讲能够带来业务，这是不断被事实所印证的。专业律师坚持不懈地进行专业演讲，能够逐步奠定其在行业中的专业地位。律师的成功演讲能够带来重要业务，甚至是优质客户和有重大影响的案件，如前文我在中建总公司局级领导培训班以及北京仲裁委员会和北京市高级人民法院联合举办的研讨班上的演讲。可能有人会说，能够讲这样高层次的课，中国律师中能有几人呢？毕竟这样的机会是可遇而不可求的啊！

那么，登不上这样高水平的讲台，律师演讲营销就无计可施了吗？其实不然。

律师演讲营销包括许多途径和方法。律师演讲完全可以从最基层、最普通的普法宣讲开始，这是任何一个律师都可以进行的。千里之行，始于足下。普法宣讲在律师演讲营销中占有重要地位，律师提高演讲能力最好的方法就是从普法宣讲开始。不论宣讲的规模大小、人数多少，都是律师尤其是刚涉足演讲营销的年轻律师的练兵场，讲好了都能够产生赢得客户和业务的效应。每位律师或多或少都有自己的法律顾问单位，可以借新的法律法规、司法解释、管理规定出台以及司法实践中出现典型案例之契机，主动去法律顾问单位做宣讲。由于律师给法律顾问单位宣讲大多免费，一般都会受到欢迎。而且，由于听讲人为特定行业的专业人员，这也是律师鉴定自己演讲能力和专业能力的重要机会。

自 1992 年上海市建纬律师事务所成立以来，不间断地做普法宣传成为我演讲营销的重要内容，目前也是全体建纬同人共同的营销方法。我自己也有法律顾问单位，也经常在法律顾问单位作普法宣讲。例如，我担任中建八局常年法律顾问 17 年以来，几乎每年都会去做普法宣讲；我在担任深圳证券交易所新办公大楼 5 年建设阶段全过程的法律顾问期间，几乎每季度都会去深圳讲一次建设工程各阶段专门的法律规定和贯彻执行的应对策略。之后，上海证券交易所、期货交易所和证券结算中心的联合办公大楼项目（上海国际金融中心项目），也由我领衔担任建设阶段的全过程法律顾问，每季度由我做一次专题法律宣讲也成为法律顾问合同载明的重要服务内容之一，这正是在深圳证券交易所提供法律服务并不间断进行普法宣讲的结果。

我印象最深的一次普法宣讲，是在住房和城乡建设部（以下简称住建部）负责修订的《2013 版建设工程施工合同（示范文本）》正式施行前，我在北京国谊宾馆的宣传、贯彻会议上的普法宣讲。2013 年 5 月 29 日，我作为住建部建筑市场监管司的法律顾问，受邀在法律顾问单位组织的全国各省、市建设主管部门和各地建筑业协会有关负责人参加的新版施工合同的宣贯大会上，以“及时应对新版合同，加强施工合同管理——执行 2013 版施工合同及合同管理新制度的十二个操作问题”为题进行宣讲，这也是我在新版施工合同示范文本宣贯过程中所讲的层次最高、范围最广、影响最大的一堂课。

2012 年 1 月，我受住建部建筑市场司委托，担任国家工商行政管理总局和住建部联合组建的《2013 版建设工程施工合同（示范文本）》修订课题组负责人，课题组成员由我们建纬律师事务所的专业律师组成。课题组经过连续 14 个月的工作，召开了多次各个范围的调研会、座谈会、征求意见会和专家论证会，完成了示范文本的初稿并通过住建部网站向全社会公示征求意见和建议。除此之外，课题组还配套撰写了约 75 万字的《建设工程施工合同（示范文本）（GF－2013－0201）使用指南》，供全行业和施工企业配套学习。《2013 版建设工程施工合同（示范文本）》于 2013 年 5 月通过审定，2013 年 7 月 1 日起正式施行。住建部的新版施工合同示范文本的宣贯大会正是在这样的背景下举办的。

这一堂课引发了我个人演讲经历中持续时间最长、连续课时最多的一次“超级普法宣讲潮”，也让我体会到身负重任的讲师竟然可以这样持续讲课。正是在这次宣贯会结束时，主持大会的司领导在会上宣布：由于《2013 版建设工程施工合同（示范文本）》配套内容新、合同条款多、使用要求高、准备时间短，要求各地的宣贯工作尽可能在当年 6 月底前完成，最晚不要超过

9月底。为使各地建设主管部门组织的本地建筑施工企业宣贯课程能够保质保量地讲解，各地的宣贯授课计划和时间安排要事先报住建部市场司，宣贯上课的老师由市场司统一安排。市场司安排的宣贯讲课老师由我，课题组副组长、建纬总所副主任曹珊，建纬北京分所主任谭敬慧，建纬北京分所合伙人陈南山四人组成。

一传十，十传百，全国各省、市包括一些地级市在住建部组织上述宣贯会后，纷纷要求部里派老师支持地方组织的宣贯会，部里原则上都满足了地方的要求。我们四个宣贯老师可“惨”了——在2013年6月的一个月内，我们四人在全国各地共讲了47场课，其中曹珊讲了12场，谭敬慧讲了10场，陈南山讲了9场，我自己也在“金嗓子”的保护下讲了16场。我的讲课排期从6月9日开始，一共讲了16天，其中只有2天是讲半天，其他各场都讲一天。这项普法演讲连带出我个人在一年中讲课的最高纪录——113次，平均每周讲2次多。

作为建筑行业培养起来的专业律师，我与我国先后三版的《建设工程施工合同（示范文本）》的起草、修订工作结下不解之缘。1988、1989年两年，我参与了国家工商行政管理总局和当时的建设部联合起草的《1991版建设工程施工合同（示范文本）》的相关工作；之后，1997、1998年两年，我参与了《1999版建设工程施工合同（示范文本）》的修订工作；2012、2013年两年，我又负责《2013版建设工程施工合同（示范文本）》的修订工作。先后三版《建设工程施工合同（示范文本）》在颁布之后，我都作为参与起草、修改工作的专家接受主管部门的安排进行宣贯讲课。

其实，我担任各版本的《建设工程施工合同（示范文本）》的宣讲老师就是在普法宣传，这样的普法宣传使自己提升了专业地位、扩大了行业影响、带来了重要业务。回顾三个示范文本的宣讲，第一次宣讲《1991版建设工程施工合同（示范文本）》带来重要业务的情景令我印象最为深刻。该文件于1991年12月颁布。1992年2月，在北京香山先后举办了三期宣贯会，我是讲实务操作的老师。第一期宣贯会听课学员中有中国建筑一局四公司的经营科副科长赵静，课间休息时她给我介绍了公司总承包的北京新万寿宾馆工程价款的争议情况，并介绍说目前案件还在协调，如果协调不成公司准备提起仲裁或诉讼。之后，我接受了委托人亲自到上海的咨询，并受理了这个重大的疑难复杂案件，正是这次宣讲使我得以承接到这起被称为“中国建筑业追欠索赔第一案”的大案。

下面可以回顾一下这个在国内建筑业影响巨大的典型案例。

**附件**2：

## 北京市中级人民法院〔1993〕中经初字第53号案审理纪要*

田　野

中国的建筑施工企业实在太艰难了。

工程已经竣工交付使用，但施工企业不能及时收回工程款，这是当今中国建筑施工企业的艰难所在。资料表明：1992年年底全国施工企业被拖欠的工程款达200亿元；1993年年底增至308亿元；至1995年年底，全国施工企业被拖欠的工程款已高达600亿元。

上述天文数字并不包括工程索赔的款项。按国际工程承包惯例，工程索赔一般会占总造价的5%左右。以我国每年工程造价总投资7000亿元计算，保守一点估计每年工程索赔款至少也会达350亿元。

毫无疑问，追欠索赔是一个重要的法律问题，而且足以形成一个庞大而复杂的专业法律服务市场。1995年年底，北京市召开城乡建设法制工作会议。在会议涉及催讨工程欠款时，建设部体改法规司副司长朱中一同志详细介绍了中国建筑某工程局某建筑公司（以下简称原告）委托上海律师通过法律手段追回工程欠款和索赔款折合人民币2000万元的有关情况。朱司长的评价是：不论是所追回的工程欠款和索赔款的数额，还是依法解决拖欠工程款

---

* 本文原刊登于《中国建筑业》1993年第12期，原文题目《中国建筑业追欠索赔第一案》。

的效果和影响，这个案件都堪称中国建筑业追欠索赔第一案。

施工企业在激烈的市场竞争中究竟靠什么获胜？严格管理和依法获得保障究竟是什么关系？法律和律师如何在这个专业领域中充分发挥作用？由北京市中级人民法院审理的上述案件，能够带给人们深刻、有益的启示。

## 不避艰难，上海律师毅然接案

1993 年 4 月 4 日，原告副总经济师睦富才专程从北京飞往上海，到上海市建设律师事务所（即现在的“上海市建纬律师事务所”）拜访素不相识的朱树英律师，来访的目的是聘请朱律师到北京去承办一个复杂而标的巨大的拖欠工程款案件。

那就先谈谈案情吧。案情错综而复杂。

原告于 1988 年 2 月 14 日与北京新万寿宾馆有限公司（以下简称被告）签订了建筑工程承包合同。合同规定：原告承建新万寿宾馆，建筑面积 36015 平方米，1988 年 2 月 15 日开工，1990 年 2 月 15 日竣工。承包总价为 2227.5 万美元，其中 500 万美元折合人民币给付。工程于 1990 年 8 月 15 日竣工交付使用后，被告拖欠工程尾款 162.28 万美元以及工程签证款 5.9 万美元、106 万元人民币，合计 168.18 万美元、106 万元人民币。此外还有应签证而未签证确认的索赔款折合人民币 1000 多万元。原告催讨这笔巨额拖欠款先后花了两年半的时间，无数次发函、派人上门催讨，先后找过中国建筑总公司、北京市清欠办公室、北京市建委、国家建设部等各上级和政府主管部门，均无效果。据介绍，催讨之所以如此艰难，是因为这家宾馆是一家中外合资宾馆，而中方合作者涉及中央某部。

原告副总经济师看朱律师面对如此复杂而困难重重的案情并没有表示畏难或推托的意思，便进一步说明原告总经理决定派其专程到上海来聘请朱律师有三点考虑：第一，经建设部监理司某处长推荐，如此重大和复杂的工程款纠纷案，只能到上海去请朱树英律师；第二，原告的经营科某副科长在建设部举办的工程合同示范文本培训班听过朱律师的讲课，培训班一结束，该副科长回公司就向领导建议新万寿的案件请朱树英律师来办；第三，考虑到地域效应，根据案件的实际情况，请上海律师到北京办案，干扰可能会少一点。

“那么，我们自己有什么欠缺，或者说对方为什么不付款呢?”副总经济师听朱律师使用“我们”一词，不由一喜，他感觉到不虚此行了。

“对方最主要的理由有两条：一是我方延误工期，工期确实比合同晚了半年，但有特殊原因，而且我们有充分的理由；二是工程质量有问题，突出的是‘红水’问题，即宾馆水管放出的水含锈，但这个问题的责任在甲方，我们也有足够的证据。”听副总经济师的口气，他胸有成竹，依据的可能是完善的、扎实的基础管理工作，朱律师早就听说过原告的施工管理水平全国一流。

副总经济师反复明确告知：在做了各种努力都无法解决这个争议的前提下，原告唯一的选择只能通过法律手段来保护企业的利益。副总经济师还告知：原告在北京有常年法律顾问，公司对选择律师已经做了权衡和比较，他希望朱律师万勿推辞。如果朱律师答应接案，原告立即可以做决定。

朱律师要求看看工程承包合同，副总经济师先期带来的材料一大堆。该合同第25条规定：“有关本合同的争论，或发生的索赔赔偿，或违反本合同的事项，当无法在互相协商的基础上求得解决时，甲、乙任何一方均可提请在北京的中国国际贸易促进委员会对外经济贸易仲裁委员会仲裁，双方执行该委员会的仲裁。”看到这样的规定，朱树英的眉头又一紧，这无疑在本案的程序问题上又增加了新的复杂性：被告虽为中外合资企业，但属于中国法人。中国法人之间能否适用涉外仲裁？即使中国国际贸易促进委员会对外经济贸易仲裁委员会（以下简称贸促会仲裁委员会）受理仲裁，裁决决定法院是否会执行?

这个案件的办案困难和复杂程度都已明明白白。但朱树英不避艰难，当即决定受理。

作为上海市建设律师事务所的主任，朱树英律师曾在一级施工企业上海市第八建筑工程公司工作了28年，当过工人、干部，曾负责公司合同管理工作达7年。他曾经作为全国唯一的律师代表，参加建设部讨论、制定国内通用的建设工程施工合同示范文本，对工程承包合同的分析和管理具有娴熟的专业知识和经验。在出任上海市建设律师事务所主任之前，他已经兼职从事律师工作达8年，先后承办了各类案件300多件，其中不少是涉及建筑行业的专业案件，具有丰富的办案经验和处理复杂问题的能力。

在多年的边负责施工企业合同管理工作边从事律师办案实践的过程中，朱树英形成了认真、务实以及对当事人极端负责的办案风格。他安排了一下所里的工作和手中的事务，决定尽快赶去北京。

## 先易后难，追欠索赔分段起诉

1993年4月10日晚8：15，朱树英飞抵北京。走出机场，迎面碰到一个个子高挑的小姐，她正是前来迎接的原告的经营科副科长。前不久建设部在北京香山第二炮兵司令部驻地举办工程合同示范文本培训班，朱树英应邀主讲承包合同管理时，这位经营科副科长端坐第一排，听课全神贯注，听课结束还要求朱律师签名，留下联系电话，原来是因为有这么一个案子。

听副总经济师回公司说：朱律师同意承接这个案件，公司领导都满怀信心。经营科副科长介绍的情况又给朱树英增加了压力。

第二天，朱树英和原告副总经济师及有关人员研究案情和案件材料，确定对策。朱律师很快提出了一个完整的方案：

（1）解决纠纷的程序问题，即能否仲裁、仲裁决定能否执行、有仲裁条款法院能否受理，这一系列问题由律师负责解决。

（2）案件涉及两个不同性质的诉讼请求，第一部分是拖欠的工程款包括已经签证的部分，属于返还之诉。这部分情况相对比较简单，要求原告迅速整理出有关证据。而应签证而未获签证的索赔款，属于确认之诉，需要有足够、完整的证据材料，这是相当复杂而困难的工作，要求公司就每一项索赔提供详细的原始材料。

（3）先易后难，起诉分段进行。第一部分尽快起诉，第二部分在证据搜集充分后以补充诉讼请求方式提出。

（4）认真分析被告可能提出的答辩理由，提前做好证据的准备工作，对被告可能提出的反诉请求，事先做好对策。

（5）在正式起诉前，由原告向朱律师出具全权委托书，由律师出面向对方做起诉前协商解决争议的最后努力。

原告完全同意律师提出的方针和对策。案件的起诉准备工作有条不紊。

4月12日，由原告盖章、法定代表人签名的全权委托书给了朱律师明确的授权："自1993年4月12日起，本公司将有关新万寿宾馆工程款事宜全权委托上海市建设律师事务所朱树英律师处理，律师有权根据法律在授权范围内采取一切必要的措施。"朱树英凭此委托书以律师事务所的名义及时向被告发出要求限期还款的律师公函。

经与贸促会仲裁委员会、北京市中级人民法院、北京市高级人民法院、最高人民法院联系，了解到贸促会仲裁委员会可以受理本案，但不能保证裁决结果能够由北京市中级人民法院协助执行。根据《中华人民共和国民事诉讼法》（以下简称《民事诉讼法》）第217条第1款第2项之规定，北京市中级人民法院将不予执行两个中国法人之间的涉外裁决决定；同时，根据本案的具体情况，北京市中级人民法院的态度是：如果当事人向法院起诉，法院可以受理。与此同时，原告经过初步整理，已经把第一部分诉讼的证据搜集齐全，第二部分索赔款一共有167项，正在加紧搜集、整理证据。

1993年4月16日，被告向原告复函，措辞严厉。函称："贵我双方都应以求同存异的态度和实事求是的精神寻求可以导致问题最终解决的切实可行的出路和办法，任何诉诸法律的手法都是不明智的、武断的，对事情的合理解决不会带来积极的影响和任何益处，贵方在此问题上采取何种态度，我方无权干涉。但我方愿在此重申：任何与事实相悖的一厢情愿都是不可能实现的。如果问题因此而变得复杂的话，我方不承担任何责任。贵方要通过法律程序解决此问题，我方无异议。"复函中所说的"问题最终解决的切实可行的出路和办法"，是指对方在1993年4月1日的一份函件中提出的分三年六期归还拖欠工程款168.18万美元和106万元人民币的还款计划。此计划不涉及巨额索赔款。

对方的态度和解决方案均为原告所不能接受，唯一的解决办法只能是提起诉讼了。

1993 年 5 月 15 日，原告向北京市中级人民法院提起诉讼，要求被告支付拖欠工程款 168.18 万美元、106 万元人民币，支付利息 41.28 万美元、36.22 万元人民币。按当时美元和人民币的比价，共计折合人民币约 1300 万元。

原告确定由朱树英律师和副总经济师担任诉讼代理人，并确定代理方式为特别授权的全权代理，代理人有权决定与本案诉讼有关的一切事宜。1993 年 7 月 14 日，原告再次向北京市中级人民法院增加诉讼请求，要求法院确认并判令被告支付工程增加款计美元 82.73 万、人民币 423.02 万元，按当时美元和人民币的比价，合计折合人民币 880 万元。补充的诉讼请求附增加工程款一览表，共有索赔项目 102 项。原告的诉讼请求和补充诉讼请求共计折合人民币约 2200 万元。

在案件起诉准备阶段，朱树英先后三次到北京和原告的有关人员就本案的证据搜集工作和涉及的工程签证与索赔问题统一认识、统一工作步骤，并为此举办了专题讲座。

朱律师认为：工程签证和索赔是两个既有区别又互相联系的不同概念。工程签证是工程合同承发包双方在施工过程中按合同约定对支付有关费用、顺延工期、赔偿损失所达成的双方意思表示一致的补充协议，经书面确认的工程签证即可成为工程结算或最终增减工程造价的依据。追索工程签证款项在法律上是所有权已经确定的返还之诉。而工程索赔则是工程合同承发包双方中的任何一方因未能获得按合同约定支付的有关费用、顺延工期、赔偿损失的书面确认，在约定的期限内向对方提出赔偿请求的一种权利。这种权利在未获得对方确认之前，不能作为工程结算的依据。因此，主张索赔的权利，在法律上是所有权尚未明确的确认之诉。

朱律师强调：本案提出的补充诉讼请求即工程索赔款高达人民币 880 万元，成败的关键在于证据。因此，案件全部工作的重点在于整理、搜集索赔能够成立的证据。原告虽然在新万寿宾馆施工中有严格的、一流的基础资料管理工作，但也存在某些缺陷。在原告提出补充诉讼请求时，最初的索赔项目共有167项，经朱律师的分析、审查，认为有65项缺乏证据不能成立。原先提出索赔项目的第1项至第40项全部无法提出，原因是违反了合同规定的时效。原来，原被告签订的《新万寿宾馆建筑安装工程施工合同书》第12条“设计与设计变更”第3款规定：“由于本工程采用按初步设计图纸及说明书标准，固定总价一次包死的总承包办法，因此甲方坚持按初步设计标准。乙方在收到施工图及说明书经交底后15天内，如对其所示工程标准有不同意见时，应用书面方式向甲方提出。逾期不提出书面意见，即认为该施工图及说明书设计标准符合初步设计的标准。”索赔项目的前40项全部涉及施工图与初步设计图纸在工程结构施工的差异，而现有的资料中找不出原告在收到施工图纸后15天内提出的书面异议或有关的证据。因此，根据工程索赔对于证据的基本要求，这40项索赔项目无法确立，无法提出主张。

朱律师要求：原告的有关人员要在现有的、能够成立的索赔项目搜集、整理完整的证据材料的基础上，尽最大努力使之达到经得起检验的程度。搜集、分析、整理索赔项目的证据，是案件全部工作的重点。公司要统一部署，调集有关本案的所有原始材料，分门别类，专人负责。原告完全采纳了律师的意见和要求，组成以副总经济师为首的、由原承建工程施工的项目经理等人参加的证据整理小组，按索赔得以成立的要求整理提供证据。

原告先后两次提出诉讼请求，一易一难的案情以及被告主体的高层次，立即引起了受理案件的北京市中级人民法院的高度重视。案件立案时法院已经确定了承办法官，后来调整为由经验丰富、理论功底深厚的崔法官负责审理。经法院审查，本案符合立案条件，并将起诉状副本送达了被告。按《民事诉讼法》的规定，本案进入了规范而严格的诉讼程序。

## 针锋相对，被告反诉请求赔偿

由于被告已有原告即将起诉的准备，对应诉也有了对策。收到原告的起诉状副本后，被告委托了北京君和律师事务所的资深律师王亚东担任诉讼代理人。王亚东律师工作认真负责、经验丰富，在北京知名度很高，曾办理许多在京城有重大影响的案件。

1993 年 7 月 23 日，被告作出书面答辩。针对原告的起诉，被告认为未支付剩余的工程款是因为“至今不具备支付条件”，理由有两方面：第一，被告认为“增项、减项部分如何计算，双方仍有异议”，这些项目中虽有交涉但“至今未达成一致意见，故涉及此方面款项是无法支付的”；第二，原告未按合同规定向被告交付有关资料。被告认为原告未按合同规定履行交付竣工验收资料和进口设备附件及有关资料。据此，被告认为剩余工程款的支付还缺少必备条件。但被告没有就原告提出的支付数额和利息提出异议。

被告在答辩状中还以延误工期为由提出反诉。答辩状称：“合同规定的竣工时间是 1990 年 2 月 15 日，1989 年 12 月 28 日答辩人根据被答辩人延长工期的书面申诉答复同意顺延工期三个月，即 1990 年 5 月 15 日为竣工日期。而被答辩人实际竣工期为 1990 年 11 月 25 日，延误工期 194 天。合同第 18 条工程奖罚第 2 款规定：‘因乙方原因工期逾期，乙方按对等比例付出罚金，即每天罚款为合同总金额的万分之二，以人民币交纳。’第 3 款规定：‘奖罚金额总数不得超过合同总金额的百分之三即 66. 5 万美元。’按以上规定，被答辩人应支付罚金 66. 5 万美元。答辩人对被答辩人应支付的以上罚金提出反诉请求。”

被告不仅在书面答辩中提出针锋相对的反诉请求，而且还以宾馆水锈严重影响正常营业为由向法院提出到宾馆实地勘察的要求。承办法官来到了地处朝阳区首都机场附近将台路的高 32 层的新万寿宾馆，在现场的确看到了宾馆的水管放出的水是含锈的红水。据被告介绍，由于本工程的一切材料、设备的供应、安装均包含在合同范围内，宾馆热交换器的质量问题导致水管锈蚀的责任应由负责总承包施工的原告负责。被告还介绍：因为新万寿宾馆有名的红水问题，使许多客户不愿住宿，严重影响了宾馆的正常营业。

在原告起诉之后，朱树英就不断与法院保持电话联系。当了解到被告正在洽谈宾馆产权转让时，原告又于 1993 年 5 月 22 日向法院提出书面申请：

"因被告正在着手转让新万寿宾馆产权的洽谈，为保证判决结果的顺利执行，根据《民事诉讼法》第92条之规定，原告请求法院对被告的财产采取保全措施，通知冻结被告银行账户并在诉讼期间禁止被告转让或变卖大楼。"据朱树英分析，被告拖欠巨额工程款并非有钱而不付，很可能是确实无力支付。现在，被告正在与第三方洽谈大楼转让事宜，对解决本案未必是坏事，只要转让洽谈成功，被告支付我方的钱款也落到了实处。因此，原告并未向法院正式办理保全手续和担保手续，只是要求法院通知被告和银行，在诉讼期间不得实施转让行为。法院也接受了原告的要求，因为法院也认为诉讼期间不能改变涉及诉讼请求的标的物的所有权状态。

在朱律师又一次与法官电话联系时，崔法官问："我在新万寿宾馆现场看到水管放出水锈，而热交换器是由你方负责采购和安装的。现在被告提出这完全是你方的责任，对此你们怎样解释?"

"我们对这个问题已经准备了充分的证据。事实并非如被告所说的那样。在开庭时，如果被告提出这个问题，我们能够作出负责任的解释!"朱律师回答。

"请问，法院对本案预计什么时候开庭?"朱律师问。

"我们正在研究，预计很快会组织开庭。至少会先组织双方调解一次。"法官答。

不久，原告接到通知，法院定于1993年9月7日上午9点开庭审理本案。

## 突出重点，全面完成举证责任

开庭之前，朱树英又一次来到北京。

原告的证据整理小组经过一个多月的清理，把102项索赔项目的全部证据材料都准备齐全。

看着这些有总有分、分门别类的原始证据材料，朱树英肃然起敬。

新万寿宾馆工程是一个建筑面积达36 015平方米的四星级宾馆，施工采用以初步设计内容和标准、由施工单位报价、以协商一致的总价一次包死、以合同工期交钥匙的总承包方式，由原告承建全部建筑安装工程。工程由日本国鹿岛建设株式会社国际事业本部、北京华盛建筑承发包公司联合进行施工监理。整个工程采取边设计、边施工、边修改的“三边”方式施工。工程在1988年2月15日开工前，建设单位只能提供初步设计和基础以下部分的施工图，地面施工图纸要等原告将进口设备定型并提供资料后三个月供齐。但合同规定的总工期只有24个月，不受分批提供施工图的影响。

这是一个工期紧、责任重的高难工程。在施工过程中，又遇1989年的政治风波，施工受到严重影响。原告在困难的情况下，不仅在1990年8月15日将工程交付建设单位使用，而且确保工程质量，新万寿宾馆工程被北京市建设工程质量监督总站评为高优工程和北京市优质工程。

更难能可贵的是：原告在新万寿宾馆工程施工高速优质的同时，资料管理工作也体现了与国际接轨的高水平。工程施工过程中实行每周例会制度，建设单位、监理单位、施工单位派代表参加，例会由原告的王京负责记录。会议先后召开114次，每周例会纪要的原始书面资料共344页，全部保存完整。而且会议记录的字迹清晰，很少涂改，自始至终为一人记录。每周例会纪要真实地再现了工程施工的全过程。厚厚三大本由与会各方代表签名的每周例会纪要成为本案的重要证据来源。此外，原告还详细保存了整个施工过程中收受建设单位分批提供的所有施工图纸和设计修改图纸的原始记录及工程洽商记录，双方来往的全部公函、文件、专题会议纪要等书面资料。

因为有这样完整的原始资料，原告的资料整理人员根据朱律师的要求，将共102项的索赔项目分初步设计图纸、施工图或设计变更的图纸、建设单位的书面指令、洽商记录和信函文件或每周例会纪要的记录、增加费用或支出的原始合同、单证以及实物照片等5~6个书面证据，来证明索赔的成立。

经朱律师全面审查了这些证据材料并进一步做了完善和补充，原告于1993年8月23日又将第二批证据材料送交法院。这些材料包括全部索赔项目的证据、有关法规以及利息计算依据和明细共17卷计737页，连同第一批送交法院的资料，堆放的高度有1米。

在向法院递交了全部索赔项目的证据后，朱树英又提出：在开庭之前的工作重点要转移到反索赔的证据搜集整理，要针对被告提出的反诉赔偿的事实和理由，准备相应的答辩意见和证据材料。开庭之前的反索赔证据准备工作，为原告在整个案件的开庭审理中占据主动创造了条件。

1993年9月6日，朱树英再次飞抵北京。

9月7日，北京市中级人民法院借用原告的会议室，组织由原被告双方以及代理律师参加的调解。法官告知：鉴于双方曾多次自行协商调解，有调解解决本案的可能，因此在正式开庭审理之前，先由法院主持调解。因为本案工程大，诉讼标的也大，建议双方从大处着眼，算大账，不要纠缠于具体细节。

原被告双方都表示接受法院的调解。

调解整整持续了一天。

原告方面依据充分的证据材料，一步一步摆事实、举证据，要求被告支付工程欠款和全部索赔款，而被告只同意支付工程欠款，以工期拖延和质量问题为由不同意支付索赔款。

工期和质量问题成为双方争执的焦点。

关键在于证据。那么证据能够证明什么呢？

### 工期延误全系被告违约造成

被告以原告延误工期为由提出反索赔66.5万美元的事实和理由是：双方所签工程合同规定工期自1988年2月15日至1990年2月15日。施工过程中，双方于1989年12月28日达成一致意见，同意工期顺延三个月，即1990年5月15日为竣工期。而原告实际竣工期为1990年11月25日，延误工期194天。按工程合同第18条“工程奖罚”第2款规定：“因乙方（指原告）工期逾期，乙方按对等比例付出罚金，即每天罚款为合同总金额的万分之二，以人民币交纳。”合同第18条第3款规定：“奖罚金额总数不得超过合同总金额的百分之三即66.5万美元。”据此，被告认为反索赔请求的证据是充分的、合法的。

原告认为被告的主张和理由根本不能成立，新万寿宾馆的工期延误，完全是因为被告严重违反合同规定造成的。

原告提出：工程实际竣工期不是1990年11月25日，而是8月15日。原告举出了有关的证据。

原告于1990年8月15日提出书面竣工报告，并交付被告验收。被告在竣工报告单上签字认可的时间是8月15日。1990年8月15日，建设单位、监理单位、施工单位三方共计14人参加最后一次每周例会，会议纪要表明：工程竣工验收工作已安排总体道路，8月底宾馆要配合亚运会试营业。同年8月25日，双方签署“建筑工程保修证书”。8月30日宾馆开始试营业。原告向被告提出两个问题：如果现在要把竣工日期定于1990年11月25日，那么，宾馆从8月30日开始试营业，正式接待国内外宾客做何解释？是谁授权允许被告在工程尚未竣工交付使用时就对外营业？

原告继续举证证明工程延误的原因是被告严重违反合同规定，没有履行自己应尽的义务造成的。这些证据一共有11个方面：

（1）被告共有9次拖延支付各阶段的工程款；

（2）被告未按合同完成“三通一平”工作，施工临时供电直到开工后49天的1988年4月6日才正式接通；

（3）被告提供±0.00楼板的施工图出图拖延4个月，施工停工待图，有14次每周例会纪要对此有原始记录；

（4）合同规定工程地上建筑应于1988年6月10日开始施工，但被告办理的“地面工程开工审批表”到1988年8月16日才办妥手续；

（5）被告提供的宾馆裙房及主楼的精装修图纸拖延287天，直到1988年9月14日才确定，严重影响该部分工程的正常施工；

（6）因宾馆第一、二、十七层的机电管道标高设计错误，管道在吊顶之下而无法施工，过350天才改正设计；

（7）由被告供应的487套客房床头柜严重脱期，直到1990年8月8日还缺第17层客房所需部分，因床头柜内应安装客房内的全部电气六个控制系统，因此造成整个工程无法正常安装施工；

(8) 宾馆厨房部分最后设计出图脱期，图纸反复修改，直到1990年5月16日被告还要求厨房吊顶修改为上人吊顶；

(9) 宾馆中央自控系统设计方案和技术参数，被告直到1990年7月6日才确定，严重影响工期；

(10) 被告单方面将工程合同中的自行车棚修改为抗震8度设防的宾馆附属用房，应增加合同工期152天；

(11) 双方协商一致工期延至1990年5月15日，但此后被告还提出设计修改达70次，原告提供的一份材料全面记录了这70次设计修改的全部原始资料。

原告为证明工程的工期延误全系被告违约所造成，举出了36份证据证明。面对原告如此完整和充分的证据，被告还有什么话好说呢？

## 水管锈蚀，系被告一意孤行所致

在本案审理过程中，法官对全案印象最深刻的是“宾馆红水”问题。

被告在宾馆交付使用半年后就于1991年4月11日和1991年9月10日先后两次向原告发函，提出八台热交换器因喷铜工艺不过关造成锈蚀红水现象严重的问题。因此，热交换器和红水问题自然又成为原被告对工程质量问题争论的主要焦点。

被告认为：按合同第15条进口材料、设备规定：“本工程所需一切材料、设备，包括进口材料设备及非标准设备加工均由乙方（指原告）按施工图及说明书的设计要求负责询价、比价、订货、商检、运输、保管、供应。关于主要材料、设备的制造厂家选型、定货，乙方应与甲方及设计代表共同研究商定。”新万寿宾馆工程的设备中有8台卧式客积式气水热交换器，合同要求原告供应国内优质产品。现在由于热交流器的水管锈蚀造成红水，其责任应由原告承担。

而原告却举出一系列的原始证据，证明红水问题是因水电设计单位和被告不听劝告、一意孤行所致。

根据原被告工程合同的规定，原告采购的设备必须按照施工图及说明书的设计要求，本工程设计单位负责水电设计的李某在设计要求上规定热交换器选用的标准图为老式的已作废的标准图。原告发现设计不合理，即于1989年4月22日向被告提出书面请求，认为设计选用的标准图已经作废，建议采用新标准图。但设计院不同意，坚持采用原设计的作废标准图，设计方面的意见为建设单位和监理单位所同意。

在原告的建议未被采纳的情况下，原告按工程合同的规定，通过北京市设备成套局安排，组织被告、中外监理单位和设计院共同到设计指定的北京市某环保设备厂进行考察。经过考察，被告、设计院和监理单位于1989年7月11日开会研究，获得一致意见后向原告发来书面的《关于设备研究结果通知书》，决定有条件地认可采用北京某环保设备厂产品。该通知书明确通知："收到贵公司（指原告）1989年4月22日发来的关于设备请予研究的通知书，6月17日到北京某环保设备厂参观，经我们研究，结果如下：有条件认可。"

条件是设计院李某提出的，一共有5条，第1条为："热交换器内壁的铜喷涂0.3mm厚的话，喷涂时存在不均匀，为安全起见，改为0.5mm厚。"

被告向原告发来的研究结果通知书有设计院李某、监理单位的季某和被告筹建处负责人的亲笔签名。被告筹建处负责人的签名处还签了一段意见："按7月11日会议记录，日方监理负责人已与李工、季工、畴工研究，采用北京某环保设备厂产品在技术上没有问题，请按李工第1条意见办。"

在经过严密的确认程序之后，原告按要求采用北京某环保设备厂生产的热交换器。但是设备在投入运行半年之后就出现了红色锈水，几经寻找，最后查出原因是热交换器容器内壁喷铜表面剥落，造成锈蚀。

根据上述事实和证据，原告认为，设计单位的意见代表了建设单位的意见。原告事先已明确要求采用新标准图，而被告不听建议，一意孤行，听信错误设计，造成现在的局面。原告在设备选型问题上必须服从设计要求是合同规定的，不听原告劝阻执意选用作废的热交换器的型号及标准图是被告确定的，说技术方面没有问题是被告和监理、设计单位共同认定的，现在，实践已经证明宾馆“红水”是由被告选定设备的工艺落后造成的质量问题，这怎能怪罪原告？怎能由原告来承担责任？

调解庭还涉及其他的矛盾和争议，但在原告方面井井有条、丝丝入扣的大堆证据面前，辩论似乎是多余的。

开庭没有结果，法官宣布：原被告双方仍存在调解解决争议的余地，将尽可能在国庆节前另行开庭。法官还宣布：原被告双方应于9月23日之前将开庭时涉及的材料和证据送交法庭。具体开庭时间也在9月23日通知。

调解庭虽然没有结果，但原告在法庭上占据了主动，这一点各方均不持异议。

**管理过硬，更兼律师专业见长**

此后，原告的证据整理小组又有条不紊地将法庭开庭时涉及的所有问题整理了厚厚一叠有关的证据。

朱树英在离京返沪之前，又与原告副总经济师和其他有关人员再次开会，讨论案件的下一步工作安排和做好正式开庭的准备工作。鉴于法官提出的国庆节前开庭的初步意见，决定了两条：

（1）整理反索赔两大问题的有关原始证据，在9月23日之前递交法院；

（2）朱树英于9月22日左右再到北京做审核证据和开庭准备。

9月22日，朱树英按时来到北京。在审查了已整理完的有关证据之后，9月23日，原告按时派代表将有关反索赔的第三批证据送到法院。

法官转告了被告方面的意见，被告对案件的态度发生了重要的变化。被告现在的态度是：为表示解决问题，可在问题未解决之前先支付50万美元；同意支付所有的工程欠款，利息按合同规定从1990年8月15日计算；增加工程款部分可以协商，当时没有签证的只要是客观存在的，可协商支付费用。被告同时也提出：质量有问题的设备由原告负责调换，设备购置费用可以协商；工期延误期限可减少到3个月。

法官建议：在国庆节前再调解两次，为创造调解的气氛，双方律师都不参加调解。同时，法官提请原告认真考虑具体方案，要求原告也作出相应的姿态，促使调解成功。

得知被告的态度和要求，原告的公司领导和证据整理小组的同志群情振奋，两年半悬而未决的可以完全纳入公司纯利润的新万寿宾馆工程拖欠款的彻底解决，有了现实的转机和希望。但是，公司内部在是否要让律师参加调解上发生了分歧。许多同志认为应当让律师参加调解，朱律师对行业情况熟悉、有专业知识，不参加调解对我方不利。

但是，朱树英的态度则不然，他认为本案原告在法庭上的主动，主要是依靠了企业对施工管理和签证、索赔工作的严密管理和基础资料工作的积累。案情已经发展到了这一步，律师是否参加调解都不重要了。再说双方律师都不参加也是对等的。朱律师表示：我可以在本案调解结束再回上海，调解过程中，我可以在公司办公室，可随时联系。

经过深入研究：原告也调整了诉讼策略，确定了调解让步的范围和步骤。

在法院主持下，本案原被告先后又进行了两次调解。9 月 29 日，在又一次调解中，原被告双方终于达成如下调解协议：

“一、被告于本调解书送达后十日内给付原告工程款：美元一百四十三万九千一百一十八元，人民币五百零一万九千一百零五元，利息美元十七万六千九百四十七元，人民币五十二万八千二百九十五元。（被告已给付五十万美元）

二、原告给付被告所有机器配件、技术资料及全部图纸。（已交付完毕）

三、原告负责更换整流器并解决有关技术问题；负责使冷冻机主机正常运转：由被告购置热交换器（在一九九四年六月三十日前完成），原告负责免费拆装（在一九九四年十二月三十日前完成）。有关安装事项双方另行协议。”

9 月 29 日晚 8：00，朱树英飞回上海。

1993 年 10 月 8 日，北京市中级人民法院下发〔1993〕中经初字第 453 号民事调解书。

同年12月18日，被告按调解书的规定付清了全部款项。原告也按调解书的约定，免费拆装了8台热交换器。

追欠索赔是一个专业的法律问题，解决这样的专业法律问题，应当找既懂专业法律知识，又熟悉建筑业的律师。新万寿宾馆工程款追欠索赔的成功，一个重要的原因是找了一位懂行的专业律师。这一条经验值得所有准备拿起法律武器保护自身合法权益的施工企业借鉴。

面对工程拖欠款和索赔款日益膨胀的严峻现状，众多施工企业已然不堪重负，企业发展更是无从谈起。而原告的“中国建筑业追欠索赔第一案”的前因后果均已事实证明：只有注重企业内部的专业管理，注重法律手段的娴熟运用，施工企业才能从巨额工程款的困境中解脱出来，才能在激烈竞争的市场环境中求得稳步、健康、长足的发展。

## 四、异曲同工专业化，殊途同归阳关道

上述是我不同的演讲故事及其产生的神奇效应，讲的都是律师注重演讲营销的重要性和实践意义，说明提高演讲营销能力确实能够带来和扩大律师业务，并且有利于促成“业务找律师”而不是“律师找业务”的专业律师发展模式的形成。接下来，我们将看到演讲营销在提升律师事务所整体业务收入和执业水平、吸引优秀专业人才、促进事务所专业化发展中所起的重要作用。

由于我的倡导和身体力行，建纬所逐步形成通过律师个人演讲营销增加业务来源、扩大个人创收的良性发展机制。在建纬总所和各分所，律师注重和钻研演讲营销方法和成效蔚然成风，一大批律师从去法律顾问单位普法、上课开始，不断提升演讲水平。近年来，建纬旗下已出现了一大批能够胜任专业演讲并且已经从专业法律服务市场中脱颖而出的演讲新秀，并且已各有所长、各领风骚。建纬律师在各地的演讲已成为建纬专业品牌的一道靓丽的风景线。

建纬所律师共同的实践已经证明：专业律师通过演讲营销能够不断扩大业务来源，不断提高专业能力和业务收入。一旦提高了演讲营销的能力和水平，律师没有业务可以讲来业务。为全面提高建纬律师的演讲能力和水平，建纬所一直注重对律师演讲能力的培训，并选择地处中部的武汉作为培训基地，先后于2007年8月和2015年7月，两次在武汉分所举办总分所律师自愿报名参加的律师演讲示范研修班。这两次事务所组织的律师自我示范演讲培训调动了建纬律师通过演讲提升业务能力的自觉性、积极性和能动性，明显提高了建纬律师整体队伍的演讲水平，建纬旗下能够演讲的律师人数越来越多。

客观上成为武汉分所演讲培训基地实效考核的是在武汉举办的一次专题研讨会。以下是湖北省律师协会建设工程和房地产专业委员会对这次会议的总结。

2009年11月14至15日，热烈的掌声不时回荡在湖北饭店的报告厅，由湖北省律师协会及武汉市律师协会主办、湖北省律师协会建筑与房地产法律专业委员会及武汉市律师协会建筑与房地产法律专业委员会承办、建纬（武汉）律师事务所及中伦律师事务所武汉分所协办，为期两天的2009年湖北建筑房地产律师论坛在此隆重开幕。湖北省律协领导、常务理事及理事，各专业委员会主任，特邀嘉宾，地、市、州从事建筑房地产专业的执业律师，近300人参加论坛。

本次论坛以“专业展示、经验交流、思想碰撞”为议题，邀请沿海发达地区及部分中西部地区从事建筑房地产业务的律师就如何开展建筑房地产律师业务及专业发展趋势发表演讲，并与参会者交流。

五位演讲嘉宾除了一名来自北京中伦律师事务所外，其他四位均来自上海市建纬律师事务所。建纬上海总所主任朱树英携昆明分所李俊华主任、深圳分所贺倩明主任、北京分所谭敬慧主任、长沙分所戴勇坚主任给湖北律师带来了一场思想碰撞的盛宴。

论坛重头戏是来自建纬上海总所的朱树英律师以“当前建设工程纠纷案

件的新形势新情况和新特点以及律师提供服务的应对策略”为题的精彩演讲，赢得了与会者的高度评价。

在这次研讨会上，建纬出场的演讲律师每人都能准确无误地在会议安排的45分钟时间内完美诠释演讲的主题和内容，这给与会者留下深刻的印象，也让我们自己树立了信心：通过律师事务所的自我研修、培训，律师的演讲水平能够明显提高。

建纬律师大力开展演讲营销的同时，建纬总所和各分所每年业务收入不断增加。截至2015年年底，建纬总所以45名执业律师的人数规模实现业务收入9641万元，人均收入达到214万元；建纬各分所的业务同步大幅增长，10个分所共约240名执业律师实现创收1.56亿元，人均创收达到65万元。这与建纬总所和分所的精英们都以律师演讲作为开拓业务的主要营销手段直接相关。

专业律师事务所在法律服务市场中的竞争，不仅在于业务收入的竞争，更在于专业人才的竞争及其专业律师队伍的聚集和发展。作为专业从事建设工程与房地产法律服务的建纬律师事务所主任，我通过演讲营销还要达到吸引更多专业人才加盟的目的。建纬律师事务所成立以来，专业律师队伍不断壮大，专业律师中具有中级、高级技术职称的比例越来越高，建纬总所具有造价工程师职称的专业律师就达10名，按有关规定具备开设3家造价咨询公司的职称资格条件。吸引更多的熟悉行业情况和具有技术背景的专业律师的加盟，正是我担任主任20多年来梦寐以求的目标，而实现这个目标也确实和我演讲营销的成效密不可分。

我讲课次数最多的是中国建筑总公司。除前述给总公司局级领导讲法律课并引发给中建八局领导讲课外，我先后给总公司和各局领导讲法律课很多次。根据给领导讲课的实际效果，2000年6月开始，总公司决定给全系统一级项目经理组织一次全员法律专门集训，并作为当年考核项目经理的重要内容，此范围包括许多也是一级项目经理的局级领导共3400人，这是我面授听众最多的一次讲课。2005年6月开始，我又先后在杭州和西安给中建系统的全部经营和法务人员专题讲授“施工企业以 BOT 和 BT 模式承包建设工程及其应注意的法律问题”的前沿课程。在这样的大平台上讲得多了，让我收获了不小的人气和名气，很多听我课的企业法务人员与我交流时常称我为“老师”，而据他们反馈，听我的课确实受益匪浅，开阔了眼界、拓展了思路，在日常的法务工作和处理企业纠纷时变得游刃有余了。这其中不乏一些听过我讲课的有志之士，在企业法务工作中崭露头角，更进一步转型成为专业律师。更有甚者，从中建系统直接加入建纬并成为建纬所继续发展的中坚力量，被称为建纬两位“女神”之一的建纬总所副主任曹珊，原先是中建一局的项目经理；另一位“女神”是北京分所主任谭敬慧，原先是中建总公司的法务部副总经理。两位均具有高级工程师和造价工程师的职称。这也是我引以为豪的。

江苏、浙江是我国两个建筑大省，建设工程领域的从业人员众多，施工企业对专业法律服务需求最大，因此我在两省各地讲课次数也最多。每年春节的初八至十五前，各施工企业都会组织各类会议，集中组织项目经理、企业经营管理人员培训，我春节期间讲课的足迹遍及江浙各地。精诚所至，金石为开。由此，该两省加盟建纬律师事务所的专业律师人数也最多，先后有曹文衔、陈应春、章丽丽、徐寅哲、俞斌、王勇、史鹏舟、单建尧、赵轶 9 位江浙两省的优秀专业律师加盟并成为建纬总所的合伙人，几乎占据总所全部合伙人的半壁江山。

### （一）合伙人章丽丽因为听了一堂课而走上专业律师之路

我在 2002 年时曾带过一个助理章丽丽，她原本是苏州人，当时在苏州二建担任清欠办主任，负责企业法务工作。只是因为在 2001 年听了我的一堂课，就作出了一个令人难以置信的决定——离开业已工作了 11 年的老单位，走上专业律师道路。她用一年时间边工作边准备，第二年便通过律师资格考试，还说服单位领导同意她来到建纬所实习，以后便留在所里当律师，现在已经成为建纬总所的合伙人。

对于听我的讲课及其体会，建纬总所合伙人章丽丽如是说：

我的命运因为一场震撼我的讲座而改变。

加入建纬之前，我在苏州一家国有施工企业集团二建集团总部担任清欠办主任兼法律事务部副主任，主要任务就是建立清理工程款拖欠的管理体系，制定清欠奖罚制度，组织清欠人员催讨工程欠款，配合公司外聘常年法律顾问办理催讨工程款的案件，企业法务，仅此而已。由于职责在身，2001 年 9 月当我在《建筑时报》上看到上海市市政工程协会与《建筑时报》将联合举办“工程造价约定与追欠索赔实务研修班”的消息时，当即向公司领导提出申请，公司领导也很快批准我报名参加。那次研修班主办方安排了 3 天的讲座。3 天的讲座都很精彩，但最震撼我的是朱律师的讲座，用“震撼”形容这次讲座对我内心的触动一点也不为过！那是我第一次听一位专业律师讲建设工程的法律问题和追欠实务。在此之前，我们的常年法律顾问由于是检察官出身，对建设工程专业不熟悉，虽然也在公司进行过法律讲座，但效果一般。

朱律师那天讲了施工合同的签约风险，施工过程的履约跟踪，催讨工程款的各种手段，决算、签证的技巧等实务，讲课内容非常实用，讲课风格形象生动、幽默风趣，整个会场非常活跃，经常听到会心的笑声。除此之外，朱律师还讲了他自己的人生经历，16 岁参加工作，在上海本地一家国有施工企业做小木匠，后通过刻苦学习，读完了中文大专和法律本科课程，最终通过不懈努力成为建设工程领域的大律师！那天听完讲座，我热血沸腾，整夜无法入睡，思绪万千：原来一个小木匠也能成为大律师；原来律师也可以做得这么专业。在此之前，我是无论如何都无法想象，非法律专业出身的人可以做律师，还做得这么成功。

朱律师的经历给我的人生打开了一扇明亮的窗。原以为不是工民建专业出身的我，在施工企业做到中层管理干部已经头顶触到天花板，接下来就打算做到退休然后回家带孙子了。现在看来我还可以有另一种选择，虽然我不是法律科班出身，但已经在中央党校完成了政法专业的本科课程学习；虽然我也不是学习工民建、建筑管理等工程专业出身，但已经在施工企业工作了

11 年。作为这家大型施工企业的中层干部，公司每月一次的中层干部会议以及经常与基层单位一把手讨论清欠问题的工作机会，使我学习到很多施工企业的管理知识，了解到很多行业内情，并且自己也参加了预算员培训班，学习了四门最基础的专业课程，对施工常识、施工工序、专业术语、施工图纸、定额、造价、工程量计算等都已有一定的基础，应该比法律专业出身的人有一定优势。我是不是也可以实现专业律师梦呢？以前觉得这是不可能的，而现在朱律师就是榜样，说明只要努力，一切皆有可能！

听完讲座回到单位，我向公司总经理汇报了朱律师的讲座内容以及对企业风险管理的指导作用，总经理当即决定由我邀请朱律师到我们公司进行一次专题讲座，朱律师也欣然接受。记得我们公司领导层对这次讲座非常重视，特地将会场安排在由公司承建即将竣工交付使用的苏州市图书馆学术报告厅。参会人员包括企业中层以上管理人员、项目经理、项目部资料员等 400 余人。朱律师的讲座如预期那样反响强烈，领导也非常满意。晚上公司领导宴请朱律师时，我和朱律师第一次提到我计划考律师资格的事，朱律师非常支持，说我有做律师的潜质，并说如果我通过律师考试，可以到建纬所实习。朱律师的话对我无疑是最大的鼓励和支持。

2002 年，我以 254 分的成绩一次通过了司法考试。考试成绩出来后，我兴奋地向朱律师汇报，朱律师没有食言，欣然接受我到建纬所实习。2002 年 7 月 15 日，我来到当时还在静安区铜仁路九安广场的建纬所，并有幸作为朱律师的助理跟随朱律师办案，向朱律师学习专业知识。2004 年 4 月，我取得律师执业证，在朱律师的教导、培养和支持下，我开始独立执业。到今年，我加入建纬已经 14 年了，在朱律师的关心和指导下，在“建纬”这个专业品牌律所的培养下，我从一个法律门外汉成长为建设工程领域的专业律师。我的业务 95% 是建设工程，除了代理工程领域诉讼案件外，这几年我还和建纬同人为深圳证券交易所、上海证券交易所、中信泰富旗下的多家房地产开发公司、远东国际租赁有限公司、上证通信公司等单位提供招投标和建设全过程、招商租赁和销售等非诉讼法律服务，得到了客户的认可，取得了一定的成绩，而这一切全然源于朱律师的一堂课。

2001年9月22日的那场讲座，对朱律师而言只是其数千次讲座中普普通通的一场；对我而言，却是改变我人生的神奇引导。这场讲座不仅改变了我的人生轨迹，也间接影响了我儿子的择业——他现在也是律师。虽然我没能像朱律师的其他弟子那样成绩斐然，令朱律师为之骄傲，但也以自己的专业经验和专业能力为客户提供了优质的法律服务，并没有辱没“建纬”的品牌。

夜深人静的时候我常常会想，如果没有2001年9月那场讲座，没有认识朱律师这样专业水平极高、个人魅力极强的大律师，我的人生又会是怎样的呢？

**（二）因为宝业集团的一次课，合伙人单建尧举家从绍兴迁来上海**

全国民营建筑施工企业的排头兵——香港上市的浙江宝业建设集团有限公司在全国建筑施工民营企业中独树一帜。我曾有幸专程去浙江绍兴杨汛桥镇的宝业集团总部讲过一次法制课，这也是我在浙江省无数次法律讲课中的一次。当时联系、邀请、接待我的，就是宝业集团的总裁助理、后来成为建纬总所高级合伙人的单建尧。对此，单建尧本人如是说：

朱老师在宝业集团的一堂课，圆了我的上海专业律师梦。

我的老家在浙江绍兴，我先后在浙江宁波、绍兴的施工企业和律师行业转战多年，但最终圆专业律师梦却在上海建纬律师事务所。圆梦缘自朱树英老师在浙江绍兴宝业集团的一堂课，我当时在宝业集团担任总裁助理兼法务部主任。

我1998年7月毕业于东北财经大学国际经济法专业。毕业之初，我曾立志到上海投身律师界，但那时的上海已然是全国莘莘学子心之所向的就业高地，竞争十分激烈。几经周转，我未能如愿，转而去浙江宁波闯荡，就职于工商银行。几年之后，我已晋升成为该行最年轻的高级管理人员之一，但我的心仍向往着上海律师梦。2002年3月，我毅然辞职，再次到上海谋求专业律师发展，却再次无功而返。无奈之下，回到浙江开启自己的律师执业生涯，先后从宁波辗转绍兴的律师事务所，但律师业务一直未有什么起色。2004年10月，应聘进入宝业集团工作，该公司系内地首家在香港主板上市的建筑公司，主营建筑、地产、旅游、投资等，特别是住宅产业化领域在国内首屈一指，在那里我开始深度接触建筑和房地产业务，也有幸结识了前辈朱树英律师。

朱律师著作等身，获“钱伯斯终身成就奖”和“律政之星”“东方大律师”“上海市劳动模范”“全国优秀律师”等称号，并担任全国律师协会建筑房地产委员会主任等许多重要职务。我和先后共事的律师同人们，都尊称他朱老师，因为他是当之无愧的“律师之师”，几乎全国所有这一领域的年轻专业律师，都是听着他的课成长起来的。犹记得我在宝业集团担任总裁助理时和朱老师的第一次电话通话，无须寒暄客套，简单地自我介绍之后，我们立刻对法律问题进行了探讨。朱老师快捷的语速、敏捷的思维，显示了朱老师直率的性格，单刀直入的交流方式似乎更贴近他高效的工作模式。于是我提议，希望朱老师莅临宝业集团授课解惑，朱老师当即表示一定会如期而至。

2006年7月，朱老师如约来到浙江绍兴杨汛桥镇宝业集团总部给集团领导层和项目经理讲课，我的电脑中今天仍保留着那堂课的提纲。朱老师的讲课思路清晰、重点突出，一开课他便直奔主题，先抛出本行业的各个痛点和难点，然后抽丝剥茧，细细解开听课学员们心中困惑已久的法律谜团。授课时，只见他诙谐幽默、中气十足，艰难晦涩的法条脱口而出，用词专业、字字珠玑。枯燥的专业知识在他循循善诱的讲解之下，配上鲜活的案例，仿佛变成一道美食，不但让听者食之有味，还能充分吸收、融会贯通。虽然朱老师的那堂课至今已过去十多年，但有一细节令我印象深刻，课后有位宝业老总亲口对我说：“没想到专业律师的专业程度可以达到如此之深度，”那惊诧和佩服之情溢于言表。培训会后我专门安排助手将朱老师讲课的录音整理成文字稿，发放给公司各部门、下属的分支机构与项目部进行学习和宣传。那份讲课稿一时成为抢手货，在整个集团公司掀起了学习的浪潮。在不知不觉中，我也对建筑和房地产法律产生了浓厚的兴趣。我第一次知道，原来律师不仅可以在法庭上唇枪舌剑、神采飞扬，还可以在课堂上如此儒雅和睿智，再次追寻律师梦的想法开始在我内心萌动。课后与朱老师交流时，朱老师对我透露了他的秘诀："只要能够几十年如一日地刻苦钻研某一领域的法律问题，你一定会成为这个行业的顶尖律师。"这句话我一直牢记在心，在碰到困难时，我一直用朱老师的这句话来勉励自己，努力用行动来实践老师的教诲。

萦绕心头的律师梦让我逐渐厌倦了在企业高管位置上的林林总总，在很多人觉得我在公司职场还很有前途的时候，我却觉得是自己再出来做律师的时候了。之后，我离开宝业集团在绍兴柯桥组建了一家从事建设工程专业法律服务的律师事务所，在我自己独闯天下的几年中，我像追星一样地去旁听朱老师的讲课，老师去哪儿讲课，我知道了都会追着去听。可以说，是朱老师在宝业集团的一堂课，把我拉回到了律师界，并逐渐回归到专业律师这一职业群体。

随着业务量不断增长，各种疑难案件应接不暇，在夜以继日的律师工作中，我同时也思考着如何突破传统诉讼法律服务的"瓶颈"，寻找新的发展方向。2013 年 7 月，新版《建设工程施工合同（GF－2013－0201 示范文本)》刚刚出台时，家乡的建筑业协会邀请我去讲一讲。为了做好备课工作，我听说作为合同主要起草人的朱老师在重庆为该市律师协会讲授该施工合同的内容，就立刻坐飞机赶到重庆旁听。在学习了朱老师前沿的解读之后，我的教案骤然鲜活，之后回家乡的授课也收到了很好的效果。2014 年 10 月，住房和城乡建设部出台了《建筑工程施工转包违法分包等违法行为认定查处管理办法》，朱老师受住房和城乡建设部委派，在全国各地宣贯该文件。当年年底，我带领我的团队参加了老师在上海主讲的宣贯会议。正是在这次论坛期间，朱老师与我有了一次深入的交谈，在了解我的业务发展情况之后，朱老师向我伸出了橄榄枝——如果我愿意加盟建纬，可直接到上海总部担任高级合伙人。这对我来说真是个特别的惊喜。上海是全球金融和航运中心，是我在学生时代就一直梦想工作和生活的地方，而建纬律所不仅是在上海，更是在全国乃至国际上均独树一帜、享有盛誉的专业大所。在朱老师的带领下，所内涌现出了一大批各专业领域功勋卓著的专家和团队，深受业内外人士的好评。我作为一名来自三线城市的青年律师，能够直接跃到一线城市的品牌律所执业，确实是个巨大的机会，同时也有利于自己专业知识结构的重构和客户的洗牌，当然也会遇到压力和挑战。朱老师给了我一次与建纬专业律师道路结缘的机会，我毫不犹豫，马上投奔到了上海建纬总所。

入职以后，我在上海买了房子，携妻儿一起来到上海。不久，恰逢朱老师提出建纬二次创业、再次腾飞的发展目标，再次点燃了我内心的激情。建纬所各类前沿的资讯、新颖的法律产品、创新的模式每天给我们进行着头脑风暴。我下定决心，不管前路是荆棘难行，还是辗转曲折，我一定会坚定不移地走下去。因为在我们身边，一位业界前辈一直在无私奉献，一直在引领和托举着我们年青一代起航和腾飞。

## 五、投资企业副总何以成为律师助理

2015 年 6 月，我在律所面试了一位正在一家投资企业当副总经理，却要求给我当助理的 38 岁的造价工程师韩刚。这是一次极富传奇色彩的面试，还得从 5 年前的一堂课说起。当时我在清华大学土木工程学院国际工程项目管理研究院举办的英国皇家特许测量师学会（简称 RICS）入会指导培训班讲“合约与造价”课程，韩刚就是听过我两天课的学生。据韩刚后来自述，当时我在讲课中关于“专业人士的专业和法律相结合就能取得重大突破”的一段话，改变了他的人生轨迹。此后他暗下决心要做专业律师，尽管之前没有学过法律，也不是科班出身，但他艰苦自学两年，经过难以想象的努力，竟然通过了被称为“天下第一考”的律师资格考试。现在转行希望给我当律师助理，跟我学做专业律师。这真是一个颇具戏剧性的故事。

近年来，我先后在清华大学、北京大学、中国人民大学、同济大学、上海交通大学、华东政法大学、厦门大学、重庆大学、浙江大学、东南大学等高校建设工程或房地产 EMBA 在职总裁研究生班任教，这些统称为 EMBA 在职研究生班的学员基本上都是来自各施工企业或房地产企事业单位的领导，我讲的也基本都是建设工程或房地产企业总裁研究生班的实战型法律课。其中，清华大学的课程比较多，我在清华大学土木工程学院、成人教育学院和深圳研究生院都有讲课，还包括清华大学在外面开办的课程，如清华大学与北京军区合办的房地产研究生班的法律课。每次去清华大学土木工程学院上课，伫立在清华校门外，我常常感慨万千：一个从未在正规大学（我曾在业余大学读了四年中文大专，后来在华东政法学院的成人在职班读法律本科）就读过的律师，能够到最高学府任教，这真是斗转星移，造化弄人。

英国皇家特许测量师培训项目是清华大学土木工程学院国际工程项目管理研究院和英国皇家特许测量师学会联合举办的英国皇家特许测量师入会指导培训班。英国皇家特许测量师学会是全球广泛认可的专业性学会，其专业领域涵盖了土地、物业、建造、项目管理及环境等 17 个不同的行业。英国皇家特许测量师学会的学员须具有大学本科及以上学历，且必须是具有 9 年以上工程预算、造价、项目管理、房地产、土地评估等相关实际工作经验的专业人士。师资由英国皇家特许测量师学会的资深会员、国际国内各专业领域的专家学者和清华大学教授组成。可以说这是一个国内顶级的专业人士培训项目。我受聘担任这个培训项目的“合约与造价”专业法律课的讲师。一开始校方安排的课时为半天，课程讲下来，学员反映很好。为准确评估老师的授课质量和效果，校方实行由学员背靠背给老师打分的评分制度，学员无记名给我打出 9.85 分的高分（10 分制）。学员普遍反映我的讲课时间太少，听得不过瘾，于是要求校方加时，之后校方将课时增加到一天，后来又增加到每次讲两天。正是基于较为丰富的专业司法实践，我在层次相对较高的专业课程授课中也取得了良好的实效。无独有偶，英国皇家特许测量师学会鉴于要求参加培训的人员较多，继清华之后又在同济大学联合开设相同的课程，其“合约与造价”的课程仍由我主讲，同济校方也实行由学员背靠背给老师打分的评分制度，这个班学员无记名给我打出的是 4.86 分的高分（5 分制）。

通过英国皇家特许测量师学会项目培训考核取得英国皇家特许测量师资格，接着通过律师资格考试，成为我的律师助理的韩刚，他对此是什么感受呢？且听韩刚说来：

人生，总是不断地面临抉择，时而遇到转折和机遇，人生因此才跌宕起伏、精彩纷呈。朱树英老师的一堂课，注定是我人生中一个重要的转折点，因为这堂课改变了我专业发展的轨迹。

2010 年之前，我在大连供职于某央企下属的房地产公司，已工作多年并已担任公司副总经理，负责管理公司的合约造价部。这份工作非常稳定，我也热爱自己的本职工作，似乎我注定就要在造价行业一直做下去。原本并无他念，但英国皇家特许测量师入会指导培训班的一堂课，改变了我的理念和向往。我虽然早已历经千辛万苦取得注册造价工程师资格，但并没有满足，一直有个愿望，就是跻身英国皇家特许测量师之列。因为英国皇家特许测量师代表着全球管理和发展土地、房地产、建筑和基建领域的最高专业资格和标准，也是造价工程师所能取得的全球最高专业资格。于是，在 2010 年 6 月，我报名参加了清华大学英国皇家特许测量师学会学习中心主办的清华大学英国皇家特许测量师第 15 期入会指导培训。

就是在这里，我结识了良师益友；也就是在这里，我遇到了朱老师；也正是朱老师的一堂课，拉开了我人生富有戏剧性而又精彩的一幕。英国皇家特许测量师学会入会指导培训课程均邀请建设工程领域中各专业的翘楚作为授课老师，其中一门课程是为期两天的工程法律专题，讲“合约与造价”，清华大学邀请的是建设工程法律领域的顶级律师朱树英老师来授课。他当年讲课的一些细节我现在还记忆犹新、历历在目：一个个鲜活的案例。朱老师通过因邮局投递员差错导致的上亿元损失无法被法院支持的案例讲解送达的重要性；通过某竣工多年的建筑工程在地方中级人民法院已完成质量缺陷鉴定及整改鉴定方案后，如何力挽狂澜推翻原整改方案，讲解了在诉讼局面被动的情况下如何沉着冷静寻找案件的突破口；通过上海某大型商业广场外资施工单位高达 2543 万美元巨额索赔案及其如何代理反索赔案，讲解索赔的合同依据；通过北京某星级宾馆竣工后的管道锈蚀“红水案”，讲述了证据固定的重要性和专业律师在专业案件中的重要作用；通过美国某专事国际机场保险的专业律师在上海浦东国际机场建设中的咨询案例，讲解了顶级律师如何专业与卓越。这些经典的合约与造价的生动案例使全体学员思路都打开了。

一幕幕师生情谊。课间交流时，同学马玉峰说给中央电视台新址大楼做过审价，朱老师说正是建纬所给央视新址大楼做的全过程法律服务，接着课上朱老师就即兴讲了一段建纬所竞选中标承接央视大楼和深圳地铁法律服务时的有趣轶事。

一句句语重心长。朱老师讲课突出传授了专业和法律的结合容易取得突破的理论和实践，提出法制经济就是合同经济，合同的核心就是造价，所有的工程纠纷案件都离不开造价问题。他提醒听课的所有造价工程师：大量的工程合同纠纷诉讼案件都涉及工程造价的专业问题，造价工程师应多了解相关的法律知识，结合造价的专业知识学习法律，如果既懂造价又懂法律，则会成为市场上稀缺的复合型人才。

我就像小时候听广播评书一样，深深地被朱老师讲课的内容所吸引。整整两天课程，朱老师没有照本宣科、没有枯燥无味的法条引用、没有晦涩难懂的法言法语，有的是一个个朱老师亲自承办的经典实战案例，有的是朱老师结合授课现场互动实际的脱稿即兴发挥。两天酣畅淋漓的法律课程拓展了我的视野，也引起了我对法律的极大兴趣。

说者无心，听者有意。朱老师说造价工程师如果能懂法律则可以成为市场稀缺的复合型人才，他这么说肯定有道理。同时，我为了更好地提升合约管理工作，下定决心去参加司法考试。2012 年我通读了一遍三大本，然后参加司法考试，遗憾未通过；2013 年我集中精力，下苦功准备，终于通过难度极大的司法考试。人生总有波澜起伏。2014 年我所在的房地产企业发生变动，我也想寻找新的发展机会，同时也更期望能到上海工作，有更大的施展空间。机缘巧合，2014 年 4 月，我来到上海的一家资产管理公司担任副总，主管房地产项目融资和 PE。

工作一年之后，我发现金融并不是我所擅长的，我自认为自己最大的优势在于具有多年房地产会计、造价、合约管理以及投融资的实际工作经验，熟悉房地产开发的全流程，且具有法律职业资格证书，似乎建设工程和房地产工程专业律师才是更适合我的选择。这时，我开始思考转型做房地产工程专业律师。自然而然地，我首先就想到了朱树英老师。

人生如戏，戏如人生。在那堂课之后的 5 年，2015 年 6 月，我拿出珍藏已久的朱老师名片，向朱树英老师发出了求职信。朱老师也快速回复同意见我。于是，我怀着忐忑又敬仰的复杂心情走进了朱老师的办公室。然后，我真的加入了建纬所，并非常荣幸地成了朱老师麾下的律师助理。到了朱老师这里，我才明白老师总有老师成功的原因，名不虚传。我不仅眼界大开，还脑洞大开，原来做律师可以这样出手不凡、举重若轻、光明磊落。

先讲讲"出手不凡"。上海某广场建设工程施工合同纠纷案是涉及金额近 4 亿元的大案，案情错综复杂。在接待当事人的过程中，朱老师听完当事人的案情介绍和疑问，即听即答，一针见血地指出纠纷的关键与焦点以及解决争议的对策和思路，并迅速提出当事人没有想到应索赔而没索赔的项目。接下来，我用几天时间整理案件证据材料，发现结论完全在朱老师第一次见当事人时提出的处理框架范围内。高手就是高手，总是明察秋毫、直中要害，让人心服口服。

再谈谈"举重若轻"。四川某高速公路建设工程因 BOT 投融资引发施工合同纠纷案，不仅涉案金额达几十亿元，而且因政府解除 BOT 特许权经营合同，并将公路的特许权和在建工程收回而使该案成为新类型的疑难复杂案件。因本案情势紧急，在来不及与当事人签订律师代理合同时，朱老师就果断代表当事人出席与政府方和业主单位的谈判，一举扭转了施工单位所处的被动局面。一个标段的施工单位与朱老师签订了律师代理合同，另一个标段的施工单位也迫不及待地与朱老师签订了律师代理合同。如此错综复杂的大案，在朱老师手里却四两拨千斤，让我眼界大开，也脑洞大开。窥一斑而知全豹，更多实战精彩案例就不一一赘述了。

案例固然精彩，但朱老师最让我佩服的，还是他的“光明磊落”。我从没见到过朱老师与法官“联络感情”，以方便自己所办案件的审理；也从没见过朱老师与客户觥筹交错拓展案源；更没见过朱老师有什么灰色地带。我只是了解到朱老师几十年如一日的勤勤恳恳、踏踏实实、忙忙碌碌，他从不主动去找业务而全是业务找上门来。恰恰是这样的坚持赢得了客户、合作伙伴和同行们的尊重、尊敬和认可。从朱老师身上，我看到一个法律人可以活得如此光明磊落、坦坦荡荡，为我们年青一代的律师作出了榜样。

转眼跟随朱老师一年多了，我越来越清楚为什么朱老师的一堂课对我有如此大的影响力。台上一分钟，台下十年功。他经年累月办理大量的大案要案，并不断总结提升，而那两天课程不过是浮出水面的冰山一角，在水面之下则是他海量案件的实践经验积累构成的不为人知的冰山底座。而朱老师对建筑行业和社会的责任感，对年轻人的关怀和爱护，对正直诚信的坚守，更让他的课堂充满魅力。跟随朱老师的这一年，胜读十年书。经过这一年，我发现我真的已经爱上建设工程与房地产律师这个新的职业，我更感恩转行之初就遇到恩师，知遇之恩终生难忘。在这铭记感恩的时刻，谨以此文献给我敬爱的朱树英老师。韩刚于2016年感恩节。

上述是已走上专业律师之路的韩刚自己的叙述和感悟，其中带着一份人在成年之后实现自己梦想的感激之情，言语之间也带有个人感恩的成分。诚然，我通过不断的专业演讲，确实为建纬吸引了一批专业人才，演讲已然成为我吸引专业人才的最好的营销方法。因此，成功的演讲起到的是传道、授业、解惑多方面的作用。不仅能够传授知识和带来业务，还展现了律师个人乃至律师行业的风采，传达了律师行业的魅力和能量，为立志走上专业法律服务之路的专业人士指点迷津，影响并吸引更多优秀人才投身于律师事业。

## 六、初识在课堂，终为建纬人

如果专业律师的演讲达到了一定的高度，产生了引导力和感染力，那就不仅能吸引立志走专业化发展的律师或合伙人，而且能够把专业律师的演讲营销栽成一棵梧桐树，引来筑巢的金凤凰。建纬所以专业为纽带，不断发展分所战略的实践，说明律师演讲营销能够起到筑巢引凤的实际效果。上文说到的韩刚律师，来建纬所之前，已是具有十年以上造价工程师资历的资深专业人士，并已在投资公司担任副总经理，因为听了我的一堂课，毅然决然改变了自己的人生规划，现已改行当上专业律师。更有甚者，建纬总所具有高级工程师、一级建造师和造价工程师资格的副主任、PPP 业务中心主任兼南京分所主任曹珊，同样是因为听了我的课，奠定了自己的专业发展方向，从施工承包一级项目经理转型成为完全意义上的建筑行业的专业律师，实现了自己的华丽转身。

本章的前面有介绍我在北京仲裁委员会和北京市高级人民法院联合举办的高级研讨班讲课的情况，其实我曾多次给法官讲课。早在 1999 年 4 月，我应中国法官协会邀请在苏州木渎讲课，演讲主题是“从典型案例看建设工程纠纷案件的新情况、新对策”，听课的基本上是来自全国各地的法官。当时坐在那堂课上听课的就有一位来自南京的刚刚入行的律师——曹珊。她本科毕业于哈尔滨建筑工程学院，原先在中国建筑第一工程局任项目经理，曾在上海负责浦东开发初期的新商城、八佰伴、汤臣、华东大厦等重点工程的建设，获得过“上海市建设立功人员”等称号。这么一位来自建筑行业的专业人士，是怎么来到法官的培训班听课的呢？听原先是同行的我讲课感受如何？后来她决定加盟建纬又与这堂课有何关系？且听曹珊律师娓娓道来：

时至今日，恐怕没有人会否认朱树英律师是国内建设工程和房地产法律服务领域的翘楚。这不仅因为他有高深的专业学识，办理过众多有重大影响的案件，发表了不少的研究论文，出版了多部被奉为经典的专业书籍，并一手创办了国内第一家也是迄今为止最成功的房地产与建设工程领域内的专业律师事务所——上海市建纬律师事务所，创造了国内律师行业一个又一个的标志性的记录；而且因为他热心律师、法官的专业法律培训教学，是国内数得上的授课最多、影响最大的专业律师，堪称法律讲坛上的演讲大师。

我与大师的初次相遇也始于课堂。

我1990年7月在哈尔滨建工学院工业与民用建筑工程本科毕业后，一直在中国建筑第一工程局的建设项目上工作，自1993年起担任项目经理，由于科班出身，当项目经理得心应手，1996年取得一级项目经理证书。1998年年底我一时心血来潮，“误打误撞”地通过了当年的律师资格考试，之后在南京一家律师事务所实习，当时在当项目经理还是专职律师之间犹豫，也就没有下定决心辞职当律师。虽然模模糊糊意识到，凭自己的行业背景，做律师应该能够走上专业化法律服务之路，但对如何将自己近十来年积累下来的工程项目管理实践经验和土建专业知识与法律服务进行有机融合，还缺乏明晰的思路，对自己是否能胜任律师这个职业也没有信心。处于探索之路的我正渴望着能有前辈先贤指点迷津。

在自我探索之初已闻大师之名。当时朱树英律师的《建设工程法律实务》和《房地产开发法律实务》两部大作名满天下，至今被奉为经典。而且，从小木匠到大律师的故事更充满了传奇色彩，我甚至一度怀疑其中有无杜撰成分？是否有些夸张？这也因此引发了我的好奇心，很想一睹斯人风采。当然，最重要的还是想从大师的只言片语中得到启示和灵感，希望专业律师之路在启程的时候不至于走错方向。因此，1999年年初，当听说朱树英律师在苏州一个法官的专业培训班开讲，我就毫不犹豫地报了名。

阳光明媚的日子，美丽的太湖之滨。苏州木渎天平大酒店，一个并不高大的身影出现在讲台上，显出几许儒雅和精干，不大看得出当过十年工地木匠的痕迹，倒很有些学者的风范。要不是先前查过一些相关介绍，肯定会怀疑所谓传奇只不过是杜撰而已。

在满满的期待中朱律师开始了演讲，题目是“从典型案例看建设工程纠纷案件的新情况、新对策”。当饱满洪亮的声音弥漫在多达500多人的大课堂时，所有的人都被深深吸引，沉浸其中。今日回想起来，当时朱律师的授课对法官而言仍可称得上精彩，内容也还翔实，主题也比较鲜明，富有逻辑性，讲者亲自经手的案例细节丰富而可信，再加上充满激情和抑扬顿挫的声音，的确引人入胜。但也许是由于当日课程针对特殊受众（法官）的原因，对我而言，建筑工程实务部分实在显得过于简单而与现实不那么贴切，相关法律分析也缺乏应有的深度，最令我失望的是法律分析与工程实务的结合显得生硬，如同两条并不相交的平行线，缺乏真正的有机融合。在如痴如醉的听众中，我应该是唯一感到无比失落的人。抑扬顿挫的声音依然回荡着，但失望的情绪却在心中堆积得越来越高，以至于课程还没有结束我便匆匆离去。就这样，心里感叹着所谓大师也只不过是“盛名之下，其实难副”，在期待和失望的交织中，我听了大师的第一堂课，却与大师、与建纬擦肩而过。如果说有什么收获的话，这堂课倒让我坚定了改行做专职律师、做建设工程专业律师的信心，因为全国著名的工程律师也不过如此啊。

此后数年，我开始独自在建筑工程和房地产法律服务领域摸索前行，经历了很多磨炼，克服了无数困难，但做一个专业律师的想法却从未动摇，而大师的身影却许久没有出现过。

努力工作的同时，我还进入南京大学法学院进行深造，修完了法律硕士学位。凭借扎实的建设工程专业知识、丰富的现场施工和工程项目管理经验，以及对相关法律越来越深入的研究，我逐渐理清了思路，探索出适合自己的发展道路。在从一个新人逐渐变为比较成熟的专业律师的过程中，我把工程专业知识和法律服务相结合，不仅办理专业案件越来越感到游刃有余，而且开始发表一些专业研究论文，在一些会议上也受邀进行演讲，算是开始小有所成吧。

时光荏苒，一晃就到了2005年年末。

上海律师协会组织邀请江、浙、沪三地律师协会建房委委员前往上海律师学院参加专题研讨会，我作为江苏省的专委会委员也来到上海。会议安排由上海市律协建房委主任朱树英律师讲授律师贯彻执行最高人民法院《关于审理建设工程施工合同纠纷案件适用法律问题的解释》的有关法律问题。不经意间，我和大师又一次不期而遇。

时隔近6年，大师样貌看起来居然没有丝毫变化，依然儒雅而精干，似

乎更加精力旺盛，只是在我眼里褪去了一份“大师”的神奇光芒。对于授课相关知识内容，我已非常熟悉，并且撰写过相关的研究论文，因此对此次授课并未抱任何期望。加上第一次听课失望的经历，我只是抱着姑且听之的态度坐在课堂里。

依然抑扬顿挫而充满激情的声音，时隔多年仍然熟悉。然而，随着讲课的进行，可能是朱树英的演讲因受众不同而不同，我惊奇地发现，很多已烂熟于心的法律条文经朱律师的深入分析，居然激发出新的理解，有了更多的含义；而对于法律条文与工程施工实务的剖析，更是相对完美地将二者相结合，融为一体，整个演讲过程让人有醍醐灌顶之感。不知不觉中，我听完了大师的第二次课。由于感到意犹未尽，我课后又找到朱律师进一步求教和探讨，他对于我的想法也给予了诸多肯定。就这样，在专业交流碰撞的欣喜中，开始了我与大师的相识。

之后，跟随大师的脚步，我更多地听取他的教诲。尤其是当我成为全国律协民事专业委员会委员之后，工作上的交集让我们彼此有了更深入的了解和认可。在我眼里，朱树英律师是为数不多的真正将专业法律服务当成事业来做的人。他秉承着赤子之心和工匠精神数十年坚持在这个领域里辛勤耕耘，这份精益求精的执着在日益浮躁的时代里尤其显得珍贵，也散发着迷人的魅力。这份魅力吸引着我不断了解大师，了解与大师相伴而行的团队，了解这个团队的专业造诣，并最终于 2009 年 4 月在潜移默化的相知中成为建纬的一员。

这么多年来，我在不同场合聆听了朱树英律师无数的演讲，这也引导我走上专业演讲的讲堂，并且不断有所进步。我对大师最佩服的是他不断在实务中发现、研究最新的法律问题，而且敢于把自己最新的研究成果或司法实践经验在讲课时毫无保留地贡献给听课学员。甚至早在 2006 年 10 月，朱树英就能够在中建总公司系统内前瞻性地开讲“施工企业以 BOT 和 BT 模式承包建设工程及其应注意的法律问题”的专业课程，我因为原单位同事的介绍也有幸赶去西安蹭课，这对我以后关注、研究 BOT、BT 等投融资模式搞建设工程的专门问题（即现在的 PPP 业务）产生不小的影响。但是，我对朱树英演讲印象最深的，还是最初在苏州和上海的那两堂课：无论是“传奇”光芒的迷失，还是王者归来的佩服，吸引我的始终是那份坚持和执着。对事业的坚守让朱树英律师和建纬团队在专业法律服务的道路上不断前行，我庆幸自己已是这前行中的一员。

长期以来，我听到的都是对我演讲或上课的赞赏和好评，第一次听到有人认为我课讲得并不怎么样的评价，也许这就是对这堂课的客观评价吧，也可能因为评价人本身的专业水准与一般人群不一样的缘故。因为缺乏对自己演讲的客观评价，曹珊提出我讲课中存在的问题，会成为我总结经验教训，进一步提高演讲水平的推动力。

因此，演讲营销不是一蹴而就的，同样的演讲内容，在不同的场合、对于不同的受众可能成效截然不同。但只要坚持不懈地针对不同受众进行演讲，终能达到演讲营销的目的，使人心悦诚服，吸引到各类优秀人才。由此，专业律师的演讲营销能够结成专业纽带并不断吸引专业律师的加盟，这已为建纬所从最初一个专业小所发展到已设有北京、深圳、昆明、武汉、长沙、杭州、天津、福州、西安、南昌、南京、郑州、乌鲁木齐、包头、重庆等 15 个分所、拥有近 600 多名律师规模的专业大所的事实所证明。

## 七、因为 10 年前的一堂课

律师演讲的成功不仅能够吸引业务甚至是重大业务，吸引人才甚至是关键人才，而且能够吸引律师团队甚至是律师事务所，能够成建制地引进律师事务所，这是律师演讲营销获得成功的最高境界。我们建纬所以专业作为纽带的分所发展战略已取得初步成功，目前已有 15 家分所，其中武汉、天津、乌鲁木齐、南昌四个分所都是整所加盟或者成建制加盟的。目前还有更多各地的律师团队和律师事务所，正在就加盟建纬与我们进行洽商，这都和我的演讲及其在各地律师中的影响息息相关。

我的演讲营销最主要的方法是不间断地在行业内外演讲前瞻性的专业法律课，除了在律师行业内演讲以外，更多的是在各地的建筑业协会和大型建筑企业演讲。除了江苏省、浙江省等沿海建筑业大省外，西部的陕西省、山西省也是我经常去给当地建工集团及其下属企业讲课的地方，我多次前往陕西省建工集团及其多个下属集团公司和山西省建工集团，给企业的领导和项目经理演讲合同管理和法律风险防范课。2007 年 1 月 13—14 日两天，我应山西省建筑业协会和山西省建工集团的邀请去太原讲课，他们专设“三晋建筑工程合同高峰论坛”，我 2006 年已讲过一次，这是第二次在“三晋建筑工程合同高峰论坛”讲课。会议主办方告知：我第一次讲课的反响强烈，许多当时未能到场的单位都要求我再去讲一次。像往常每次讲课一样，我都会向主办方问清楚听课对象都有谁？是否有承发包单位双方的人员？因为受众不同，讲课的角度和要求都不一样。主办方告诉我听课的基本上都是山西省内施工企业的领导、项目经理和合同管理人员，所以我的这次讲课内容只是针对施工企业的实际情况而展开，这种情况下的讲课一般不会涉及律师的专业法律服务以及律师行业的专业化发展问题。

10 年后的 2016 年 11 月 21 日，来自内蒙古包头昆峰律师事务所的主任高文通一行专程赶来建纬上海总所洽商加盟事宜，我才知道他们是参加 2007 年山西那次听课的人员，他们至今还保留着我当时讲课的会议资料。昆峰所经过 10 年努力，目前已发展成为一家有 30 名律师、专业从事建设工程和房地产法律服务的专业律师事务所，尤其是他们地处“一带一路”的呼包鄂（呼和浩特、包头、鄂尔多斯）支点地区的地理优势，以及他们对开拓“一带一路”项目法律服务的激情和理念，与我们建纬律师事务所未来专业发展的设想不谋而合。

为此，我在最短时间内赶去包头市实地考察，并和当地司法主管部门沟通，取得当地司法主管部门的支持，并经 2016 年 12 月 28 日由总所管理委员会和各分所主任参加的建纬年会讨论通过，决定同意包头市昆峰律师事务所全体人员加盟，组建建纬包头分所，这也是建纬旗下的第 14 分所。十年磨一剑，剑锋所指正是山西太原的那堂课。十年前的一堂课果真影响了一家律师事务所的发展进程和专业方向吗？且看高文通律师的《追梦十年，初心不改》：

歌曲《天边》中唱道：天边有一棵大树，那是我心中的绿荫；远方有一座高山，那是你博大的胸襟。朱树英老师和上海市建纬律师事务所，十年来，就是我们心中的大树和高山，让我们初心不改，始终追随，终于十年圆梦，梦想成真。我们的追梦还得从朱树英老师的一次讲课开始。我所在的内蒙古昆峰律师事务所成立于2001年。成立之初，我们合伙人便确立了走专业化发展的道路，但是，专业向何处去？合伙人的认识并不统一。2007年，一个偶然的机会，我们得知：在山西太原有一个建设工程的论坛，届时将有专业律师讲课。我们也承办过一些施工案件，当即决定前往参加，但讲课的老师是谁，我们其实并不知道。

我们一行四人当时借了一辆商务车，行车七个多小时到达了举办论坛的酒店，看到会议册中授课老师朱树英的名字，让我们有些惘然：我们不知朱树英是何人。其实，当时朱树英老师早已是国内建设施工领域法律服务的翘楚，只是我们这些尚未完全进入这一领域的晚辈不熟悉。简单的开幕仪式后，朱老师的授课开始了。

起初，我们的心态是，既然来了，就听听吧，可就是这次听课，把我们带入了一个全新的领域。朱老师的这堂课启蒙了我们、感召了我们，朱老师也因此成为我们专业化发展的指路明灯。讲课过程中，朱老师由浅入深、旁征博引，法律法规、政策文件如数家珍，丰富的办案经验、精湛的理论体系、高超的办案技巧，朱老师像对待自己的孩子和学生一样，倾囊相授。朱老师的讲课时而诙谐、妙语连珠，时而仿佛老者的循循善诱、语重心长，时而又指点江山、慷慨激昂。

全场200多人均全神贯注，听得如醉如痴。听课过程中，我们同时也在不停地感慨和反思：我们也办过不少类似的案子，但有很多都走了弯路！互动环节，与会人员纷纷提问，主持人手里握了厚厚的提问纸条，朱老师逐一解答，而且每个问题是对、是错，为什么？均有实质性答案，距会议结束已

经过了半个小时，还有提问在继续。后来主办方把所有的问题编辑并装订成册，这本刊物至今珍藏在我的书柜中。这堂课后，我们抢在最前面和朱老师合影留念，留下了我们和朱老师的首张合影。

回包头的路上，我们合伙人当即决定，做建设工程和房地产的专业律师，坚持建筑房地产的专业化路线；如有可能，申请加盟建纬。这堂课也让我们确定了我们要在建设工程和房地产领域做专家型律师、办专业化律师事务所的发展理念，并且一直引导着我们在这个领域耕耘和奋斗。可以说，正是这堂课，改变了我的执业命运，也改变了我们这个所的命运。后来，我们又在北京、济南、苏州和上海多次聆听朱老师的授课，每次均有不同的感受，当然也有了数次的合影。朱老师和建纬律师的业务专著我们几乎都买来放到我们的图书柜中，作为专业办案指引。其间，我们也曾经向朱老师提出成为建纬分所的想法，但因主客观原因，一直未能如愿。

10 年来，我们始终不能忘怀太原的那次授课，那是我们专业化梦想的启程；10 年来，我们时刻提醒自己，专业化的道路上不能有空想和一时的热情；10 年来，我们一直感到欣慰，有建纬这座高山和朱老师这棵大树在激励我们前行。10 年的专业化发展中，我们有的合伙人已经离开，但我们的建设工程和房地产团队一直在坚持，知识的储备、技能的提升和多年的努力，终于使我们这个边城小所在区域内小有成就。

昆峰律师事务所由 10 年前租赁的 50 多平方米低矮的居民房，发展到现在我们自己购买产权的 1000 多平方米的敞亮办公楼，所有合伙人办公室各具风格，优雅明净。律师人数也由创立之初的 3 人发展到今天的 30 人，其中博士 2 人、硕士 7 人，执业律师中已有一级建造师、房地产评估师、监理工程师、注册会计师等专业人才。我们的建设工程和房地产业务收入占全所创收比例已达 80%。基于我们多年在建设工程和房地产法律服务领域的付出和业绩，2016 年，我被选为包头市律师协会的副会长，分管并兼任民商事业务委员会（包括建设工程与房地产业务）主任，我们所还有 4 名律师分别担任其他专业委员会的主任和副主任等职务。我们律师事务所已在内蒙古的律师专业化发展的进程中取得初步成效。昆峰律师事务所地处的包头市是全国重要的基础工业基地和全国轻稀土产业中心，也是内蒙古制造业基地和工业中心以及最大的城市，人均国民生产总值全国排名第7。包头和呼和浩特、鄂尔多斯被称为内蒙古的“金三角”，是中蒙俄经济走廊的核心，处在“一带一路”向北和向西开放推进的国际经贸走廊的连接点上，区位优势极其明显。

随着国家“一带一路”倡议的布局，建纬的目光投向了中国正北方，我们已获批成为建纬包头分所，加入建纬大家庭指日可待。再回到悠扬的《天边》这首歌，歌中唱道：我愿与你策马同行，奔驰在草原深处，我愿与你展翅飞翔，遨游在蓝天的穹谷！追梦十年，怀揣专业梦想；矢志不渝，始终不忘初心！

一堂课讲好了，讲出了成效，能够产生带来业务、带来人才、带来团队的神奇效应，但作为一位演讲者，我深知就演讲本质而言，“付出”更甚于“收获”，因此每一次演讲，我都倾其所有，毫无保留。一个个诱人深思、发人深省的传奇故事，是我在总结律师演讲营销的经验和成效时最难以忘怀的经历，也是最乐于与走在律师演讲道路上的年轻律师朋友们分享的，而随之而来的业务、人才、团队，可能是另一层面地让我欣喜的收获。

# 第二章

# 律师演讲只能自学成才

- 一、竞选演讲“黑色3分钟”和“示范讲课”点评的痛与恨
- 二、知耻而后勇——边工边读，苦学10年
- 三、临时代课走上法律教学之路
- 四、敢于面对最困难的现场提问答疑
- 五、律师事务所示范演讲研修的常态管理

律师行业有一个很奇怪的现象——能说会道的律师却缺乏演讲能力，甚至不少精英律师也是如此，这是个具有普遍性的执业缺陷，值得律师本人乃至整个律师行业都好好研究。能说会道的律师不会演讲的根本原因，在于我们法学教育的缺陷和法学课程设置的短板。国内法律院校的课程设置基本没有演讲学，例如，中国人民大学法律本科 4 年共 65 门必修、选修课程，法学硕士 2 年共 18 门课程中均无演讲学。法律院校是法律人才的摇篮，学生在读期间没有机会接受专门的、正规的演讲培养和训练，那么学生毕业后当了律师，其演讲能力从何而来呢？律师如果不能无师自通，自学成才，怎么才能善于演讲呢？律师怎么才能把演讲作为自己业务营销的手段呢？因此，结论之一是律师的演讲只能自我修炼，只能自学成才；结论之二是律师行业应负起提高律师演讲能力的责任。

古人云：书中自有黄金屋，书中自有颜如玉。对于律师，我却要将此语改成“讲”中自有黄金屋，“讲”中自有颜如玉。如第一章所述，律师的演讲营销既然如此重要，演讲营销的成效如此神奇，岂不是应该成为整个律师行业共同的关注点？律师演讲本就是个技术活，和驾驶员开车一样，熟能生巧，越讲越好。由于律师的职业特点，律师每天都离不开演讲，与客户沟通需要演讲，洽谈案件需要演讲，去法律顾问单位普法需要演讲，法院开庭辩论需要演讲。可以说，演讲是律师职业最重要的基本功，也是最重要的谋生手段。因此，律师对演讲营销要从思想上高度重视，在工作实践中要不断地自我修炼，并在反复练习中学会演讲。律师只要具有成功演讲的能力，就能使演讲营销取得扩大业务来源、提高业务能力的实际效果。

## 一、竞选演讲“黑色3分钟”和“示范讲课”点评的痛与恨

律师要自学掌握演讲的能力和技巧，并使之成为业务营销的重要手段，关键在于思想上的高度重视。一个能说会写并视其为立身之本的律师，必须把提高演讲能力和技巧作为做好律师、提升业务能力的前提，作为扩大律师业务来源和提升律师地位的根本。

### （一）律师演讲中存在的问题亟须引起高度重视

事实说明：律师业务要做专、做强、做大，一定离不开成功的演讲，律师演讲完全能够成为拓展业务最重要的营销方法。律师，理应是一个法律的演说家。一般人群都认为律师侃侃而谈，能说会道。然而，这只是外行看热闹而已，律师界总体上的实际情况并非如此。客观存在的事实是：很多自以为能说会道的律师其实只会宣读而不会宣讲，更不会演讲；而且还不重视演讲能够提高自己的业务能力、扩大自己的业务的功能，往往是不善于演讲的律师恰恰不善于发现并且不正视自己在演讲中存在的问题。律师需要从只会宣读逐步学会能够宣讲，并从能够宣讲逐步学会演讲。

宣读、宣讲、演讲这三者有何区别呢？宣读指当众朗读，一般指按事先准备的讲稿念；宣讲指诵读讲解，指能够当众对需要阐明的问题进行宣传讲解；演讲指阐述讲解，指在公众场所，以有声语言为主要手段，以体态语言为辅助手段，针对某个具体问题鲜明完整地发表自己的见解和主张，阐明事理或抒发情感，进行宣传鼓动的一种语言交际活动。因此，宣读、宣讲、演讲是一个不断提升讲话能力的过程，律师要在宣读、宣讲、演讲的进程中学会演讲。

许多律师包括执业多年的成熟律师事实上不会演讲，近年来加入律师队伍的年轻律师学历更高，理应更善于言辞，却多半只会宣读，不会宣讲，更不会演讲，也很少有人研究宣读、宣讲和演讲之间的区别。律师从根本上来说是靠“嘴上功夫”解决生存和发展问题的，普法教育、洽谈业务、分析案

情、质辩证据、提炼焦点、法庭辩论，任何一项基础工作都离不开这能说会道的“嘴上功夫”。律师承办诉讼案件必须在法庭上阐述有利于委托人的诉辩观点并进行法庭辩论。司法实践中，不少律师临场都只能在法庭上宣读起诉状或答辩书，不善于宣讲起诉或答辩的主要观点及事实和理由，以至于在庭审中法官经常提醒律师“不要通篇宣读，请归纳主要的事实和理由”。这意味着律师不会在开庭时归纳事实和理由，即只会宣读而不会宣讲，不善于宣讲法官想听的内容。律师在法庭上的辩论属于即兴演讲，目的是说服法官接受有利于本方当事人的代理意见，法庭辩论成功的关键是能够结合案件的争议焦点和证据，阐述有利于本方的观点和法律意见，以说服法官接受并采信。

时下，许多重大的建设工程与房地产业务，当事人购买律师服务时会采取招投标或竞争性谈判的方法。招标择优依赖律师成功的讲标才能胜出，竞争性谈判需要律师说服当事人选用自己，这两者都离不开律师成功的演讲。专业律师的诉讼或非诉讼业务越来越依靠律师成功的“演讲”得来。重大的建设工程或房地产诉讼与非诉讼业务通过招标或竞争性谈判选用律师，律师的专题演讲能力已经成为能否胜出的关键。更有甚者，当事人通过公开招标方式选择律师，往往在招投标过程中设置讲标程序，事实上许多从事建设工程或房地产的专业律师不会讲标、怯于讲标，不能在评标专家要求的时间内讲清标书的要点，从而失去承接业务的机会。

这种情形不仅存在于一般的专业律师，律师精英也如此。全国律师协会的许多专业委员会的委员，包括由我长期担任主任的民事专业委员也如此。许多建设工程与房地产（当时全国律协把这两类业务归在民事范围）的专业律师，其业务能力突出，堪称行业精英。各专业委员会包括民事业务委员会，每年都有各种业务研讨活动，但是，即使在行业高端法律研讨活动中，许多委员只会在研讨会上宣读论文，不会演讲自己的论文观点，不会在规定的时间内表达好自己论文的主要内容或观点。会议能给律师演讲的时间有限，不少演讲律师在规定时间还没到就不讲了，当然更多的是时间到了论文还没有讲完。我从1998年至2012年的15年间，担任全国律师协会民事业务委员会的副主任和主任，工作期间发现许多委员在专题研讨会上只会宣读论文而不会演讲，以至于我不得不在专业活动外，专门组织对委员的演讲能力进行培训。

### （二）演讲决定律师评优成败的“黑色3分钟”

上海市司法局和上海市律师协会至少有两次评优活动规则都设定候选律师须在评委面前演讲3分钟，先后有几十名候选的优秀律师未能通过短时间演讲的考评，铸成候选律师切肤之痛的“黑色3分钟”。

为提高律师在社会上的影响力，宣传律师的正能量，充分发挥律师在维护司法公正、促进依法治国中的重要作用，上海市司法局和上海市律师协会于2006年7月开始启动，历时近9个月在上海律师中评选10名首届“东方大律师”。当时上海律师人数为8800人，从自我申报开始有248名律师进入海选，经四轮激烈竞争，确定了30名非常优秀、符合条件的候选律师。由于最后只能评出10名“东方大律师”，评选委员会组织38名上海市公、检、法代表和法律院校的知名教授以及有关方面的专家，通过无记名方式投票评出前10名为首届“东方大律师”。

为体现公开、公平、公正原则，根据评选委员会的决定，30名候选律师在评委投票前每人自选题目轮流发表演讲3分钟，让评委在书面材料外，对参评律师有直观的印象。评委会认为3分钟演讲能够体现律师的能力、素质和水平。也就是说，30名候选律师基本条件都够格，最终要淘汰不能评为“东方大律师”的20名候选律师，设定的方案是检验参评律师的3分钟演讲水平，由评选委员会考评决定。

2007年4月26日，上海市在广电大厦的东方电视台演播大厅举行《走向法治，促进和谐——首届“东方大律师”颁奖晚会》，市委、市政府、市人大、市政协和市高院、市检察院等单位的主要领导出席颁奖晚会。翟建、段祺华、鲍培伦、陶武平、钱丽萍、厉明、徐晓青、江宪、游闽键和我共10人被授予上海市首届“东方大律师”称号，排名第一的是翟建，10人中我年纪最大，是年 58 岁。评委最终把选票给了这 10 名律师，说明此次评选获奖 10 名律师的 3 分钟演讲都顺利过关。

凭借自己的演讲经验，我收到演讲通知后就先撰写了 800 字的演讲稿《海派律师应当成为专业领头羊》，演讲内容反映我多年担任全国律协民事业务委员会主任的工作成效。我自选演讲题目时自己做了思路分析和预判，希望评委听了我的演讲后了解到我是当时上海律师中唯一一位担任全国律师协会专业委员会主任并工作卓有成效的参加者，可能会把赞成票给我。并且在技术层面，我反复试讲以便严格控制演讲时间。

律师评优群英云集，虽然我也过关了，而此次演讲得分最高的是翟建大律师。异曲同工的是，他事先也撰写了题目为《我真想有个陪审团》的演讲稿。我事后要来他的演讲稿，其全文如下：

我是律师翟建，一个只办刑事案件的律师。我的个人经历非常简单：从工人到大学生，再从大学教师到专职律师。今年愚人节就年满 50 周岁的我，参加革命已经是第 35 个年头了。回顾 20 多年的刑事辩护生涯，我有过成功、有过失败、有过欢乐、有过悲哀。但如果问我在这段经历中，什么事情最令我难忘？我最难忘的不是某一件案子，而是一次会议。那是在上海金茂大厦召开的一次中英刑事诉讼研讨会。英国法官介绍了他们国家的陪审团制度后，开始接受与会者提问。我提问："一个杀人犯，陪审团却认为他无罪，作为法官你将如何判案？"

那位大法官毫不迟疑地立即回答："我是一名法官，我的唯一职责是执行法律。法律是什么？法律是人民意志的体现。所以我执行法律本质上就是在执行人民的意志。陪审团是干什么的？陪审团是人民意志在某一个具体案件上的具体体现。因此，假如是一个杀人犯，当陪审团宣告他无罪的时候，我立即明白：人民已经宽恕他了。我有什么理由和权利要去改变人民的意志呢？"

说得真好。我为这位大法官的理念所深深折服。我在思考：

假如我们也有个陪审团，我们的侦查人员将更加注重调查取证的合法性，因为每一项证据都将经过陪审团严格的审查；

假如有个陪审团，我们的检察官们将更加提高每一次起诉的说服力，因为只要说服了陪审团，就能给被告定罪，不再需要什么相互配合；

假如有个陪审团，我们的法官将更加中立、超脱，真正独立地行使神圣的审判权，因为他们不再左右为难；

假如有个陪审团，我们的律师将更加注重把所有的聪明才智运用到法庭之上而不是法庭之外，因为决定命运的是陪审团而不是其他；

假如有个陪审团，我们的审判将更能体现人民的意志，更能促进社会和谐，因为陪审团本身就代表着人民的意志。

因此，我真想有个陪审团。

翟建的这篇演讲内容值得研究，获评第一名也无可厚非。

由于这次评选的演讲题目自选，律师演讲范围的选择余地很大，翟建和我自选的主题都有关自己的律师专业，都可以以第一人称发表演讲。按规则，各位候选律师都可以事先选择有针对性的主题，然而，20 名非常优秀的候选律师由于缺乏短时间演讲的经验、未做好技术准备而名落孙山。

作为首届“东方大律师”参选演讲律师，我当时只知道自己的演讲方略，后来才知道 20 名优秀律师落选的原因是因为 3 分钟演讲没有讲好。当时，在排队等候上场演讲前，不少候选律师就在报怨：谁想出这么个馊主意？这 3 分钟怎么讲？至少给个 15 分钟吧？可问题是：候选律师有 30 人，每人给 15 分钟需 450 分钟合 7 个半小时，即便每人 3 分钟也要 1 个半小时，主办方不可能给出那么长的时间。换位思考下，律师的演讲时间为什么不能自我控制呢？律师为什么不能在有限的时间内进行成功的演讲呢？

之后不久的 2008 年 3 月，我有机会担任评选上海市第三届优秀青年律师的评委，这才真正领略了这“黑色 3 分钟”对候选律师的痛苦煎熬。这次评选上海市优秀青年律师，从 84 名候选人中先评出 20 名复选律师。这一阶段的评优，按评选规则，候选律师也要在评委面前演讲 3 分钟，演讲的主题范围由评选委员会提供，演讲律师在主题范围内自选主题。基本上都是优秀青年律师的 84 名候选人的实际表现却是：大部分人不知怎么演讲，演讲人的观点不会提炼、内容不会归纳；不能在限定时间内表达观点，有的演讲者 3 分钟只是把演讲主题开了个头，评委根本不知道他要讲什么；而有的律师只讲了 1 分半钟就无话可讲了。不少优秀青年律师缺乏演讲的自信心和驾驭能力，有 20% 的优秀青年律师候选人因惧怕这 3 分钟演讲，选择弃权；也有候选人觉得自己讲得不好，走下讲台就哭了。许多优秀青年律师落选的原因不在于自己不优秀，而在于不善于把握并讲好专题演讲的内容，不善演讲的“黑色 3 分钟”成为未能进入复选的 64 名律师的切肤之痛。

### （三）终生难忘的被点评“示范讲课”的痛与恨

不论是自己参与候选，还是当评委评选优秀律师，直面那么多优秀律师不善演讲的尴尬，不由让我想起自己早年类似的痛与恨。我曾经有同样的经历，这是非常难堪的回忆，但同时也是非常幸运的，因为我年轻时有过不会演讲的痛苦经历和教训，而我的演讲中存在的所有问题当时就被专家系统地当面点评过。

早在 1979 年，我在原单位当了多年的建筑木工后组织安排我担任教育干事。这项“干事”工作，是针对当时的年轻工人普遍未认真学习过高中语文和数学等基本文化课的现状，专门组织青年工人补习通过高中文化考试而设置的在职教学。这项组织教学的工作职责并不要求教育干事自己能够讲课，只要求能够妥善组织职工教学完成考试即可。但是我认为，教育干事自己不会上课，怎么能组织好别人上课？于是，我利用担任教育干事的有利条件，花了一年时间在上海教育学院业余进修“教学法”。在这一年的进修过程中，除了学习教师的基本素养和应知应会以外，让我终生难忘也终身受益的，是我做示范演讲一堂语文课时被专家点评的惨痛经历。教学设置示范演讲点评由学员自己报名，演讲内容要求报名人示范演讲 45 分钟，由资深的老教师听讲后当场进行点评，规则是点评老师只能指出演讲存在的问题，不说“YES”只说“NO”。

那次示范讲课前，我按自己的理解水平也对示范讲课做了充分准备，然而，做示范演讲的一节课讲下来，点评老师的点评从讲课内容安排的不合理、课程结构的不严谨、讲课内容的衔接没有过渡和照应；到讲课没有技巧，既没有激情又不幽默，声音也没有放开，一点也不能吸引人、打动人，像这样讲课学生一定不喜欢听、一定会打瞌睡；再到指出上课时的语句重复和许多的废话以及不必要的语气词，浪费课时；更严重的是我的板书出现错别字，点评老师问：作为老师在板书中有错别字，是要教育学生都写错别字吗？点评老师甚至连上课的普通话发音不标准也毫不客气地指出来，因为我讲的内容有些让人听不明白。如此这般，使我被点评得满脸通红，无地自容，恨不得有一个地洞能钻下去。这简直是让人又痛又恨，不是恨点评老师不留情面，而是恨自己既然没有金刚钻，去揽什么瓷器活？真是自讨没趣、自取其辱，当然，主要原因还是自己讲课的能力和水平太差了。

我的这堂示范讲课及其点评老师的点评让我终生难忘，同时也终生受益。接受点评之后我痛定思痛，认识到要改变现状只能走一条路——知耻而后勇。正是因为知道了自己的上课水平有这么差，存在这么多的毛病，也认识到不从根本上解决能力问题我将一事无成。有了这样的认识，也就有了我后来自己不断学习、不断总结、不断改进、不断修炼的动力和源泉。之后，我的职工教育工作和上课有了明显的进步，工作期间被评为“优秀教师”。从事律师工作后我还是不断地演讲法律课，又经过多年的不懈努力，才有了我今天演讲的成功，才让我成为众多同人所共同认可的“律师之师”。正所谓“宝剑锋从磨砺出，梅花香自苦寒来”！

### （四）高度重视培养律师的演讲能力应成为行业共识

上海的两次评优活动暴露律师精英层不善演讲的问题，当时并未引起重视，主办方也没有及时组织经验交流会，为不善演讲的律师开出药方。从这个角度来说实在是一大遗憾，因为所有落选的优秀律师只能自我报怨，却不能通过这切肤之痛吸取经验教训，借此从根本上提高演讲能力。

只要认真分析、仔细观察，就不难发现，上海的上述两次评优活动集中反映出律师精英层在演讲中存在的诸多问题不是个别现象，而是律师队伍的普遍问题，而且非精英层的律师问题更严重。好在这种情况逐渐引起上海律师协会的高度重视，也开始注重对律师的基本功的专门培训。两次评优活动过后不久，2008 年 4 月 12 日上海市律协便举办了第一期提高律师演讲水平示范研修班，邀请我在担任评委的同时，还要做主题演讲。我以“提高律师的演讲技巧对于扩大律师业务的作用”为题，分享了我如何通过演讲授课，获得客户认同、认可，从而拓展业务的经验。当日能容纳 120 人的报告厅内济济一堂，连过道内都坐满了前来观摩学习的律师。上海的律师同行对于学习演讲技巧的需求性之大可见一斑。同年，上海律师学院又邀请我给律师培训班讲公开大课，并和我商讨讲什么内容为好，我提出上次分享了演讲的技巧与经验，这次便应当讲授有关写作的主题，当即获得院领导同意。当年 10 月 26 日星期天，我以“能说会写——律师的立身之本下篇：律师写作司法文书的目的和说服力对于提高办案效果的作用以及应注意的问题和对策”为题，在律师学院外借的能容纳 1500 人的云峰剧场，为全市律师进行写作的基本功培训。在持续两个半小时的演讲中，云峰剧场座无虚席、秩序井然，20 余个录音设备被前来听课的律师自发地摆在讲台前，甚至有律师带着摄像机进行全程录像。据律协工作人员统计，当日前来听课的律师多达 1800 余人，是今年培训中参加人数最多、中途离场人数最少的一次，效果非常好。如此少有的周末业务培训爆棚现象，充分说明了广大律师已充分认识到能说会写对自己业务发展极其重要。

基本都是科班出身的律师行业领导，对自己在法学院求学期间未受过演讲的教育、培训的情况应有体会，理应把律师从业后的演讲基本功培训作为当务之急；然而，现在各地的新律师集中培训，有的多达一个月的集中培训内容设置却少有演讲的课程设置。这种情况应引起整个律师行业的高度重视，并及时采取有效措施，以提高律师尤其是新律师的基本功和执业素养。

解决律师执业的演讲基本功培训，需要律师行业的重视，更需要律师事务所管理层的重视。令人欣喜的是，不少律师事务所尤其是律师人数众多的大所，合伙人和管理层已对这个问题给予高度重视。最近，国内人数最多的

大成律师事务所，已邀请我去北京总部做有关提高律师演讲能力的专题演讲。这从一个侧面反映出律师行业对律师演讲的认知和导向。

## 二、知耻而后勇——边工边读，苦学10年

律师的演讲能力不是与生俱来的，也不是从事了律师职业就自然能说会道了。我的演讲能力也完全是参加工作后在实践中逐渐磨炼而成的。律师的演讲需要经过后天的培养和训练，需要类似我在学习讲课阶段时的示范点评，尤其需要那样不留情面地指出演讲存在的问题和缺陷。从这个角度来说，上海市律师协会两次评优的3分钟演讲发现的问题没有及时组织分析、点评，实在是浪费了借机大力提高律师演讲水平的绝好机会，实在是评优活动的一大遗憾。

我参加工作以后，因为那堂终生难忘的示范点评课，在心理深感受伤的痛与恨之后，对我的触动和鞭策极大。我会常常认真回想点评老师指出我讲课中存在的一系列问题，从似懂非懂开始逐渐领会，逐步认识到自己的能力差距。我终于认识到：专职教师岗位不是“脚踩西瓜皮，混到哪里算哪里”，要在组织教学的同时学会讲课。在基本文化水平这一点上，我与现在的经过大学法学院正规培养的律师们情况不一样，我的文化水平存在断层，因为我在中等技术学校也没有正式毕业，更没有经过大学阶段的认真学习。

于是，我用心寻找适合工作之余读书的信息和渠道。当时恢复了业余大专教育的上海市黄浦区业余大学开始招收中文专业在职学生，但要考试入学。20世纪80年代初，在职员工外出读书并不多。但是，要提高企业职工的文化水平，当然应该首先提高从事职工教育工作的专职教师的文化水平，所以我承诺在不影响本职工作的前提下报名参加中文大专考试，对此单位领导是大力支持的。于是，我拼了命地补习大专入学考试应考的语文、数学和英语，在攻读一年“教学法”之后，于1980年7月顺利考入上海市黄浦区业余大学，开始了边工作、边读书的艰辛历程。要坚持学完在职业余模式下四年的

中文大专学业，而且要不影响本职工作，谈何容易。但是，我的业余学习是自己自愿的，是有“雪耻”的原动力的，这一阶段我承担的任务很重，边工作、边业余读书，边组织企业职工教学、边自己当语文老师。

1965年，我初中毕业后，进入当时上海建工局下属的第八建筑工程公司职工学校（相当于中等技术学校），因“文化大革命”影响没有正式毕业就转行当木工学徒，导致自己的文化水平低下。我完全是为了“雪耻”，在较为轻松的专职教师岗位上自寻苦吃而参加业余读书的。当时我已成家，儿子才3岁。为了参加每周3个晚上的业余读书，不得不把孩子送进全托幼儿园。由于并非领导要求或安排去读书，而完全是自己主动的、自我要求的充电、提升学业，我这四年中文专业的学习是异常艰苦的。在完成繁重工作任务的同时，学习“现代汉语”课程，我硬是把几百个常见错别字全部搞明白、弄准确；学习“古代文学”课程时，我硬是按老师要求做到能够默写出35篇古文，背诵出110篇古文。

这四年求学期间，我一边认真学习中文，一边结合自己讲课被点评时的那些问题，看各门授课教师怎么处理的，也就是说，我是一边在做学生，一边在琢磨如何做好老师。我会仔细体会、领悟中文班授课老师的不同讲课风格，我也开始模仿、借鉴授课老师的技法、技巧。1984年7月，我以比较优秀的成绩毕业，14门功课平均成绩85分。四年的中文大专学习，中文功底的提升不仅提高了自己的基本功，也提升了专职教师的工作能力，其间，我既被业余大学评为“优秀学员”，又被所在单位评为“优秀教师”。更重要的是，四年时间的攻读磨炼，让我适应了业余读书的工作、学习两者兼顾模式，在边学边教的过程中学会了讲课；也就是从那时开始，人们不再叫我“小木匠”，而改称“朱老师”了。

1984年7月，我中文大专毕业。业余大专学习期间有机会了解外面的世界，工作各不相同的同学交流也开阔了眼界。偶然得知这样的信息：为发展我国律师事业，1986年起，国家司法主管部门规定凡具有大专学历的可以报考律师。大专毕业后，我也开始思考自己人生发展的规划。按司法部的规定，我已具有中文大专学历，具备报考律师的学历基础，又得知上海大学文学院正在举办在职律师培训班。但当我要报考这个班时，在单位遇到了困难，领导不支持而且明确表示不同意。我从企业市场风险防范需要法律人才，说到企业自己培养律师对规范经营的好处，并承诺如果考出律师资格就为企业服务，不会出去到律师事务所当律师。好说歹说，终于说服上级领导同意我报考。在职研读了两年的律师培训班，1986 年 2 月，我顺利通过了司法部在上海试点的律师资格考试。

其间，我的工作从专职教师岗位调任公司经理办公室秘书，考出律师资格后又改任公司法律顾问室副主任、主任，分管公司的合同管理工作。为进一步提高自己的法学理论功底，1989 年起，我又考入华东政法学院成人学院在职攻读三年制的法律本科。这样，从 1979 年到 1992 年，我先后花了其中的十年工作时间，边工作边读书，修完中文大专和法律本科，全面提升了自己的文化水平和法学理论水平。

我工作后经历的十年寒窗苦，原动力就是“知耻而后勇”。十年中最艰苦的是四年中文大专学习，对我日后律师演讲能力提高的帮助也最大。如果没有这四年的中文学习，也许我还停留在被点评时的水平。所以我对工作后的十年寒窗印象最深的就是四年中文大专的认真求学，这决定了我后半辈子演讲能力的提升和进步。中文班毕业后，同学各奔东西、各自成才。30 年后，这个班的同学自费编辑、出版了一本书——《那些年我们努力过》，我在这本书里被收录的体会文章是《起飞的准备，成功的基石》，全文如下：

机遇对于所有人都公平。天道酬勤，机遇只给予做好准备的人们。

我 1980 年考入黄浦区业余大学（以下简称黄业大）中文班，当时我在上海建工下属的八建公司担任专职教师。投考黄业大，一方面是自己初中文化不适应工作，希望通过在职学习提升能力；另一方面是希望通过系统的中文学习以改变自己的人生。黄业大毕业之后，如果说我的人生发生了根本的变化，那么我获得成功的基石是在黄业大的四年奠定的，我专业领域的建树是在黄业大的学业成就的。

由于在黄业大的中文专业学习是自己要求的，是在克服了在职期间工作繁忙的困难情况下完成的，也是我这辈子当学生最用功、最用心的时期。当时老师要求的35篇古文能够默写、110篇古文能够背诵，我是做成卡片，利用上下班的乘车时间按要求完成的。在学期间我认真学习，取得各门课平均85分的成绩，这对我日后的以说和写为主要工作内容的律师工作奠定了扎实的基础。黄业大毕业后不久，经林玲同学介绍，我考入上海大学文学院主办的律师培训班。这首先得益于在黄业大的大专毕业文凭，因为申报律师培训班的前提是至少已具有大专学历。黄业大认真学习打下的基础，使我适应律师培训班的学习，轻车熟路，并顺利通过律师资格考试，取得了律师执业证，成为上海建工的首位兼职律师。

从事文科范畴内的律师工作，文字能力和汉学功底对于当好一名律师极其重要。黄业大的学习为我日后的发展所做的准备以及打下的基础，使得命运的机遇眷顾了我。我熟悉建设领域本身的特点，通过在黄业大获得的中文功底结合专业法律的知识结构，使我的人生随之发生了根本的变化。我先是在所在单位担任了法律顾问室副主任、主任。1992年，上海城市进入大建设时期。当年4月，上海市建设委员会计划筹建一家建设工程与房地产业务的专业律师事务所，我顺势成为全国首家从事建设工程与房地产法律服务的上海市建纬律师事务所的主任，持之以恒的专业法律服务的实践，使我成为全国律师行业建设领域专业法律服务的领头羊。直至今天。

从事律师工作26年来，我承办了1000多件建筑、房地产领域的非诉讼和诉讼案件，其中多为行业内有重大影响的案件，解决了许多专业领域中的疑难复杂的法律问题。我在房地产开发非诉讼领域，首创了全过程和阶段过程服务模式，为拓展中国律师在建筑房地产领域的服务广度和深度作出了显著贡献。

在专业法律领域，我担任了中华全国律师协会建设工程与房地产专业委员会主任、中国房地产业协会常务理事兼法律事务专业委员会副主任、中国建设工程造价管理协会常务理事兼专家委员会副主任、中国土木工程学会招标投标分会常务理事，同时担任上海、北京、武汉、厦门、济南、台州、苏州、渭南8城市仲裁委员会以及中国国际经济贸易仲裁委员会建设专业仲裁员。

在专业学术方面，我在从事律师工作的同时，注重理论和实践相结合的研究，勤于思考，有200多篇论文在国内外专题会议及杂志上发表。其中《律师在建筑工程承发包合同造价管理中的作用及其过程控制》在第十四届亚太法协会上发表并获国内外法律专家的一致好评，并作为唯一一名中国律师在第二十届世界建筑师大会招投标论坛上发表演讲。

黄业大培养学子擅于总结经验的要求，使我能够把多年的实践积累加以理论的总结，毫无保留地奉献社会。由法律出版社出版的本人专著《建设工程法律实务》《房地产开发法律实务》《工程合同实务问答》，我主编的《军队房地产与建设工程法律实务》《法院审理房地产案件司法观点集成》，中国建筑工业出版社出版的由本人主审的《2013版建设工程施工合同示范文本使用指南》，以及与他人合著的《建设工程合同与索赔管理》《住宅商品房交易与物业管理案例评析及法律实务》等著作，均深得业内人士和广大读者的好评。我在学术方面所取得的成绩提升了自己的专业地位，先后被聘担任清华大学、中国人民大学、中国政法大学、重庆大学、厦门大学、浙江大学、上海同济大学、上海交通大学、华东政法学院、东南大学10所高等院校的建设领域法学客座教授。

在专业法学领域、专业法律学术方面取得的成绩，使我先后获得“第二届中国特色社会主义优秀建设者”“上海市劳动模范”“上海市首届‘东方大律师’”“全国优秀律师”等称号，并从2003年开始连续10年担任第十、第十一届上海市政协常委。

黄业大毕业至今，每当我取得成绩和荣誉时，都会怀念母校和老师的教诲。2001年开始，我接受清华大学土木工程学院的邀请，先后担任“实战型房地产总裁研究生班”“实战型建筑业总裁研究生班”“英国皇家测量师入会研究生班”等专业法律客座教授，每每走进最高学府清华大学东门，我便会想起当年走进黄业大黑色校门的情景。2003 年 1 月，我作为上海律师界的唯一代表，成为上海市政协常委，我在常委任职填表时，在学历一栏中郑重写上“1984 年毕业于黄浦区业余大学”。经过海选，2007 年 4 月，我从近 300 名律师候选人中脱颖而出，成为十名上海首届“东方大律师”中唯一一名房地产专业律师的代表。在受到时任上海市委书记习近平接见并单独照相留念时，总是对我的母校黄业大充满感恩，并很高兴自己作为黄业大的学子能够为母校增添一份荣誉。

值黄业大毕业 30 周年之际，我庆幸自己能够在黄业大学习，并衷心感谢母校的栽培。当然，我也感谢我自己，感谢自己多年如一的顺从和进取兼容，专攻和勤奋并重。

我的演讲走的是“知耻而后勇”之路，这只是我走过的特定的路。如果说今天我的律师演讲已经取得了成功，或者说我的律师演讲营销取得了效果，这是因为经过了后天的努力和工作之后不断磨砺才实现的，这绝对与那次我被点评的示范讲课存在因果关系，而工作后十年寒窗尤其是四年中文学习，都只是为了“雪耻”的具体行动而已。律师演讲成功的路可以根据自己的具体情况选择不同的途径，不同的路都能通往成功。

## 三、临时代课走上法律教学之路

时机未到，只能做准备；时来运转，才有出头日，人的命运往往如此。我先后花了 10 年时间做准备，为什么做准备呢？做准备要干什么呢？时辰未到自己也不明白，事后才知道这是命运安排为做专业律师和法律教学而准备。之前说到我曾就读上海市黄浦区业余大学中文专业，以及毕业 30 年时同学编辑、出版《那些年我们努力过》一书，书中收录我的体会文章《起飞的准备，成功的基石》。文章第一句：“机遇对于所有人都公平。天道酬勤，机遇只给予做好准备的人们。”要做好准备就必须要有付出甚至是艰辛的付出，勤学苦练，勤能补拙；奋发图强，业精于勤，功夫一定不负有心人。我的十

年寒窗之苦、成为“律师之师”道路上的“草根”式自学成才，最重要的总结和感悟就两个词：刻苦和勤奋。业内都这么评价我，后来有媒体报道称我是“上海滩上最勤奋的律师”。

我是在企业比较轻松的工作岗位上自找苦吃，在职读了一年“教学法”和四年中文大学，花了五年时间提高了自己的基础文化水平；之后又就读律师培训班两年，法律本科三年，花了五年时间学习法律，提高了法学理论水平。经过边教学、边读书的前五年努力，我在企业执教语文课的过程中经过不懈努力逐渐学会了给成人讲课；又经过边分管企业合同管理、边学习法律的实践结合理论的后五年努力，同时又连续在外兼课讲授相关法律课程，让我有条件走上法律教学之路。当然，这十年寒窗苦还只是为我日后成人法律教学的成功做了能力方面的基础准备，距离成为“律师之师”还有很长的一段路要走。

由于学习中文提高了写作能力，1984 年 9 月我开始参加在职律师培训班，我在企业的工作也接连发生了变化。因为全公司只有我一人获得中文大专学历，从 1984 年 11 月起，我工作变更担任公司总经理秘书。这让我有条件进一步实践提升企业经营管理的处事能力和写作水平；同时参加每周的经理办公会，有条件比较深入地了解企业经营运作和行业管理现状，进一步了解了企业和行业的实际情况。当秘书仅一年，我的工作又发生了变化。在 1985 年时还很少有企业自设法律顾问室，而公司领导鉴于我在学法律，又让我筹建法律顾问室，这是上海建工系统第一个企业法律事务机构。由此，我前后有八年时间负责企业合同管理以及企业法律事务的处理，这为我能够深切了解建筑施工企业的合同签约审查和履约管理的实际情况，以及提升处理企业遇到的法律问题的能力打下坚实基础。

1985 年 11 月，我在负责企业法务工作以及在律师培训班期间就去了律师事务所实习。当时我已在企业担任法律顾问室负责人，外出实习已没有障碍，我选择了参加由律师资格培训班所在学校即上海大学文学院的法律教研室老师组建的上海市联合律师事务所第二分所实习，带教我的正是第二分所主任也就是之前提过的翟建大律师。实习期满我就在第二分所继续担任兼职律师，直到 1992 年 4 月我接受当时上海市建设委员会的安排并经所在公司领导的同意负责筹建上海市建设律师事务所（后改名为“上海市建纬律师事务所”），先后有八年时间担任实习律师和兼职律师。这期间，我的勤奋和刻苦再次成为迅速提高律师办案能力的原因。

我跟随时任文学院刑法老师的翟建大律师先后承办了 100 多起刑事案件，还跨专业跟随民法教研室主任邹瑞安教授和石峰等老师承办了 100 多起婚姻家庭等一般民事案件。我的兼职勤奋办案获得相应的福报，这不仅大大提高了我作为律师的办案实践能力，为我日后的专业法律诉讼业务和承办疑难复杂案件打下了实实在在的基础，同时也加深了我对有投入必有收获的切身理解。其间，第二分所为提高法学老师们兼职多办案的积极性，曾经有一年规定兼职律师每承办一个案件年终给予奖励一元钱。是年，我一共承办 41 个案件年终获奖 41 元，这可相当于我当时一个月的工资。

结合我后来走上法律教学之路，我在中文班毕业 30 年时撰写体会文章所说的“机遇只给做好准备的人们”其实有所特指，所指便是我临时代了一堂法律课，但我顺利过关了。一个偶然的机会，让我在担任兼职律师的同时又开始担任上海电视大学法律班的兼职客座讲师。1986 年 10 月的一天，已经下午四点，文学院民法教研室主任邹瑞安教授找我商量：当天晚上他原本要去民进杨浦区电视大学面授“婚姻法”，但因为另有要务无法前去，希望我临时帮忙代一次课。我虽然当过专职教师，但我可从来没讲过法律课，这临时讲课怎么能行？邹教授做我工作：这堂课要讲离婚的家庭财产分割处理，你做过老师，又办了那么多婚姻案件；我又有现成的教案，讲一次只是三节课，你应该没问题。于是，我又像当年在学习“教学法”时勇于当“示范讲课老师”一样愿意一试。出乎预料的是：我这一堂课获得听课学员的一致好评，学员向校方反映我的讲课能够法学理论结合司法实践，讲解案例很生动，学员接受我的讲课风格，希望我能继续任教。校方转而与邹教授商量是否同意，邹教授态度鲜明：既然我的讲课受学员欢迎，学员也有明确的要求，此后的“婚姻法”课程就由朱树英继续讲下去。法学老教师邹瑞安教授高风亮节的表现让人感动，他非但没有因“烧香赶走和尚”而恼怒，反而主动把“婚姻法”的全部讲课教义都给了我，还特意关照我后续讲课中要注意的重点和难点，并为发现并推荐一名受学员欢迎的客座讲师而欣慰。

于是，我又开始了新一轮的双重模式，边从事企业合同管理、边担任兼职律师，边承担企业法律事务、边担任业余法律教师。我讲完“婚姻法”后，又主讲了“民事诉讼法”“劳动法”“司法文书”“民法通则”等课程，一直讲到这期1985级电大法律辅导班的学员通过所有统一考试全部毕业，此后这个班有四名学员也进入了律师行业。尤其重要的是，我还在这个班上担任新修订的“民法通则”大课的主讲老师，《民法通则》九章156条，1987年1月1日刚生效。此课程设置分上下两学期，学时需一年。由于我多年担任语文讲师的教学能力和中文专业的表达能力，加上我认真负责的备课和担任兼职律师进行的司法实践，我的讲课水平日益精进，得到学员的普遍认可。我的这门讲课被评价为能够“理论结合实际”，能够深入浅出地讲清楚民法的原理，还被推荐在其他两所不同的电视大学讲学，为此，这门课我重复讲了三遍。这为我日后从事建设工程和房地产专业法律服务，能熟悉专业法律、熟练解决疑难复杂的法律问题打下全面扎实的民法理论功底。

我能够顺利担任业余兼职讲解法律的老师并能够从一开始就树立对学员认真负责和毫无保留的讲学态度，我要特别感谢上海大学文学院的邹瑞安教授。他不仅在信任的前提下安排我代课，并热忱地同意我担任民进杨浦区电大客座讲师，而且毫无保留把自己准备好的“婚姻法”课程的全部教义都赠送给我，还给我讲解法律课程的讲义要注意的有关事项。这给刚走上法律教学之路的我提供了最重要的启蒙教育，我从中学习到做法学老师的正面示范意义在于：既然做了老师，对学生就一定要待人以诚，老师应该给学生的是最有价值的、最值得奉献的法律实务知识，绝对不可以在技术上对学生留一手。

对我在业余法律讲课中毫无保留的演讲授课风格和突出的与人分享、与人为善的处世待人态度，许多听众都有非常正面的评价。中伦律师事务所合伙人贾明军以“朱老师演讲示范作用之我见”为题如是说：

17年前即2000年，我就开始仰慕朱树英律师，彼时正是因为他的两本巨著《建设工程法律实务》《房地产开发法律实务》。我那时还没有到上海，却立志要在上海从事房地产法律业务，在书店购书时，看到朱老师的著作，犹如“久旱逢甘霖”。2001年，我的律师执业启蒙老师张海燕律师加盟上海建纬律师事务所，我有幸和她一起到建纬参观，得到朱树英老师的热情接待，我这才第一次有机会识得朱老师。他旺盛的精力、红润的脸色、透亮的眼神给我留下了深刻的印象，我那时深深地为我的老师能进入建纬所而自豪。

虽然后来我从事的是家事法领域，但有幸继续和朱老师有交集。2007年，应时任全国律协民委会主任朱老师及上海律协民委会主任鲍培伦大律师的邀请，我加入到全国律协民委会，参与从事《律师办理婚姻家庭案件操作指引》的撰写工作，开始和朱树英老师有更亲密的接触。在民委会大大小小的学术会议上，我有幸不止一次听到朱老师的演讲。他的演讲有以下几个特点：

第一，务实。他的演讲内容，都是从实践而来，都是对实践的经验总结，并且带有很强的专业性。专业律师听了他的课，马上就能用在办案中。

第二，前沿。我印象很深的一件事是在2008年左右，朱老师就开始组织建纬律师体系研发“地铁上盖商业楼宇开发法律实务”的课题，并结合自己在上海等地参与地铁工程开发的经验，在全国各地的实务培训中详细讲述实务的方法，这让我很诧异。按说这些都是宝贵的实务经验，非常有价值。当时地铁商业模式在国内刚刚开始，朱老师怎么就把这些“绝活儿”无私公享呢？我当时不能理解。

第三，专业。这里的专业，不是指业务上的专业，而是演讲和表达上的专业。朱老师演讲从不超时，说2个小时，绝对不超1分钟。另外，他声音洪亮、精神矍铄，演讲内容精彩，他从来不读稿、看稿。他像一个专业的授“道”士，用演讲的“艺术”，播撒知识的金种子！

第四，知名。我2008年在上海律协任民委会主任后，接受律协安排，在全国各地的律协和同行间进行学术交流。不论是在北京、广州等大城市，还是在银川、西宁、乌鲁木齐等偏远西部城市，很多律师一听到朱树英老师的名字都眼睛发亮，纷纷表示听过他的课并对他的执业精神表示敬重！这给我很深的印象，特别是有一次在青海讲课，听说有的律师是骑着马再换公共汽车、跑了两天才到的西宁会场，和他们交流时，一提到朱树英老师的名字，也纷纷竖起大拇指。在口碑传播时代，朱树英律师在律师界的知名度，不说是最高的，也肯定是最高者之一！完全不逊于现在“互联网+法律”大咖蒋勇律师的人气！

朱律师演讲的真诚、无私精神，我曾经百思不解，一名律师，把自己的精华和盘托出，不怕别人学会之后超越或竞争吗？我曾在2008年左右，向朱律师请教我的疑惑。那是一个异地学术会议的清晨，朱老师穿着球鞋，刚刚跑步回来，听完我的问题，他温和地笑着对我说：“明军，分享才是最快的学习。你把你的知识分享给别人的同时，也能吸收别人听课的感受及实践中的问题，这些信息再汇集到你这里，你再总结、归纳，会升华你的知识结构。另外，你讲课就必须备课，把你的实践归纳总结，你不得不进步和提升。”随后，他又笑着拍了拍我的肩膀：“还有，你在实践中总结的体会和经验，别人要领会、掌握、吸收和应用，也需要一个过程啊，也需要时间。这个时间段，你仍然会进步、会提升，除非你自己不前进，不然别人也很难追上你啊！另外，如果有这样的竞争对手，你的水平也自然不得不继续提升，也是一件好事啊！”

对于朱律师的上述分享精神，我认真倾听、如实践行。我到上海执业14年，出版书籍14本，平均一年一本，把自己的执业经验总结分享，也是受到朱老师的教诲和影响。我在婚姻家庭法领域如此，现在的私人财富业务领域亦如此。我组织了“笨鸟学习小组”，组织大家面对摄像头进行演讲示范的训练，适应财富机构对律师的需求，提升律师的表达能力与演说能力。专业知识是内功，演讲表示是外秀。内功再强大，没有机会SHOW出来，在当前社会也不尽完美。

如果再深层次地评析朱老师的演讲与表达，我觉得更值得分享的感受是：做律师、做业务，就是做人。朱律师演讲水平、学术能力，之所以那么高，就是因为三个关键词“分享”“真诚”“勤奋”，这三点，其实质就是人品。我觉得律师能力的提升，在一定程度上就是“人品”的升华，朱老师即如此。

说我不经意间走上法律教学之路，说我作为法学教师，从一开始就树立对学员毫无保留的讲课风格，诚意对待听课学员，高度认真负责讲好每一堂课，确实如此。我在担任语文老师和兼职法律讲师时，都遇到学员打瞌睡的课堂纪律问题。企业成人教育的拦路虎，是企业年轻的建筑工人学习缺乏自主性、学习纪律差，如何让他们上课不打瞌睡成为我工作最大的难题。

老师一味抱怨学生学习不努力、训斥学生上课打瞌睡根本不起作用，因为他们来听课时确实已经很累，原本就是领导要他来读书，又不是他们自己要来读书，所以老师凭什么吸引学员，生动活泼的教学风格使学员不打瞌睡才是关键。讲课老师不能责怪学员学习不用功，而只能要求自己提高讲课水平，不断提升自己的讲课技术、技法和课堂吸引力，以提高学员的自主性。我当过工人，知道建筑工人的工作辛苦。要让单位安排来听课的年轻工人提高学习自觉性难度很大，在专题工作讨论时专职教师都很苦恼，有的老师训斥甚至怒骂学生，根本就不起作用；有的请单位领导来现场弹压，领导一走学员又睡觉了。

我的语文课寓理于教，在实践中较好地解决了这个难题。在我一开始讲语文课时，学员进教室一会儿便在课桌上睡了。我想了一个办法：一天上课正好讲语法中的主、谓、宾，我在黑板上写了四句打油诗：“春天不是读书天，夏日炎炎正好眠。秋有蚊虫冬有雪，收拾收拾好过年。”我要求学员分析这四句诗的主、谓、宾。一开始被提问的学员搞不清楚答案，打瞌睡的也醒了，课堂上还引起了争论，事后学员们才理解这首打油诗是讽刺找理由不想认真读书的人，老师是借题发挥。以后，学员们还真的达成了一个共识：

朱老师“骂”人太厉害，听朱老师的课不能打瞌睡。

我在社会上讲解法律课时也同样遇到学员打瞌睡的问题，只是打瞌睡的原因不同。这些成人学员多半是为了改变自己的境遇而来，学习自觉性应该没有问题，但业余学习确实很辛苦，而且法律课的讲课内容都很枯燥乏味，如果老师讲课照本宣科，开讲不久便会有不少学员打瞌睡。我仍然通过自己的刻苦努力来解决这个问题。我的对策有两条：第一，必须进一步提升自己的法律功底。课堂上不仅要让学员“知其然”，还要讲清“所以然”，也就是说，要正确处理好讲师的“一桶水”与勺出“一杯水”的关系。为此，我又在职考入华东政法学院成人学院攻读了三年的法学本科，继续我的边学习、边讲课模式。第二，归纳总结自己的办案实践经验和案例分析，并且结合课程内容把案例讲生动，讲得有针对性，力求结合司法实践讲解法学理论，避免讲课枯燥乏味。我讲了那么多的课，很少有人打瞌睡，还有不少学员反映：听我的课是一种享受。

如前所述，我走上工作岗位担任教育干事时并无上课职责，执教语文课也属于兼职性质。从1979年开始兼职任教至今的38年间，我不论干什么工作，兼职讲课从未停止过。命运让我在企业不同岗位的工作过程中先后用十年时间就读中文大专和法律本科，边读书、边讲课。从某种意义上来说，这正是为我做好了承担法律教学任务以致成为一名专业律师的全部准备工作，既为法律教学任务打下了扎实基础，也为做好建设工程与房地产专业律师奠定了行业背景和实务操作能力。

《少年派的奇幻漂流》的导演李安先生在一次访谈时说道：“每个人心中都卧虎藏龙，这头卧虎是我们的欲望，也是我们的恐惧，有时候我们搞不定它，它让我们威胁，它给我们不安，但也正是因为它的存在，才让我们保持精神上的警觉，激发全部的生命力，与之共存。”我想，无论处于何种环境，每个人心中都应当存在一头卧虎，这头卧虎让我不敢安逸，更不敢有丝毫懈怠，每天兢兢业业、如履薄冰。这头卧虎，叫作“自律”。

## 四、敢于面对最困难的现场提问答疑

2016 年 11 月 26 日，在新建的富丽堂皇的南通市图书馆报告厅，我应邀参加由江苏省南通仲裁委员会、江苏省南通市法学会联合举办的“‘一带一路’倡议下建设工程法律争议热点问题”专题讲座，并由我做专题演讲。当天正好下雨，南通仲裁委员会仲裁员，南通市法学会会员，南通市各大施工企业包括中南建筑、南通一建、二建、四建、六建的总经理、总工程师、总法律顾问以及南通市的律师等约 300 人，从南通下辖的各地冒雨赶来听讲。

我以“建设工程法律争议的新情况、新问题、新对策”为题，从“一带一路”倡议下建设工程领域出现的新形势着手，结合国内建筑企业“走出去”产生的众多纠纷，列举八个典型案例，反映建设工程法律争议的新情况和新问题，讲解妥善处理这些法律争议的新对策，为学员带去一场具有前瞻性、切合当前实际的法律热点问题的个人专题讲座。

根据南通仲裁委员会多留些答疑时间的要求，经事先征集学员的意见，他们希望我对以房抵债、招投标的效力、挂靠转包、工程价款优先受偿权等热点问题也能顺便讲一下。凭我的经验，一堂讲课跨越几个主题，听课学员会感觉主题不突出，蜻蜓点水式讲课也没法讲好，所以最后商定我的演讲内容上午、下午各讲两小时，其他问题采取由现场学员提问我来答疑的方式解决。也就是说，这次课我要上午、下午各讲两小时，答疑各一小时，这是一堂考验讲课老师对课堂提问的即时反应能力的法律课。

我的助理、南开大学博士张春玲担任现场记录。她以“三生有幸首次听老师讲课”为题，表达了这次听课的感受：

朱树英老师独具一格的授课风格和睿智霸气的现场即时互动答疑充分彰显了大师风范，真乃“律师之师”。本人作为朱老师最近收入麾下的助理，有幸在南通聆听朱老师讲课，这也是我第一次正式聆听大师讲课。

我于 2016 年 6 月毕业于南开大学法学院民商法专业，是一名博士研究生，于读博期间在 Thomas Buergenthal 奖学金的资助下赴美国乔治华盛顿大学法学院留学，获法律硕士学位（LL. M.），留学期间担任乔治华盛顿大学法学院 Donald Clarke 教授的研究助理（R. A.）。我以《PPP 合同法律问题研究——以 PPP 合同特殊合同条款的设置为视角》为题目，著有 15 万字的博士论文。正是因为我写的博士论文，让我深深地感觉到对于 PPP 法律问题的研究不能纸上谈兵，要着重于 PPP 的法律实践；加之做学术并不是我本心的追求，真刀真枪的司法实践、从事律师职业才是我一直向往的，于是我决定结合我的专业研究"弃学术从实务"。全国做建设工程、房地产及 PPP 业务最专业的律所就是上海市建纬律师事务所，于是我递出了求职信，万万没想到我能如此幸运地加入朱树英老师麾下成为其助理，能师从大师，得到大师指点，这是我莫大的荣幸。

朱老师结合典型案例从十个方面详尽而深入地讲授了"一带一路"倡议下建设工程法律争议热点问题，从宏观上呈现了"一带一路"倡议下建设工程法律业务海外拓展的美好前景，振奋人心、鼓舞斗志；从微观上分析了建设工程法律业务海外拓展的新情况、新问题与新对策，讲授其亲自承办的典型案例，生动形象、发人深省。其中，令我印象最深的是，朱老师的现场即时互动答疑，堪称经典。

朱老师在南通一天的授课，共计六个小时，由于场下听众有很多问题，应主办方的要求，朱老师特预留出两个小时，上午下午各一个小时的时间，现场即时互动答疑。这是我第一次听说授课人会给两个小时的时间用来现场即时互动答疑的。以往我知道的互动答疑，通常是在讲座结束前给出五到十分钟的时间，最多半个小时，由场下观众提出两三个问题，走个过场而已，甚至有些问题是主办方提前安排好的，答案也是提前已经交给主讲人的，以防出现主讲人应接不暇的尴尬局面。但是，朱老师的两个小时的现场即时互动答疑是"来真的"，一律"真刀真枪"。如果说以往我知道的所谓的互动答疑是"战争片"，那么朱老师的现场即时互动答疑就是真正的"战争"！

此次现场即时互动答疑，朱老师在两个小时里共回答了 17 个建设工程领域里的疑难复杂法律问题。之所以说这是真正的“战争”，主要体现在以下几个方面：一是所有问题都是现场提出的，没有主办方的事先安排，更没有什么提前准备好的答案，朱老师事先全然不知场下听众会提出什么问题、哪个方面的问题，朱老师所做的就是运用其深厚的法律功底、丰富的司法实践经验，兵来将挡，水来土掩。二是提问的人不是普通的学生，都是建设工程领域一线的总经理、总工程师、总法律顾问以及执业多年的律师，都是这个行业的专业人士，而且之所以说是互动答疑，就是说这些专业人士不是仅仅问一个问题就完事，而是在朱老师的回答之后继续追问，层层深入，环环相扣，步步紧逼，朱老师的回答来不得半点马虎，要不是有真材实料、真知灼见、真才实学，何以应对？三是现场的问题不是一般的问题，都是建设工程领域里的疑难复杂法律问题，都是这些专业人士在实际工作中切实遇到的让其困惑不解的难题，可不是司法考试的模拟试题，甚至有些问题是施工企业涉诉、法院正在审理的问题，有些是律师正在承办的棘手案件，这些问题都是令施工企业焦头烂额、令律师百思不得其解的顽疾，朱老师需要在现场用短短的几秒钟听完提问之后当即给出答案，而且朱老师不仅要给出答案，还要给出一个精确的答案，这个问题是能还是不能，是行还是不行。

朱老师整整两个小时17个疑难复杂问题的现场即时互动答疑充分展现了大师的勇气、豪气和霸气！一说勇气。能够事前毫无准备、当即回答现场专业人士的层层盘问，一边是疑难复杂的问题，一边是精准明确的答案，这需要多大勇气方可为之。要知道朱老师已经是建设工程法律领域的泰斗级人物，万一哪个问题回答不上来或回答得不准确，岂不英名扫地？武林高手得天下第一之后都归隐山林，不接受来访者的挑战，恐有惧战之心吧，朱老师却反其道而行之，不仅不逃避，反而站在风口浪尖上，直面挑战，充分展现了大师的勇气。二说豪气。既来之则安之！既然接受现场即时互动答疑，就不抠抠搜搜、躲躲闪闪的，不选择三五分钟或半个小时，索性来他两个小时，各路豪侠尽管放马过来，让你们问也问得尽兴，我答也答得畅快。三说霸气。这霸气是对朱老师现场即时互动答疑最贴切的描述。

霸气之一：朱老师能随口说出某年某月某日某部门出台的什么法律第多少条具体是怎么规定的，其对建设工程法律规定倒背如流，运用起来更是游刃有余，堪称一部真人版的“法律法规库”。霸气之二：朱老师答疑切中要害、直奔主题，直接给出具体明确的答案，从不闪烁其词，从不打太极。朱老师在几秒钟之内了解问题，随即给出答案，并且干脆利落地给出该问题的答案是“是”还是“否”，是“对”还是“错”，怎一个“爽”字了得！霸气之三：朱老师答疑知无不言、言无不尽。我以前以为师傅教徒弟都会留一手，但朱老师作为建设工程法律领域的大师，面对学员的各种提问，全部做详尽而细致的解答，还一分为二，正反论证，站在施工企业的角度该问题如何解答，站在建设单位的角度该问题如何解答，站在法官或仲裁员的角度该问题如何处理，毫无保留。

具体就朱老师答疑的内容而言，其答疑言之有物、言之有序、言之有趣、言之有文、言之有智、言之有理。其一，言之有物。朱老师答疑准确、精练，句句干货，绝无废话。没有穿靴戴帽之语，答疑内容具体而充实。其二，言之有序。朱老师答疑思路清晰、层次分明、条理清楚、逻辑严密，符合大前提、小前提、结论的三段论推理，又符合问题本身的发展逻辑。其三，言之有趣。朱老师答疑风趣幽默，引用自己承办的类似案例，答疑解惑，寓教于乐。例如，有学员提问如何预防项目经理的表见代理，朱老师从法律、法理的层面上解答之后，风趣幽默地提出可以“用茶杯盖大小的印章注明项目经理的授权范围”。其四，言之有文。朱老师的文学功底很好，司法文书写作更是值得学习，其现场答疑颇具文采。其五，言之有智。朱老师现场答疑充分体现了其法律知识的渊博以及法律功底的深厚，其即是一部真人版的“法律法规库”，又是一本现实版的“司法实践教科书”。其六，言之有理。朱老师答疑依据现行法律规定和基本的法学原理，回答得既符合规律，又富有道理，极具说服力，可以直接拿来办理具体案件，直接指导司法实践。

朱树英老师的现场即时互动答疑，让我深深地领略到了大师的风范，感受到了什么叫大师的气度非凡。我时常想，如能早几年遇到朱老师，我是不是就可以早几年步入律师行业，少走一些弯路。我于上海市建纬律师事务所遇到吾师朱树英，实乃三生有幸。

朱老师南通讲课现场答疑的17个问题是：

（1）在工程竣工时，合同所约定的债权尚未到期（支付工程款的期限尚未到期），工程价款优先受偿权何时起算？

（2）合同中约定以审计结果作为结算依据，根据《2015年全国民事审判工作会议纪要》第49条的规定，审计结果有问题的不能作为证据，那么该审计结果是否还可以作为结算依据？

（3）最高人民法院2004年《关于审理建议工程施工合同纠纷案件适用法律问题的解释》第26条规定，发包人只在欠付工程价款范围内对实际施工人承担责任，那么实际施工人是否可以直接向发包人请求支付工程款？

（4）发包人与承包人之间有仲裁约定，该约定是否能够约束实际施工人对发包人的诉权即实际施工人是否可以向法院起诉发包人？

（5）在工程停工的情况下，工程价款优先受偿权的起算点从何时起算？

（6）如何预防项目经理的表见代理？

（7）施工过程中的借款利息如何计算？

（8）实际施工人挂靠在一个施工企业名下，发包人资金链断裂，实际施工人请求被挂靠企业支付工程价款，被挂靠企业如何防范风险？

（9）施工单位进行劳务分包，分包单位再往下分给劳务班主，劳务班主老板再请农民工，农民工如何索要工资？

（10）如何预防项目经理或施工企业内部人员的表见代理？

（11）当事人约定了发包人收到承包人提交竣工结算报告的答复期限，但是没有约定发包人不按照约定期限给予答复的视为认可竣工结算报告。此种情况如何处理？

（12）施工单位拒不履行交付竣工资料义务，怎么办？

（13）发包方委托第三方进行造价鉴定，发包人和承包人已经按照该鉴定报告进行结算，分包人（实际施工人）就此鉴定报告提起诉讼，指出该鉴定报告有漏项，漏了埋管工程的造价，法院对该工程造价进行司法鉴定。针对埋管工程的价格，是以第三方鉴定报告为准，还是以法院鉴定漏项的价格为准？存在漏项的如何结算？

（14）施工单位认为审计结论不合理，如何救济？

（15）大底盘独立地下室结构是否可以视为违章建筑？如何确定大底盘结构工程的竣工日期？

（16）业主甲将工程发包给施工总承包单位乙，总包乙又分包给丙，丙又分包给实际施工人丁，丁如何行使权利？是否可以请求乙、丙承担连带责任？

（17）建设工程施工合同无效，但建设工程已经施工完毕，承包人可否请求参照合同约定支付工程价款？

我的助理的评说虽然来自听课现场的感受，但毕竟是我的助理，难免有溢美之词，然而，我始终认为应把讲师在讲课现场接受学员提问的能力纳入演讲的能力范畴。之前我把律师学习演讲营销分为宣读、宣讲、演讲三个阶段，并提出律师应从只会宣读到学会宣讲再到能够演讲的过程中学会演讲。

律师也是“师”。师者，传道、授业、解惑者也。传道、授业，可以凭老师的学识和经验事先做好讲课准备来解决，而解惑则不是讲师备课时能够解决的，因为你根本无法分析、预判学员会提什么问题，你也不能在答疑时说：这不在老师事先准备范围内，所以不予答复。因此，现场答疑是律师演讲营销最大的难题。现在的许多社会办学完全按商品化模式操作并已形成会议产业，听课的学员需付费，有的甚至需支付很高的费用。来听课的有全国各地的学员，如果老师讲得不好，学员就会感到郁闷，感到物非所值，甚至会提出抗议；而如果老师讲课有现场答疑环节，学员就会踊跃报名，许多学员会带着自己不能解决的法律问题甚至是案件材料来听课，希望老师能为自己解惑。这对老师而言却是最困难的，也是一般老师不愿意面对的，因为要接受课堂上的即时提问，老师得在众目睽睽之下经受能否准确答疑的考验。

对于我的课堂即时答疑表现的评价，许多听过我讲课的专家和学者也有类似我助理张春玲的评说。有一次我在厦门仲裁委员会讲课，课后厦门仲裁委员会秘书长林建文当面对我说："朱老师，你的课讲得确实不错，但我最佩服的，是你对学员的提问总是对答如流，这太难能可贵了。"

敢于面对、善于应对这个难题，我的经验有两条。

第一，善于收集、了解学员中存在的相关问题。法学老师要成为帮助学员解决问题的有心人和解惑人，就一定要了解、掌握学员在实践中遇到的问题。我在外讲课，不论主办单位是否安排现场提问环节，都会要求学员把遇到的各种问题给我递纸条，我进行现场解答。我会把收集到的各种问题分类输入电脑，积累多了就能做分析研究，掌握讲课中学员可能提出的问题及其准确答案。我在法律出版社出版的畅销专著《工程合同实务问答》一书中的400个问题，就是从我在课堂上收集到的有关最高人民法院《关于审理建设工程施工合同纠纷案件适用法律问题的解释》的数千个问题中分类提炼归纳出来的。讲课老师了解市场的反映和学员的心态，就会和学员有共同语言，就会了解他们有什么问题，也能够在做讲课之前有的放矢地预做准备。

第二，从六个方面提高自己应对相关问题的解惑能力。律师作为法律老师，能够在课堂上应付自如地解答学员的各种法律提问，反映的是律师的综合能力和水平。要做到这一点，需要律师从各方面加强学习研究。我的体会是：

（1）积极参与专业立法，了解立法进程。

（2）主动参加制定行业规定，了解行业发展。

（3）常用的法律条文要能烂熟于心。

（4）总结办案经验教训，分析成败得失。

（5）课堂答疑不准确、不全面的观点，及时自我修复。

（6）争取当仲裁员参加案件审理，掌握案件裁处原则。

律师讲课现场答疑能力不能一蹴而就，需要经过长期的锻炼和培养。早在13年前的2004年10月，我当时担任全国律师协会民事业务委员会副主任，分管建设工程和房地产业务，应邀去黑龙江省律师协会讲课，就曾接受律师的现场提问，会议速录人员做了详细记录。以下是中国律师网于2004年10月19日刊出的报道：

## 授课老师现场被“考”
## ——2004年黑龙江建筑房地产论坛朱树英律师答问录（摘要）

**问：**在拖欠工程款中利息怎么计算？承担利息以后是否还应承担违约责任？违约责任是否可按照双倍利息来交纳滞纳金（黑龙江曾有过政府令，滞纳金是双倍利息）？

**答：**这个问题的答案要看具体合同的约定，合同中有利息计算约定的，应按约定处理。如果合同没有约定，司法实践中目前一般以拖欠款的每日万分之二点一来计算利息。

至于承担利息以后是否还应承担其他的如滞纳金等的违约责任，仍然要看合同有无相应约定。如果合同无相应约定，司法实践一般以利息作为违约责任的承担办法。至于可否以地方政府的有关规定作为依据，以双倍利息作为拖欠款的滞纳金还是要看当事人的合同约定。假如说政府有个文件，这个文件有个文号是65号，当事人约定：计算违约滞纳金按政府65号文件办，那么，这个文件就变成法律了，因为合同是“两个人的法律”。如果是这样约定，则应以此来追究违约者的滞纳金责任。而如果当事人并没有如此约定，那么我们知道，省政府的文件是没有强制力的，不属于国家法律、行政法规，省人大文件也只是地方性法规，它们都不具有最高人民法院关于《合同法》效力的司法解释当中的法律和行政法规的法律效力，也就是说，它不能作为判决的直接法律依据。

因此，对于当事人在承担利息之后是否还要交纳滞纳金，我认为，作为违约责任的利息是补偿性的，滞纳金则属于惩罚性的。按照《合同法》的有关规定，违约责任有补偿性和惩罚性的区别，约定了补偿性的利息，又约定了惩罚性的违约金，这并无不当，是完全合乎法律规定的。因此，能不能按照文件办，这取决于当事人是否把相应的文件约定在合同里面。

**问：**你作为建筑方面的法律专家，目前，建筑产业领域里工程款拖欠问题，主要是投资主体不履约造成的。投资主体不履约的针对性措施涉及工程担保制度。关于工程担保制度，根据目前的实践情况，请你给我们做一下阐述，以及你实践操作的基本思路。

**答：**工程担保制度，这是国际上解决拖欠工程款最有效的市场运作方式。关于工程合同履约担保的国内运作，我知道最早的是云南省出台的相应地方法规。建设部在 2001 年 11 月颁布《建筑工程施工发包与承包计价管理办法》，此行政规章提出了承发包的双向担保，也就是说，承包人应当向发包人提供工期和质量的履约担保，发包人应当向承包人提供工程款支付担保。这种担保方式一般是由银行或者担保公司出具保函，当双方当事人不依约履行并造成需要支付价款时，由银行来支付。这个方式可以从根本上解决拖欠工程款问题。目前提供保函担保的，在涉外工程中一般都采用，而国内的工程承包采用的并不多。

工程担保也是我们律师服务的一个重要领域，担保函应由我们律师参与起草。结合国内的实践，除了采取保函方式外，还应考虑以符合行业特点的有针对性的担保方式确保承包合同的切实履行，因此，光有履约保函还是不够的。承包人提供担保方式中还有一种叫作同业担保，一些重要的工程，同业担保是必须同步实施的。同业担保是指相同资质的施工企业，在投标以及签订合同的时候就设定了一种同行的担保。这种担保是指承包人如果不能按约定的工期和质量标准完成工程，发包人有权解除合同，同时由提供同业担保单位来继续履行合同。这个同业担保非常重要。比如，北京奥运项目或上海世博场馆设施建设中有一个现实问题，建设项目到时候都必须完成，要是承包商违约，或者不能确保工期，用这种同业担保方式才能有效保证工程保质保量按期完工。这在 BOT、BT 方式投资大型基础设施当中都是非常必要的。

**问：**你在讲课时说到法律规定工程价款不得低于成本价，如何认定低于成本价?

**答：**关于成本价的法律规定，我现在来读一下相关的法律规定。《中华人民共和国招标投标法》（以下简称《招标投标法》）第 33 条规定："投标人不得以低于成本的报价竞标，也不得以他人名义投标或者以其他方式弄虚作假，骗取中标。"请注意：这里法律把低于成本价投标与骗标相提并论。该法第 41 条规定："中标人的投标应当符合下列条件之一：（一）能够最大限度地满足招标文件中规定的各项综合评价标准；（二）能够满足招标文件的实质性要求，并且经评审的投标价格最低；但是投标价格低于成本的除外。"这一条规定则明确了低于成本价的不得中标，同时评标委员会有一个义务，就是要排除低于成本价的报价，这一点，在实践中评标委员会都不是很注意，或者根本没有履行这个义务。还有，《建设工程质量管理条例》第 10 条规定："建设工程发包单位不得迫使承包方以低于成本的价格竞标，不得任意压缩合理工期。"这一条规定明确发包人不得要求承包人以低于成本的价格竞标。这些规定对承包、发包双方在工程造价的确定时不得低于成本价都作了强制性规定。此外，《中华人民共和国反不正当竞争法》第 11 条也规定："经营者不得以排挤对手为目的，以低于成本的价格销售商品。"因此，低价竞争在我国为法律所禁止。问题在于：目前我国法律法规没有规定什么是成本价，也没有成本价的法律定义，上述法条在操作中就产生了很多争议。所以我们希望最高人民法院能够作一个司法解释。法律没有规定，可以用司法解释来明确嘛。

现在说说如何认定低于成本价。我理解成本价有两种：第一种叫行业成本价，就是由行业标准定额的计价方法排除利润的部分就是行业的成本价。实践中有的合同约定按 93 定额计价，指的就是以特定年份有效的行业成本价计价。定额标准是整个行业成本管理好和差的平均成本。第二种叫企业成本价，通常指的是合同双方协议价，或叫包死价。有的招标方当事人往往会要求投标人按照企业自己的成本组成一个报价，这个企业成本是自己定的，因此就是企业成本价，当然，各个企业管理水平不一样，企业成本价的构成也是不一样的。

至于如何认定中标的工程造价低于成本价，应根据上述两种成本价的不同情况不同对待。如果合同约定是按照定额计价的，可以通过造价鉴定的方法来确定是否低于定额的成本价。利润之外这一部分造价，主要是直接费、间接费和管理费构成成本，低于这个成本的，就可以认定低于成本价。换一种说法：按照定额标准，除了利润之外的是成本，低于这个成本价格的就叫作低于成本价。我这个观点在北京和上海的中级人民法院办案时法官都是接受的。复杂的是企业成本价，前面说过企业成本价是企业自己的计价方式。例如，北京的工价和长沙的工价差别就很大，在北京使用长沙的民工，其工资价格就很低嘛。所以，在招投标时就要问明白你企业民工工资为什么这么低呢？又比如说材料，有的企业材料来源有渠道，企业和材料、设备供应商有合作关系，所以拿到的砖、水泥、黄沙等材料或设备价格都比较低。为了避免招投标过程中关于企业成本价的矛盾和争议，有的招标人要求投标人提供企业组成成本的明细，如材料费、人工费、管理费。在投标时做这样的澄清有利于今后的矛盾和争议的解决。我在这里讲的是企业成本价如何事先明确的操作，至于在司法实践中如何准确认定，目前没有司法解释和相关规定，我们还是要等待法律、法规的完善或司法解释的出台。

**问：**双方在合同中约定工程质量保证金，并约定如造成损失，保证金不退还，这种约定是否符合法律和工程质量保证金的规定？是否显失公平？

**答：**关于工程质量保证金的问题，《招标投标法》第 46 条有相应规定。原文不是叫作保证金，法条原文叫履约保证金，《招标投标法》第 46 条第 2 款规定："招标文件要求中标人提交履约保证金的，中标人应当提交。"

我的理解，履约保证金是一种担保方式，这种担保方式不同于《中华人民共和国担保法》（以下简称《担保法》）规定的五种方式。我们知道《招标投标法》是2000年1月1日实行的，在这之前的《担保法》里有五种担保方式：保证、抵押、质押、留置、定金。《担保法》里并没有履约保证金这种担保方式。现在我们讨论履约保证金，包括履行合同工期和工程质量的保证金都算履约保证金。因此，设定质量保证金符合《招标投标法》第46条的规定。你提出如果合同约定因质量缺陷造成损失，或者有的合同还约定只要出现了质量事故，这个履约保证金不返还了，这是否符合法律规定或者是否显失公平？我认为这个问题要具体分析，按照提问涉及的合同约定来分析，如果违约行为所造成的损失，超过或者相当于履约保证金的数额，那就不应该返还了。但是，假如说，他有2000万元的履约保证金放在那里，违约只造成100万元的损失，你要求2000万元都不返还了，这显然不公平。履约保证金的法律特征及其作用，应该是违约事实所造成的损失由保证金用以弥补。因此，弥补损失后多余的部分应该返还支付保证金的当事人。

我再说说上述法律条款本身值得商榷的地方，我认为，这一条规定是《招标投标法》本身需要修改的内容。因为国际惯例都称工程合同履约担保或者履约保函，国际上并没有履约保证金这一说。履约保函是保证的一种，是由有支付能力的保证人出具一个保证担保的文件，叫保函。国际承包工程都采用履约保函方式。《招标投标法》设定的是履约保证金，保证金便可以理解为现金，你说它是人保呢，还是物保？我们只能善意地理解为这是人保和物保相结合的新的担保形式，只能这么理解，因为你不能说法律本身不对，法律一经通过就应遵照执行。这样一来，履约保证金在实践操作中就成了垫资带资的代名词了。有了履约保证金，还要垫资干什么，直接要求提交履约保证金不就行了吗？而且这个法条既没有规定履约保证金交给谁，也没有规定保证金占总造价的比例最高应该是多少，我认为这是需要完善的。当然，这也给我们律师提供了非诉讼的保证金监管的服务空间，我们律师可以代行保管履约保证金，当事人完全可以要求将保证金交给律师事务所代为保管，并按照合同保管、处理保证金，你把保证金交给律师才能起到真正的保证的效果，这是引申出来的题外话。因此，现在在法律没有修改之前，我们只能说履约保证金是法律规定的一种新的担保方式，是提供现金担保。

我知道最近建设部正在起草一个履约保证金管理办法，这个办法规定了保证金比例及限量，同时，规定这个保证金应该交给保证人，不能交给发包人。这对我们律师而言，是一个开拓业务的好机会。

**问：**现在实践中经常会遇到劳务分包合同，它往往成为转包的规避手段，请问，劳务分包与转包的界限是什么？

**答：**劳务分包是合法的，并没有违反法律强制性规定。因为在现有的法律体系当中，对于什么叫作劳务分包，劳务分包应当怎样实施没有相应规定。建设部和国家工商行政管理总局共同于2003年9月4日颁布了《建设工程合同分包合同（示范文本）》和《建设工程劳务分包合同（示范文本）》，因此，劳务分包是建筑工程分包的又一种形式，劳务分包是合法的，也是有操作性的。在施工实践中，劳务分包广泛地存在着，劳务分包是指承包人以计件或者计时计算人工的方式，把工程的劳务发包给有资质的劳务承包人承包，由工程承包人支付劳务报酬，这就是劳务分包的法律特征，也就是通常所说的包清工合同。而转包是违法的，转包违反了法律强制性规定，是一种违法的承包方式。劳务分包与工程分包有相似之处，确定违法分包的法律界限有四条，这四条都是法律禁令，是法律禁止的行为：第一，未经建设单位同意承包人不得进行分包，这在《建筑法》第29条有明确规定；第二，施工总承包的承包人承包的主体结构工程必须自行完成，这一部分不能分包，分包了的就叫作转包，《建筑法》第29条对此有明确的强制性规定；第三，承包人不能把工程的全部转包或肢解以后以分包的名义分别转包给他人，《建筑法》第28条对此也有强制性规定；第四，工程分包的人不得再分包，再分包也叫作转包，《建筑法》第29条有明确规定。

因此，劳务分包与转包的区别关键看分包的客体是什么，如果分包的对象是劳务，以计时或计件的方式计取劳务报酬，那就是合法的劳务分包；而如果分包的对象是工程，计算的是分包的工程款，则是工程分包。而工程分包中属于上述四种情况则是违法分包，违法分包是违法的。既然有这样的界限，那么在司法实践中如果当事人要求对劳务分包合同以转包来处理，要求确认无效，人民法院不应支持。

**问：**双方在施工合同中约定，以不特定房屋折抵工程款，但实际操作时，发包人折价又太高，这样的条款是否有效（如果有效是否公平）？应如何保护承包人的利益？

**答：**我的理解，以物抵债符合《合同法》第286条的优先受偿权的操作方法，现在提问是不是指折价抵债，从递条中看不清楚。那么，我只能说如果你是说把房屋用来抵工程款，《合同法》第286条规定，承包人可以与发包人协议将该工程折价，因此这是合法的。在实际操作中，协议折价比较高，这样的条款是否有效，我认为是有效的，为什么呢？因为这个折价是协议折抵债权，是当事人协商一致的结果。同时，折抵债权在市场运作当中的价格高低是随着市场走的，也是当事人可以自己约定的，这里面没有法律强制性规定，所以，应当由双方来具体约定。实践当中房屋抵工程款价格有高有低，这个高低怎么来认定，假如你设定按照房屋市场销售价来折价的话，肯定是对承包人不利，因为承包人计算的是工程成本造价；如果是按照工程成本价来折抵房屋（就是按照每平方米的造价来折抵），那就自然对承包人有利，因为房屋施工利润也就给了承包人。选哪一种折价方法取决于双方是否协商一致，如果协商一致，这就是有效的。

至于如何保护承包人的利益，承包人请律师啊！

**问：**施工合同约定的工程质量等级为合格（经验收此工程获得“鲁班奖”），没有约定超出合格标准的计价方式，结算时施工单位要求支付工程质量奖，要求优质优价，建设单位能否以合同约定为“合格”标准进行抗辩，不支付工程质量奖？

**答：**这个问题提得非常好，我想这里一定存在个案。

我的观点是：假如我来判这个案子，我是不支持承包人的观点的。一般的工程承包合同都会约定，如果评上“鲁班奖”，则以每平方米给约定数额的奖励，以体现优质优价。也就是说，合同约定被评为“鲁班奖”，应当怎么计算优质优价的价款增量。合同如果有这个约定，可以依约履行。如果合同没有相应的约定，尽管承包人把工程建成“鲁班奖”工程确实会增加相应的管理费、技术措施费和人工费等，但是要计算增加的款项却没有依据。你想，合同约定是“合格”，结果承包人把工程建成“鲁班奖”，其法律后果不外乎两种：第一，承包人是违约的。发包人与承包人约定为“合格”，承包人为什么非要建成“鲁班奖”呢？第二，承包人是为争取市场份额作出的一种牺牲，合同约定一个合格的等级标准，我一不小心被评为“鲁班奖”了，我工程质量管理水平就有这么高，这种暂时的牺牲有利于拓展承包市场。在这样的前提下承包人要求对方增加工程价款，有何依据？有这样一个案例：约定供应商供应红枣等级是三级，结果给人家是一级，人家还追究你违约责任呢，谁让你提高等级了？因此，这种情况下发包人有权以合同约定的等级标准来抗辩而无须支付质量奖，我认为是有道理的。这是我个人的观点，不一定对，仅供参考。

**问**：工程质量在保证期内，工程质量存在问题，《建筑法》第86条规定，在房屋合理使用年限内，如果出现质量不合格，造成损害的由责任人来赔偿。何为质量不合格？何为责任人？如何理解缺陷？

**答**：《建筑法》总共有85条，提问涉及的是《建筑法》第80条的问题。该条规定：“在建筑物合理使用寿命内，因建筑工程质量不合格受到损害的，有权向责任人要求赔偿。”这条规定会使我们律师面临大量的因工程质量不合格要求赔偿的案件。这一条规定值得我们认真仔细地研究，因为这里会有大量的律师业务。

现在我先说合理使用寿命，这又叫设计年限，或者叫建筑物的安全耐久使用年限。这个年限为不少于50年，其依据是1987年的一个国标规则，当时的城乡建设环境保护部颁布的《民用建筑设计通则》第1条第4款规定的设计年限。规定的设计年限又叫安全耐久使用年限，具体是：农村砖木结构建筑不少于30年，城镇的砖混（砖和混凝土）结构建筑不少于50年，钢筋

混凝土结构建筑不少于70年，钢结构建筑不少于100年。《建筑法》第80条讲的合理使用期间内因建筑工程质量不合格，主要是指地基和主体结构质量不合格。那么，具体分析还包括工程保修的各部位的合理使用寿命，《建筑法》第62条规定了建筑物在保修年限内应保证建筑物合理寿命年限内正常使用的原则，国务院的《建设工程质量管理条例》第40条具体规定建筑物一般部位即装修工程和管道工程等为不少于2年，重要部位包括屋面防水工程、有防水要求的房间、墙角和卫生间为不少于5年。在这不少于2年、5年期限内，因为工程质量造成的损害，有权向责任人要求赔偿，这个有权人是房屋使用人，或者委托建造的所有人即开发商。法条里没有具体说责任者主体是谁，但这指的有权人是施工质量相对方，就是买了房子的使用人，或者说买了房屋的所有权人，有权向责任者要求赔偿。

质量缺陷的责任人，法律本身没有说就是施工单位，他有可能是勘察单位、设计单位、监理单位以及施工单位当中任何一个，或者几个。工程质量往往是混合过错，有设计原因，也有施工原因。所以，法律规定没有说是什么人，我理解要确定责任人只能通过鉴定或者评估来确定谁有责任。至于所提问题中还涉及什么是质量缺陷，质量缺陷有地基和主体结构方面的根本性缺陷、非地基和主体结构的非根本性缺陷。这个质量缺陷，如果是地基和主体结构的，则是根本性的、内在的、隐蔽性的缺陷。除此以外，装修、一般土建工程，都是非隐蔽性的、一般的质量缺陷。两种不同的质量缺陷的法律后果，承担的责任也是不一样的。质量缺陷最为严重的是质量不合格达到不能安全使用的程度即危险房屋，那就可能要炸掉或者拆除。如果被评为危险房屋不能使用的，除整个工程造价不能计算以外，还要赔偿发包人因此造成的损失。

**问：**主合同约定以现金方式支付工程款，而补充协议约定以房屋抵工程款，这是不是“阴阳合同”？价格补充协议是否有效？

**答：**我认为这不是“阴阳合同”。所谓“阴阳合同”，全国人大在《建筑法》执法检查时的提法叫“黑白合同”。我认为补充协议不是“黑白合同”，而是有效的。因为主合同约定以现金支付工程款，在履行过程中以补充协议方式改变为以房抵款，这一定是发生一个事由：发包人支付有困难。而如果因为发生了相应的事实和理由，双方协议改变付款方式，这是合同的变更，而不是属于《招标投标法》第46条规定的违反招标的实质性内容的情形，因此合同的变更是合法有效的。招标文件一般不会说我工程款不付时，我给你房子。你说的情况必然是在履约当中发包人没有现金支付工程款，于是用房屋来抵债。那么按照《合同法》第286条规定这是允许的，这就不是“阴阳合同”。我认为这个补充协议是有效的。

**问：**建筑工程合同当中，如果出现“阴阳合同”，如何认定其合同效力？

**答：**我认为“阴阳合同”主要有以下三种情况：第一，依法应招投标的工程，以是否通过招投标来判断“阴阳合同”；第二，地方政府对工程合同有备案或审批规定的，以是否经过备案或审批来判断“阴阳合同”；第三，不属于上述两种情况，当事人先后签订了两份内容不一的合同。因此如何认定其效力，要看属于这三种情况中的哪一种。第一，如果这个合同是必须招标而没有招标的，出现了“阴阳合同”，以经过招投标的为准。第二，合同按照政府规定应当经过备案的，先后签了两份合同，一份是备案的，一份是没有备案或审批的，以备案的合同为准。第三，先后签订的两份合同，不属于前面有特定要求的，那么，两份合同当中，以实际履行的合同为准。这就是认定“阴阳合同”的效力标准，当然，这只是我个人的理解，因为目前没有专门的司法解释，我们律师只能凭自己对法律的分析、理解来争取法官的认可。

**问：**一项建筑工程存在着根据招投标程序签订的大合同（大合同的内容与招投标的内容也不完全相同），又有所谓的小合同（小合同的内容也不违反法律强制性规定），并且小合同的内容是双方当事人的真实意思表示，并实际履行了小合同，请问哪一份合同是有效的？

**答：**这份大合同与招投标的内容不完全相同是允许的，但不得违反招投标所确定的实质性内容，而所谓的实质性内容，我认为主要是工期、质量和造价的相应权利义务关系。如果说大合同是经过招投标而签订的，接下来的问题是，如果经过招投标的大合同没有实际履行，实际履行的是小合同，就要看这个工程是否必须公开招标，如果是必须公开招标的，那么这份小合同即便已实际履行了，仍是无效的。理由是《招标投标法》第3条规定必须公开招标的“必须”是强制性规定；该法第46条明确规定，中标后不得再签订和招投标实质性内容相违背的合同，这也是强制性的规定。当然，具体案件的所谓大小合同情况还要具体分析，我这里只是做一个原则上的分析。

## 五、律师事务所示范演讲研修的常态管理

作为1992年成立的国内首家从事建设工程与房地产领域法律服务的专业律师事务所，我们上海市建纬律师事务所基于专业发展的理念和模式，从建所开始就强调律师要坚持走专业化发展之路，凭借自己专业的真才实学开拓业务，以律师的专业知识和业务能力吸引市场和当事人。作为建纬所的创始主任，我的专业发展的办所理念当然会影响全所律师。我认为：酒香也怕巷子深。专业律师应当勤宣传，注重专业营销。演讲、出书、写论文“三驾马车”是专业律师最好的营销方式，当然首推演讲。专业法律领域的演讲内容与出书、写论文相辅相成。加强专业律师的专业知识和业务能力的宣传，吸引市场和当事人最好的方法就是不断提升自己的演讲能力。专业律师只有通过连续的结合司法实践的专题演讲，才能吸引当事人来找自己，才能逐渐占领专业法律服务的制高点；专业事务所只有不断扩大、增加能够演讲的律师队伍，并从整体上提高律师演讲营销的能力和水平，才能不断扩大专业业务的市场份额，并成为律师行业的专业领头羊。

除了担任律师事务所主任外，我自1999年起先后在中华全国律师协会担任民事业务委员会（以下简称民委会）的秘书长、副主任、主任多年。其间，在多次业务研讨活动中，我发现不少资深的专业律师不善于演讲，许多委员在业务研讨过程中只会宣读论文，不会归纳自己论文的要点和重点，不

会在会议规定的时间内演讲自己的观点，专业律师缺乏演讲能力严重影响了律师的专业交流的效果。因此我认为，全国律协的业务委员会为提高专业业务研究的实际效果，也负有提高专业律师演讲能力的责任。2008 年 1 月，因我的提议，全国律协民委会“提高律师演讲水平示范研修班”在北京举办。为了提高研修效果，民委会将示范演讲、研修人数控制在 25 人以内，分不同主题组织专业律师做示范演讲，会议安排我，中央电视台 2005、2006 年春节联欢晚会总策划、中国视协电视艺术理论研究会副秘书长、凤凰卫视节目主持人喜宏先生，国际大学生辩论赛评委、全国著名演讲培训专家、南开大学艾跃进教授，全国律协民委会继任秘书长李晓斌博士为点评人；由民委会委员、时任建纬北京分所主任的曹文衔律师，民委会秘书长李晓斌，民委会副秘书长、中央电视台法律讲堂主讲人庞标等四位律师分别担任各时段的主持人。虽然民委会这次研讨活动比较“另类”，但示范演讲取得突出的成效，参加研修活动的民委会委员普遍反映这次研修活动非常成功，提高专业律师演讲能力的培训非常重要也非常及时。据悉，这是全国律师行业各业务委员会首次举办以提高律师演讲水平为主旨的研修活动，全国律协秘书处对民委会这次提升律师演讲能力的业务活动十分重视，要求研修班全程录制光盘，留下资料以资借鉴。

我对提高建纬律师事务所律师的整体演讲能力和水平当然更加重视。在建纬所专业发展的过程中，鉴于事务所不断有新来的年轻律师，他们在法律院校并没有受过正规的演讲培训，我深感他们加盟建纬后专业发展意愿强烈，事务所对他们负有加强演讲培训的义务和责任。我在事务所的各种会议上现身说法，宣传、强调律师演讲的重要性，鼓励律师尤其是专业较好的律师通过演讲提高自己的业务能力，扩大自己的业务来源。针对律师事务所不少律师不会演讲、不善演讲的通病，吸取我当年在学习“教学法”时做示范讲课的经验教训，经我提议，合伙人会议决定建立建纬自己的律师演讲培训机制。事务所先后于 2007 年 8 月和 2015 年 3 月两次举办律师示范演讲研修班，对已在外讲课或有志于走上律师演讲营销之路的年轻律师进行“查病症”“找

问题”“定对策”的专题培训。演讲示范研修活动结合律师自我报名的示范演讲，通过互相检视、评判，专门集中点评律师在演讲中存在的问题。事务所先后两期演讲示范研修班的自我培训、研修活动，对提高建纬律师队伍的演讲能力和水平起到了明显的推进作用和提升效果。

2007年8月11—12日，由武汉分所承办的首期“建纬律师示范演讲研修班”在武汉东湖翠柳村客舍举办。选择武汉作为研修基地，是因为武汉是建纬设在中部地区的第一个分所，考虑到中部地区武汉市在地理上九省通衢的优势，总所和当时的五个分所与会人员集中相对方便；同时，当时担任武汉分所主任的李犁律师，是一个从业多年的资深中年律师，一个做事力求完美的性情中人。当时他担任着湖北省律师协会的建设工程和房地产业务委员会主任，他自己渴望武汉分所能够在“中部崛起”；当然，我们也希望通过举办“建纬律师示范演讲研修班”对建纬律师在“中部崛起”能够起到推动作用。

本次研修开班仪式上，我作了示范演讲研修班的动员报告，强调提高律师演讲水平、加强律师演讲营销的重要性，同时指出演讲技巧要通过长期实践和学习来积累。参加培训的建纬总所、分所律师共有30名，建纬所的战略合作单位浙江大公律师事务所的丁继胜律师和当时还在江苏金鼎英杰所的曹珊律师也应邀参加了本次建纬律师示范演讲研修班。总所和各分所的与会律师代表济济一堂、互相交流，东湖论剑、畅所欲言，北京分所石杰、深圳分所贺倩明、长沙分所戴勇坚和邓灿、当时还在武汉分所的张小明律师等共8位律师自选题目进行了示范演讲。研修班由我、总所合伙人曹文衔和原武汉分所主任李犁担任点评老师。当时设定的规则是做示范演讲的律师自选题目，演讲一节课45分钟，借鉴我当年被点评的经验，由事务所组织的点评老师对示范演讲律师逐一进行点评。点评原则是点评人只能指出各位示范演讲律师存在的问题，点评演讲人存在的问题必须不留情面，不说“YES”只说“NO”。

研修班最后半天由我主讲律师演讲的技法、技巧，主要讲了两个方面：第一，从听讲者的需求出发；讲受众要听的内容，同时要注意演讲的目的。第二，律师在演讲中要注意八个问题：（1）注重实战型的案例法教学，要学会善用巧用案例；（2）演讲主题的口子宜小不易大，问题要讲透，挖掘要深；（3）演讲逻辑要严谨，内容安排要围绕主题展开；（4）控制演讲的语速，严格控制演讲时间是对学员的态度影响问题；（5）要学习、培养演讲的风趣和幽默，学会调动现场气氛；（6）语言要准确严谨，逐步消灭不必要的口头语；（7）讲课前的准备工作要做充分，相关问题答案要找准确；（8）提高自身能力和理论水平，要敢于面对受众的现场提问（有关律师演讲具体的技法、技巧将在本书第五章专述）。

本次律师演讲研修班，原宗旨和目标是提高建纬律师外出讲课的能力和技巧，以便能够利用演讲这一方式更好地宣传自己，为自身业务的开拓寻找一条新的道路。本次研修班成效显著，不但实现了原定目标，而且还有意外惊喜。律师演讲涉及的业务拓展特别是开拓新业务领域的成功经验，让与会同人尤其是武汉分所参会的律师分享到拓展业务的经验和成果，这成为本次研修活动的意外收获。

对于此次律师演讲研修班，崇尚完美主义的原武汉分所主任李犁对自己精心操办的这次建纬总所、分所演讲研修活动评价很高，感受良多，会后他整理出如下体会。

本次研修班我们的收获是最大的，体会是最深的。对武汉分所及我本人而言，最深的感触有以下几个方面。

1. 律师应把握演讲技巧，提高演讲能力

举办本次研修班的初衷就是提高建纬律师讲课的能力和技巧。律师的口才对律师执业工作的重要性是不言而喻的。律师承揽业务需要口才，没有良好的沟通技巧，律师取得当事人的信任是比较困难的；律师办理业务更需要口才，每次律师进行法庭辩论都是在演讲，没有好的口才是难以取得较好的出庭效果的。总所朱主任在研讨会上所做的“律师演讲的技巧”的报告，对我们提高口才是很有启发的。朱主任在报告中列举的很多演讲者应该注意的问题，或多或少地在我们身上都有表现。各分所代表的演讲虽然都有“练兵”的性质，其实各有千秋，每个人都有值得我们学习和借鉴的优点。

2. 律师应主动钻研业务

专业化的首要条件就是律师团队对所提供服务领域的法律问题有很深入的研究与理解，并且能够准确地把握和运用到法律实务中。我在武汉分所一再强调学习的重要性，但大家体会不深刻。通过本次研讨会，武汉分所各位同事都感受到了差距，都感悟到学习和钻研专业知识的重要性，都提高了钻研理论知识的自觉性。没有钻研的自觉性、研究不深入、专业知识不过关，也就会丧失很多接触专业实务的机会，由此形成恶性循环，即业务水平限制业务拓展领域，狭窄的业务领域则限制业务水平的进一步提高。有一句话说得好，机会永远青睐有准备的人。主动提高业务水平，就是在为自己争取更多的发展机会和发展空间。

在本次研修班上，总所曹文衔律师为大家介绍了总所与深圳分所合作对深圳地铁投标的情况，其中对于BT模式下的很多问题研究的是很深入的，一方面是其专业背景及研究能力的因素，另一方面就是曹律师舍得花时间花精力去研究专题问题。曹文衔律师特别提到的《物权法》相关问题，他将《物权法》中一些新的规定与建筑工程法律服务相结合，不仅找到了新的业务增长点，也进一步强化建纬所专业化法律服务的品牌优势。虽然曹律师在研究过程中牺牲了部分经济利益，但这种牺牲是有价值的，长远看他将因研究工作而赢得巨大的业务发展空间和经济回报。深圳分所的贺倩明律师所做的“资产证券化项目融资相关法律问题”的专题讲座，也是一个通过钻研开拓新业务的典型。

钻研业务不能够深入的原因是多方面的，最主要的一个原因是创收压力比较大。部分律师一旦放弃原有的服务领域，又不能很快在专业法律服务方面取得案源，势必造成生存压力，这就需要律师短期的“牺牲”精神和长远眼光，所谓短期“牺牲”精神就是要有牺牲短期利益的勇气和耐力，所谓长远眼光就是需要注重长远发展和长远收益。当然，部分年轻律师的确有现实的生活压力，融入建纬大集体后，需要资深的律师“传”“帮”“带”，也就是需要资深律师在执业经验、业务分配等方面予以帮助和支持。就这一层面，更多体现的是资深律师的牺牲和奉献精神，同时也是下面我将要谈到的建纬律师信奉的团体作战精神的体现。

3. 团队协作和专业分工的重要性

因每个客户的需要并不都是涉及单纯的一个领域，势必要求各个部门、各有专长的律师之间进行合作，取长补短，实现团队协同作战，才能提高服务质量。

团队协作或者律师之间的合作并不是单纯的人数相加，而是由各有业务专长或性格各有优势的律师组成的相互取长补短、相互配合的法律服务团队，应产生“1+1 > 2”的效应。每个律师要根据自己的特点来确定工作方式，外向型律师可以更多地从外部获得业务，而内向型律师完全可以通过自己在某一领域的优势，与其他律师合作。这与第一个问题存在紧密的联系，仍然需要我们有钻研业务的积极性，一旦水平高出其他律师，就为合作提供了专业基础。因此，每个律师不仅要对建筑工程及房地产法律有一个整体的把握，还必须在其中某一方面（如招投标、BOT、轨道交通）有一技之长，形成自己的特色，才能增强自己的业务能力。

4. 开拓市场方法的重要性

现阶段建设工程及房地产法律服务的竞争是异常激烈的，如何能够在该领域的服务上分得更多的“蛋糕”，专业化水平的提高是根本保障，团队作战及主动开拓市场是必不可少的。武汉分所虽然一直致力于开拓市场，扩大客户的范围，通过为商会、建筑工程公司和房地产开发商等做法律培训的手段吸引客户，却忽视了全所对市场的研究，市场敏感度不够，不能及时地发现新的业务；同时缺乏切实可行的市场开拓计划，没有形成系统的方案，包括开拓市场的分工、责任人及开拓方向，仍以单打独斗的方式开展业务；虽有部分业务共同开拓，但仍感计划性、目标性不足，这种经营模式不是我们专业办所的初衷。

在听取其他分所的业务开展情况后，武汉分所深受启发。北京分所石杰律师在介绍业务开展情况时也提到了与建筑工程相关的新业务增长点，如酒店管理的法律服务，就是通过提供建筑工程法律服务延伸出的业务范围。深圳分所的贺倩明律师讲的更加具体，城中村改造信息数据库的建立、研究的深入、法律服务方案的制订以及对潜在客户的拜访等，实际上就是开拓新业务的整个过程以及方法。以上各分所开拓市场的方式都为我们提供了成熟的经验。

建纬所注重整体提升律师的专业水平和演讲能力的氛围，极大地提高了建纬总所、分所律师通过在职读书提高专业能力、钻研业务以及提升专业水平的自觉性。建纬总所当时的专业新秀、现已任副主任的邵万权律师带头于 2004 年年初报考复旦大学在职研究生，通过考试后被复旦大学法律系录取，就读三年，于 2006 年毕业，获得法律硕士学位。总所年轻律师徐寅哲执业期间于 2013 年 1 月在英国赫特福德大学研读商学硕士；年轻的女律师胡敏在执业期间于 2015 年 8 月去美国伊利诺伊理工学院就读法学硕士，他们两人现均已取得硕士学位并已成为建纬总所合伙人。深圳分所主任贺倩明的自我提升决心更大，也更加不易。他工作在深圳，2006 年在北大攻读在职硕士后，2013 年考入北京的中国政法大学攻读全日制的法学博士，经过三年往来于深圳与北京之间的刻苦学习，现已取得博士学位。读博期间，他的专业业务和领导分所的能力都明显提高，现已把深圳分所打造成建纬分所中的“样板房”。

建纬所注重专业学习、注重演讲培训的氛围，影响了一批又一批新加盟的年轻律师，在建纬总所工作、学习了四年半的刘一律师就是一个突出的代表。2006 年 7 月，刘一在华东政法学院取得法学硕士学位来到建纬所，为提升自己建设工程的专业能力，她又通过考试进入同济大学攻读建筑项目管理硕士。在建纬所，有本科学建筑、房地产工科类的律师就职后再进修法律的，而刘一则相反，是本科和硕士都学法律，就职后再学习建设工程相关专业的。受建纬所上上下下演讲成风的熏陶，刘一的个人演讲和思辨能力也逐步提高，2008 年经过中央电视台的面试，她成为央视《法律讲堂》当时最年轻的主讲律师，持续两年在这个节目播出过近 30 期节目，并获得较好的社会效果；2011 年经过上海市律师协会的多轮筛选，她入选上海律师辩论队三名主力队员之一，参加由司法部和最高人民检察院等部门主办的首届全国公诉人与律师电视论辩大赛，获得团体一等奖，个人获得最佳论辩奖。

当时还同时担任湖北省律师协会建设工程与房地产业务委员会主任的武汉分所主任李犁，从我们的“建纬律师示范演讲研修班”的成功经验中受到启发，经他申请并经湖北省律师协会同意，于 2009 年 11 月由省律协主办、建纬武汉分所协办的“2009 年湖北建筑房地产律师论坛”顺利召开，并取得圆满成功。

湖北省律协对此次论坛的总结如下。

2009 年 11 月 14—15 日，热烈的掌声不时回荡在湖北饭店的报告厅，由湖北省律师协会及武汉市律师协会主办、湖北省律师协会建筑与房地产法律专业委员会及武汉市律师协会建筑与房地产法律专业委员会承办、建纬（武汉）律师事务所及中伦律师事务所武汉分所协办，为期两天的“2009 年湖北建筑房地产律师论坛”在此隆重开幕。来自省律协领导、常务理事及理事、各专业委员会主任，特邀嘉宾，地、市、州从事建筑房地产专业执业律师近 300 人齐聚一堂，参加论坛。

本次论坛以“专业展示、经验交流、思想碰撞”为议题，邀请沿海发达地区及部分中西部地区从事建筑房地产业务的专业律师，就如何开展建筑房地产律师业务及专业发展趋势发表演讲，并与参会者交流。

五位演讲嘉宾除了一名来自北京中伦律师事务所外，其他四位均来自建纬律师事务所。建纬上海总所主任朱树英携昆明分所主任李俊华、深圳分所主任贺倩明、北京分所主任谭敬慧、长沙分所主任戴勇坚等，给武汉和湖北其他地方的律师带来了一场专业展示和思想碰撞的视听盛宴。

论坛的第一天，来自北京中伦律师事务所的朱茂元律师以“房地产建筑市场核心法律业务及其发展趋势”为题做了演讲；来自建纬昆明分所的李俊华律师以“在路上——中西部地区律师所走业务专业化道路的体会和思考”

为题做了演讲；来自建纬深圳分所的贺倩明律师以“沿海地区建筑房地产律师业务的现状及发展趋势”为题做了演讲；来自建纬北京分所的谭敬慧律师以“律师如何为建筑施工企业提供法律服务”为题做了演讲；来自建纬长沙分所的戴勇坚律师以“房地产专业律师的法律服务营销”为题做了演讲。论坛重头戏是第二天来自建纬上海总所的朱树英律师以“当前建设工程纠纷案件的新形势新情况和新特点以及律师提供服务的应对策略”为题所做的精彩演讲。朱树英的演讲赢得了与会者的高度赞扬。

两天的论坛，达到了开阔湖北省律师在建筑房地产专业领域的视野，推动了大家投身于房地产专业领域的热情及兴趣，促进和提高了湖北律师建筑房地产业务专业水平的目的。论坛在与会者意犹未尽、相约明年的期盼中胜利落幕。

经过自我专业研修、培训后的建纬昆明分所主任李俊华、深圳分所主任贺倩明、北京分所主任谭敬慧、长沙分所主任戴勇坚四位各有专长的专业律师，在这次论坛上演讲的客观表现，成为律师注重提高演讲能力的考核展示，他们各自选题演讲的全是律师建设工程和房地产专业法律服务的“干货”，并且能够严格控制各自的演讲时间，均出色完成演讲任务，受到了现场的一致好评，建纬律师严控演讲时间给全体与会代表留下了深刻的印象。

数年后，建纬律师仍对第一期“建纬律师示范演讲研修班”的成功举办印象深刻，根据建纬总所、分所发展的客观需求，时隔首期 8 年，2015 年 3 月 7—8 日建纬总所和当时的九家分所在武汉万达瑞华酒店举办建纬律师第二期演讲示范研修班。建纬总所、分所共计 40 多名合伙人和律师参与了本次培训班，共计 11 位同人进行了示范演讲。这期演讲研修班根据报名做示范演讲的人数，对律师示范演讲规则作出新规定，要求演讲人在 30 分钟内完成预定内容的演讲，30 分钟时间一到，无论演讲人是否完成预定演讲内容，必须停止演讲。由我，已脱颖而出成为建纬律师演讲佼佼者的总所副主任曹珊，武汉分所继任主任、曾任华中农业大学讲师的刘居胜三位具有丰富演讲水平的资深律师组成点评小组，每位点评人有 5 分钟的时间对各位示范演讲的律师予以点评。点评要求只能指出演讲的不足，对演讲的优点不发表意见。由我领衔的点评小组对演讲人的主题选择、逻辑结构、时间安排、演讲内容的准确性、演讲技巧以及 PPT 文件的制作等方面进行了中肯和客观的点评。演讲人均表示点评意见对提高自己演讲能力具有很大帮助。示范演讲结束后，我还做了总结发言，着重指出："演讲者重点要从提高责任心、合理安排逻辑结构、精选巧用案例等几个方面提高演讲的素质及能力。"

本次示范演讲研修班所取得的实际效果，使建纬总所、分所领导达成共识："建纬律师示范演讲研修班"要成为建纬律师专业发展的常态，要根据建纬整体发展的需要不定期地举办。建纬所通过自身的示范演讲培训律师的演讲能力，已经培养了一大批具有良好专业能力、演讲水平较高的讲课老师，有一批经常外出演讲的律师已成为某一专业领域的知名律师。律师营销能力的提升成为业务发展的主要来源，建纬所的专业品牌得到了客户和行业同人的认可和赞许。同时，建纬律师整体提升的演讲能力和演讲的营销能力明显地推进了专业业务的发展，非常明显的结论是：事务所演讲营销能力以及律师个人的演讲能力，与事务所业务发展及律师个人业务发展成正比。在建纬各分所中，深圳分所主任贺倩明、北京分所主任谭敬慧和昆明分所主任李俊华已是专业领域中专业律师公认的演讲大咖，他们分别担任主任的三个分所也因此成为建纬目前 12 个分所中业务收入的一、二、三名。建纬总所近年来的律师讲课次数和个人影响力，我、副主任曹珊和高级合伙人王先伟排列前三位，三人也同样位居总所律师业务收入的前三甲。经过先后两期"建纬律师示范演讲研修班"的磨炼，武汉分所的专业业务能力明显提高，业务收入不断增加，已成为建纬律师中部崛起的榜样，分所 2015 年业务收入已达到 2050 万元，2016 年业务收入增加到 2760 万元，比上一年增长 34%，业务收入已列湖北律师事务所前茅，2016 年人均创收达 83.63 万元，为湖北省各律师事务所第一名。

# 第三章 决定律师演讲成败的两大关键

- 一、横看成岭侧成峰，远近高低各不同
- 二、给不同受众演讲要提升两大关键能力
- 三、何为知晓受众，如何了解受众
- 四、知晓听课目的，满足听课需求

律师演讲从技术层面来说是一种社会交际活动。关于什么是演讲，百度查询结果为："演讲又叫讲演或演说，是指在公众场所，以有声语言为主要手段，以体态语言为辅助手段，针对某个具体问题鲜明完整地发表自己的见解和主张，阐明事理或抒发情感，进行宣传鼓动的一种语言交际活动。"注重演讲营销的律师仅仅按此定义行事是远远不够的，因为律师演讲也是一种营销手段，其目的是让听讲的人通过律师演讲了解律师的专业能力和水平，遇到类似法律问题时来找专业律师。这是要让演讲成为一种吸引业务和当事人的手段，以达到提升律师知名度和扩大业务来源的经营目的。因此，纯粹从技术层面研究律师的演讲营销是不符合扩大业务来源的目的需求的。律师除了应该知道什么是演讲，知道演讲与宣读、宣讲有何区别之外，更重要的是应从律师演讲营销的实务操作层面，加强对演讲取得成功的目的研究，分析律师演讲成功与否的原因，结合实际总结演讲对于律师拓展法律服务市场的经验教训。

总结我几十年的演讲经验，律师演讲要获得成功，必须要解决两大关键问题：第一是必须明确给谁演讲，受众是谁；第二是必须明确知道听众关注什么、想听什么。律师以及在法律服务市场讲课的其他老师，所有演讲的成功，其前提是已经妥善解决了这两大关键问题；所有不成功的或者效果不好的演讲，其根本原因是并未解决好这两大关键问题。如果我的演讲已经取得了成功，那么最重要的就是这两条根本性的经验。

## 一、横看成岭侧成峰，远近高低各不同

律师意欲通过演讲使受众了解律师的专业能力和水平，遇到类似法律问

题能够来找专业律师，这是要让演讲成为一种吸引业务和当事人的手段，以达到提升律师知名度和扩大业务来源的效果，这是律师演讲营销要实现的商业目的。走上演讲营销之路的律师，要真正实现这个目的，通过演讲获得市场和当事人的认可，需经过不懈的努力和长期的磨炼。我们律师事务所不少年轻律师在试着主动给法律顾问单位免费讲课，但他们反映说，讲过几次后并不见有当事人来找自己谈业务，这是刚走上演讲营销之路的正常情况。我了解有的律师千方百计地主动联系商业培训机构，希望给个机会让自己能在面向社会的法律培训班练练手。但是，终于有机会一展身手，却被学员报怨不知在讲什么；我也知道有些原先做过老师的律师，甚至有的大专院校从事法律教学的兼职律师，在企业或商业培训机构演讲法律课，实际效果并不理想。

那么，应该如何准确看待律师演讲营销的实务操作？如何才能使律师的演讲营销达到扩大业务来源的目的，律师如何才能取得演讲的成功呢？我认为需要借鉴并仔细研究苏轼所写《题西林壁》，诗说："横看成岭侧成峰，远近高低各不同。不识庐山真面目，只缘身在此山中。"连绵起伏、雄奇秀丽的庐山整日在云里雾里，确实难识其真面目，但苏轼说的则是从不同角度和位置看庐山的不同感受及其原因。如果一试，站在不同的角度和方位看庐山，其感观结论果然千变万化。此情形与律师演讲营销极其相似，即使是同一个演讲主题，甚至是同一份讲义，针对不同的学员其讲法和角度各不相同。律师演讲以不同受众的立场作为出发点，只有站在学员需要的角度组织演讲才能解决其针对性。明确演讲的立场和角度问题，对于妥善解决律师演讲营销获得成功的两大关键性前提极其重要，也极其有益。

### （一）明确听众是谁，明确他们想听什么

律师应该明确听众是谁、想听什么，然后有针对性地进行演讲。我了解律师演讲实践中确实存在学员抱怨、反映不佳的种种情形，其原因就是演讲的律师没有解决好上述两个关键问题，没有明确自己的演讲应该站在什么立场和角度。

在律师外出演讲的实践中，有的律师讲的并不是学员要学、要听的内容，与学员的学习需求南辕北辙；有的律师讲的内容枯燥无味，根本不能吸引学员；有的律师讲得眉飞色舞，头头是道，学员事后一回顾，发现律师除了炫耀自己之外，并无学员需要的内容；有的律师讲课内容不是学员想听的“干货”，讲到关键的实务操作经验和技巧时戛然而止。如是，凭什么不让学员打瞌睡，玩手机？平心而论，绝大多数的演讲人演讲前都是做了充分准备的，讲课也辛辛苦苦，为什么就不能吸引学员呢？其中的原因不值得好好分析吗？

2013年6月20日，《民主与法制》杂志社总编辑刘桂明以“律师营销是一门学问还是一种本领”为题，在华东政法大学律师学院缘法楼举办专题讲座。在讲到第五个问题“律师营销的成功案例有哪些”时说道：“来自上海的今年已64岁的朱树英律师，他讲的课就更多了。他是做建设工程和房地产法律服务的。他原来在上海市建委工作，1992年成立了‘建纬律师事务所’，‘建设’的‘建’，‘经纬’的‘纬’。为什么要取这个名字呢？因为‘建纬’的‘建’字和建筑有关；‘建纬’的‘纬’则是标准和准绳。他们所去年年底庆祝了自己的20岁生日，期间还出了好几本书。他的营销方式就是到处讲课，有时候给律师同行讲，有时候给律师业外讲。各位同学，等你们做了律师之后，一定要学习朱树英，学会讲课，善于讲课。因为讲课确实是一个很重要、很有效的营销手段。还有出书，也是一个很管用的营销方式。建纬所在庆祝成立20周年时就组团出书。所谓组团出书，就是无论是按专业还是按律师个人排序组成的系列丛书。朱树英律师在全国律师协会还担任了民委会主任的职务，所以他还组织制定各种各样的专业操作指引。这一系列专业指引制定出来后，无论是律师界、经济学界，还是建筑房地产管理界，都知道这是朱树英、建纬所的功劳与追求。那么，除了出书和讲课，还要做什么呢？还要多做公益，比如要到大学设立奖学金或奖教金，比如设立希望小学，以体现对弱者的关怀。朱树英律师还经常到西部去讲课，这是他对西部律师的关怀。帮助自己的同行，不仅不收费，而且还要搭钱。可以说，这是一种公益性的律师营销手段。”刘总编总结的就是本书尤其是本章要阐述、要总结的主要内容。

### （二）勇于“勤奋”和“刻苦”，善于“分析”和“研究”

唐宋八大家之一的韩愈在《进学解》中的“业精于勤，荒于嬉；行成于思，毁于随”是我学中文专业时最喜欢、最受启发的名言，也是我反复与人共勉的警句。我理解业精于勤的“勤”字就是勤奋和刻苦，而行成于思的“思”字正是分析和研究。要解决好律师演讲的这两大关键性问题，从技术层面考虑、光有勤奋和刻苦远远不够，获得成功在很大程度上取决于演讲律师对学员负责的指导思想和对演讲需求的研究探讨，这就需要深入地进行分析和研究。前面说到我曾收集不同学员对贯彻执行最高人民法院《关于审理建设工程施工合同纠纷案件适用法律问题的解释》的几千个有关问题，并认真进行分析、提炼、归纳，找出带有共性的问题，以解决现场提问答疑的某些规律性，这也是我撰写《工程合同实务问答》一书中400个问题的来源。我认为学员之所以会提那么多问题，一是因为不了解行业实际情况，二是因为不了解法律相关规定，三是因为没有研究法官对司法实践中的新情况、新问题是如何裁量的，四是因为提问题的学员缺乏办案实务经验。于是我准备就从这四个方面着手。我使用的这些方法就是“分析”。前面还说到我总结应对课堂提问的“积极参与专业立法，了解立法进程”等六条对策措施，提升自己应对现场答疑的即时反应能力，以有效解决现场答疑的准确性，使用的方法就是“研究”。因此，律师解决演讲成功的两大关键问题的对策就是分析和研究。或者说，如果我的演讲已获得了成功，其经验不只是勇于“勤奋”和“刻苦”，更重要的还应加上善于“分析”和“研究”。

有许多律师同行也在研究我的演讲及其成功的原因，有人说朱树英的成功在中国律师中凤毛麟角，是极少数人中的特殊现象，“朱树英现象”是非正常途径下的律师成才之路，是无法复制的；也有人说朱树英的成功是一种难以学习的模式，现在的律师还能先去企业待上个28年？因此，“朱树英模式”是不可复制的。我对这样的评论不能苟同。我认为，不论经过什么途径成才，也不论是否科班出身，勇于“勤奋”和“刻苦”都是成功的前提，善于“分析”和“研究”都是成才之必需，这两条都是古人的总结，因此都是可以借鉴的。

前文说过我“勤奋”和“刻苦”的情形，至于我的善于“分析”和“研究”对于律师演讲获得成功的重要性，可以从我的一份讲义在一个企业针对不同听众讲两遍效果都很好的故事中得到证明。1998 年 7 月，《建筑法》施行才 4 个月，中建总公司在北京总公司培训中心组织局级领导进行贯彻执行《建筑法》的专题培训，邀请我以《贯彻执行〈建筑法〉以及施工企业应注意的法律问题》为题目给总公司系统的全部局级领导讲课，讲课的实际效果是我受邀担任中建八局的法律顾问至今。尤其是在课后，中建总公司领导觉得这堂课非常重要，完全有必要给全系统的项目经理分区域也讲一次，并且将参加培训作为当年年度考核项目经理的硬性指标。这个决定一旦形成，整个中建系统为之震撼，因为当时中建全系统仅一级项目经理人数就有 3400 多人，听课需要全国各地的项目经理放下手里的工程管理工作，分批赶赴讲课地点。这一系列讲课用的讲义仍是给领导讲课时用的，我先后在北京、上海、南京、西安、郑州、福州、杭州、广州等地分片讲了 8 次。为什么能够用同一份讲义给不同对象顺利完成如此庞大的系列讲课？答案很简单，同样的演讲主题在针对领导层讲课时，我的演讲重点从领导的指导思想的高度讲领导想听的内容；在对项目经理讲课时，我的演讲重点则从技术操作层面讲项目经理需要了解的实务操作经验，包括所举典型案例的分析角度也因人而异。

之前介绍过，国家颁布《2013 版建设工程施工合同（示范文本）》之后，我曾使用同一份讲稿在建设领域和各地建筑施工企业做过多次专题演讲。随着各施工企业各个管理层学习、研究的深入，对贯彻执行新版合同文本也提出了新的要求。2012 年 5 月，我的法律顾问单位中建八局要求我给全局的合约和商务经理讲一次，中建八局这一范围的人数有 1000 多人，讲课主题是如何结合执行新版施工合同文本加强项目经理部的证据管理。这是一个企业需求量非常大、讲课视角也比较特殊的专题。我基于自己曾有 8 年担任施工企业法律顾问室负责人的经验和对新版施工合同的理解，提供题目为《以管理为要唯证据为重——从典型案例看施工企业加强证据管理以及应注意的操作问题》的书面讲稿，并附上我讲课中涉及典型案件的详细资料，这增加了主题演讲的说服力。这是我在一个企业讲得次数最多的一次课，先后在上海、北京、南京、广州、西安为中建八局各地项目经理部的合约和商务经理讲了五次。由于我因人施教，这些讲课广受欢迎，取得非常好的实际效果。

律师在企业讲课，得站在企业的立场和角度讲企业愿意听的内容，在企业的不同层面讲课，应该站在企业不同层面的角度讲不同学员愿意听的内容。当然这里有一个熟悉和了解行业实际、提升专业能力的培养和积累的过程，如果律师不熟悉企业经营和运营的实际情况，也难以因地制宜、因人而异。

### （三）演讲受欢迎之缘由

法律培训的现实中，律师尤其是年轻律师的专业培训需求量非常大。律师的演讲换一种方式，如果给律师讲课，同样就得讲不同层面律师关注的、希望听到的内容。时下，各类商业运作的社会办班，只要内容适合就会有许多律师不计距离远近、自己支付费用去听课。由于新的法律问题层出不穷，整个律师行业的法律操作实务培训同样是一座大“山”，律师对此演讲成功的前提同样需明知“远近高低各不同”，而不能“身在此山中”而看不清“庐山真面目”。我在管理律师事务所的过程中，比较了解律师尤其是年轻律师的演讲和司法文书写作都存在很多问题，以及他们并无渠道获得有针对性学习的苦衷；同时我认为，既然知道涉足律师行业的年轻律师在大学读书时并未受过演讲和法律文书的实务学习和培训，律师事务所的主任们理应为后生们提供学习的机会和培训的途径。为此，我在担任上海律师学院的客座讲师期间，经常按给我的命题要求给律师们讲课，也主动提出年轻律师需要的培训主题。有一次，当上海律师学院领导和我商量近期讲什么主题为好时，我主动根据我对年轻律师业务发展需求的了解，提出我可以讲律师法律文书写作的目的和说服力，我认为讲这个题目会比较受律师欢迎。2008 年 10 月 26 日，我应邀在上海律师学院讲这个课题。以下是主办方的报道。

朱树英主任作为“律师之师”应上海市律师学院的邀请，在云峰剧场为上海市律师进行专业业务培训，发表了题目为“律师写作司法文书的目的和说服力对于提高办案效果的作用以及应注意的问题及对策”的主题演讲。

作为建设工程、房地产专业法律服务领域的领头羊，朱律师在全国各地发表过不计其数的专业法律问题演讲；而此次，作为一名兼任全国律协民委会主任的资深律师，他以更宽广的视角和更长远的眼光来考虑如何推进律师业的发展特别是年轻律师执业能力的培养工作；作为多个仲裁委员会的仲裁员和数十个仲裁案件的首裁，他评判律师写作司法文书水平的高低显然更具有说服力。

此次演讲主题是朱律师对二十余年执业经验的回顾和感悟，是他基于律师业发展现状作出的总结和深思。他针对实践中常见的律师写作司法文书目的不明确或缺乏说服力的问题，从主客观两方面分析原因，结合理论和经典案例进行主题说明，并结合经典案例传授改善、提高司法文书写作水平的技巧和对策，赢得了台下律师特别是年轻律师的高度赞扬。

在持续两个半小时的演讲中，容纳1500人的云峰剧场座无虚席、秩序井然，好多人是站着听课的，20余个录音设备被前来听课的律师自发地摆在讲台前，甚至有律师带着摄像机进行全程录像。据律协工作人员统计，当日前来听课的律师多达1800余人，是今年培训中参加人数最多、中途离场人数最少的一次，效果非常好。

朱律师发表此次主题演讲及时而重要，既提醒和指导律师注重自我提升写作法律文书的能力，又呼吁上海市律协加强对律师演讲和写作等方面基础能力和水平的培训，充分体现了一位资深律师对律师行业以及年轻律师发展的关心和鼓励。

什么叫讲律师想听的，或者说讲律师不知道如何解决的实务操作内容？这次主题演讲受欢迎的程度就是答案。一堂给律师的演讲课为什么会如此受欢迎呢？那天听课中的一个年轻律师以“听朱树英老师讲如何写好法律文书”为题发了如下帖子。

好久没有去培训了，打开东方律师网，这次培训的内容吸引了我。这是关于如何写好法律文书的，主讲是建纬律师事务所主任朱树英老师。

如何写好法律文书，似乎是一个很简单、很基本的问题，也许很多经验丰富的律师会不屑一顾，但是对于我来说，还是着实兴奋了一下，因为大学里没有这样的课程，选修课老师讲的也和实践相去甚远。今天，一个这么优秀的律师把这个“看起来”很简单的问题拿来和大家分享，我当然要去听了。

我8点50分到了云峰剧场（讲课从9点开始），和以往一样，律师们并不是那么的准时，人都是陆陆续续来的。也许因为我还很年轻，所以我参加任何场合，都是提前几分钟。我也觉得迟到是不尊重别人的表现。老师在上面讲课，你一个一个进来，踩着四方步，优哉游哉的，如果是我，可能思路会被打断。大家都是同行，如果你觉得自己足够优秀了，那就盖了章回家吧，为什么还要浪费自己的时间，也影响别人的听课效果呢？如果你觉得你对内容感兴趣，那为什么不能准时一点、安静一点呢？这也是对别人劳动最起码的尊重（况且别人在这里讲课是没有报酬的）。或许是我还小，太过于认真，可是，尊重别人的劳动，做一个有修养的人，这不应该是由年龄决定的吧？

老师讲得很好，拿出很多经典的案例来讲法律文书，中间有很多我不懂的和我认为非常重要的细节，我拿笔记本都记下来。其实，对于年轻人来说，能听到这样的讲座真是一种幸运。因为这样的内容主要针对青年律师，其实我们还真的需要这方面的知识和技巧，这些文书如果写给法官和仲裁员看会很管用，很多细节的处理、思维的方式和写作的技巧之前都没有人告诉我们。有一个优秀的律师愿意把自己的经验分享给大家，我想我们没有理由不认真地去汲取。中间朱律师的一些话让我很有感触，他说：“你办过30元的小案子吗？我代理过很多只有几十元的小案子，但是小案子并不代表我们从中学不到东西，很多看起来很小的案子，中间有很多值得思考的地方。”我想也许这样的案子，对青年律师来说是一种很好的锻炼。每一个优秀的律师，或者说大多数优秀的律师，也许一开始并没有那么的顺利。绝大多数律师都是从无到有，从小到大，一步一步熬出来的，而最终的成功，可能就取决于自己在办案中积累了多少知识，扩展了多少人脉，取决于自己有没有及时地总结。所以在我以后的执业生涯中，我一定要把每一个案子都认真做好，尽自己最大的努力做到完美和精致。也许有些案子赚不到钱，但一个没有好的态度的律师，也许永远没有长远的未来。有时候我问自己：我为什么要做律师？答案似乎永远和金钱无关。我爱好，我追求，这是我的理想。每每把一个很复杂的问题，从事实到法律一点一点厘清，自己的内心就会充满一种成就感，这样的幸福不是金钱可以换来的。

发了一堆感慨，最后把我认为比较受用的总结一下。

第一，写法律文书要有明确的目的和说服力。在写之前，一定要深刻地思考自己的诉请能不能达到自己的目的，诉请之间是不是有矛盾，自己提供的理由和证据能不能说服看这个文书的人。这需要深厚的理论功底和丰富的实践经验，需要自己去认真地思考。

第二，关于攻击和防守。我们写一个起诉状的时候，常常只从自己的利益考虑，注重攻击而忽略了防守。而民事纠纷很多情况下过错并不是完全在一方，在起诉的时候，我们应该思考对方有无可能提起反诉，如果有可能，那么我们在自己的起诉书中就应该为自己设置防火墙，写足反驳对方反诉的事实和理由，使自己的诉请处于稳定状态。

第三，关于代理词和质证意见。我想以后我经手的每一个案子，不管大小我都要写这两个文件。我不能保证法官会在庭审中记住我的每一个观点、每一句话，也不能保证自己能够在庭审中发挥到完美。所以要写，要整理自己的思路，检查自己的漏洞，也给法官一个更为书面、更为系统的代理意见。同时，根据朱老师所讲，还要注明代理词与庭审中所说如有不同之处，以代理词为准，这样就避免了很多可能有矛盾的情况。同时，代理词也是和法官沟通的一个良好的途径。

第四，文书要简单明了，有针对性，而不是堆砌华丽的词语。

第五，提交证据要慎重，有些证据本身就有两面性，在不对案件的定性产生实质性影响的时候，要慎重提交。

上述主办方的客观报道和学员在博文中的切身体会，从一个角度说明了成功的律师演讲必须要解决上述两个关键问题。同时我的演讲之所以能够创上海律师周日单次听课人数之最，原因是被主办方预先公告的这个演讲题目所吸引。这次演讲的主题，正是广大律师尤其是年轻律师非常希望听到的，符合博主所说的“我们还真的需要这方面的知识和技巧”的年轻律师的培训需求，这正解读了“明确给谁演讲、明确授众是谁”的重要性，也正好说明了演讲受欢迎的缘由。

## 二、给不同受众演讲要提升两大关键能力

律师演讲要明确给谁讲，受众是谁；明确听众关注什么，想听什么的两大关键问题，是基于对大量的演讲实践做分析和研究，从反复的演讲锻炼悟出的门道和诀窍。长期以来，我在律师行业和建设工程与房地产专业领域无数次地演讲、上课的同时，逐步提升了解决两大关键问题的能力。在律师行业以及建设工程和房地产专业领域讲课，邀请方或主办方常常给出的是一个原则性题目，或者范围很大的题目，如法律风险防范、加强合同管理之类。这需要演讲人根据自己了解到的受众需求进行有针对性的准备，否则，不从受众的需求出发，笼统的、大而化之的演讲就难以受欢迎。律师演讲经常面对一个新颁布的法律、法规或者最高人民法院的司法解释，演讲人需要了解具体听讲人的市场地位并有针对性地准备演讲内容。“横看成岭侧成峰，远近高低各不同”的情形，在此类讲课中反映得最明显。如果演讲人既不事先了解是哪些人来听课，也不分析、研究他们想听什么内容，演讲就会不得要领，就难以取得好的效果。以其昏昏，何以使人昭昭？

律师演讲要切实解决这两大前提性的关键问题，需要加强演讲的锻炼，不但要给律师同行讲课，而且要尽可能多地给不同的受众讲课，律师在尽可能多的演讲中逐渐感悟不同的受众对听讲的不同需求，在实践中逐步解决这

两大关键问题，我自己最深切的体会正在于此。随着我的演讲水平的逐渐提高，邀请我讲课的机会越来越多，只要时间允许我一般都会接受邀请。我在律师行业以及建设工程和房地产领域演讲法律课的同时，跨行业、跨领域给不同的听众讲了好多不同主题的法律课。律师在对不同对象的演讲中能够接触到不同受众，结合不同领域、不同受众的讲课实践，能够了解到不同受众的不同听讲需求。我在勤奋和刻苦的讲课过程中经过不断的分析和研究，才逐步总结出带有规律性的两大关键之说，以及妥善处置的经验教训。

我的跨行业、跨领域的演讲实践，主要有以下六个方面。

### （一）接受行政主管部门的邀请给公务员讲课

行政主管部门也是一类市场主体，他们也在市场中，他们也有学习法律的需求且需求会越来越大。我收到此类邀请，会从行政主管部门的实际出发，针对领导层和公务员干部关注的管理问题准备讲课内容。在上海市，建设行政主管部门有局主管部门和区主管部门的区别。去一个局的单位讲课，学员是一个局的单一公务员，行政主管范围集中；但到区建设主管部门讲课，区建设主管各部门分散，各自分系统管理。这两者存在条和块的区别，并且局和区对行政事务的主管程度和管理对象各不相同，因此，演讲的内容和要求也各不相同。

2010 年 9 月 10 日，《中华人民共和国侵权责任法》（以下简称《侵权责任法》）施行不久，作为上海市住房保障和房屋管理局的常年法律顾问，我应邀在该局全体干部大会做“学习研究《侵权责任法》，提升依法行政能力和水平”的普法性质的专题演讲。演讲除了介绍《侵权责任法》的主要内容外，我还结合上海先后发生的两起“钓鱼执法”事件，从行政工作人员违法执业导致行政机关承担赔偿责任的典型案例展开，结合《侵权责任法》第 34 条的规定，提出行政机关领导应高度重视工作人员如违法行政应承担民事赔偿责任的问题，并相应提出了 4 条应对措施。演讲涉及的“钓鱼执法”事件是指：2009 年 9 月 8 日，私家车主张晖被上海闵行交管部门“钓鱼执法”，被违法认定“非法运营”并处罚款 1 万元。张晖提起行政诉讼，11 月 19 日，闵行区人民法院当庭判决交通执法大队行政处罚违法，张晖胜诉。2009 年 10 月 14 日，上海又发生一起类似事件，18 岁青年孙中界被浦东新区城市管理执法局工作人员“钓鱼执法”，激愤之下，孙剁掉自己左手小指以证清白。上海市政府对此表示：“对采取非正常执法手段取证的行为，一经查实将严肃处理。”上海市监察局对浦东新区副区长陆月星和区执法局局长吴福康作出行政警告处分。

当时的上海市住房保障和房屋管理局刘海生局长亲自主持大会，并在大会总结时对我的专题演讲和提出的问题与应对措施给予高度评价，并要求全体干部重视依法行政与《侵权责任法》的关系，加强有针对性的管理，提高依法行政的能力和水平。

在上海市住房保障和房屋管理局讲课与到区建设主管部门的演讲因为受众不同，其要求也不同，解决两大关键问题的要求也不同。2013 年 5 月 2 日，上海市长宁区建设和交通委员会（以下简称建交委）在区工人俱乐部大会议厅组织法制培训课，各部门的 300 多名干部参加了培训。这是长宁区建交委组织的为期两个月的建设领域法制系列培训，该系列培训具体委托华东政法大学统一组织。作为华东政法大学的客座教授，我应邀作专题演讲。我结合当时孟加拉国首都达卡发生的八层楼房倒塌造成 1000 多人死亡、近 3000 人受伤，以及上海“11 · 15”特大火灾事故两大典型案例的教训，以“贯彻质量至高原则，城市安全警钟长鸣——认真执行建设工程安全、质量管理规定应注意的法律问题”为题做专题培训。据区建交委反映，听课的干部纷纷表示：演讲主题对从事建设交通各项管理工作的公务员提出了一个值得深思的城市安全运营的重大管理课题。同时，许多学员反映：没想到演讲老师能把一个枯燥的题目讲得如此生动和引人关注。由于我的讲课深受欢迎，5 月 27 日，我再次应邀在长宁区建交委做题为“从典型案例看建设工程纠纷案件反映的市场操作不规范以及应注意的法律问题”的专题演讲，演讲对建设领域典型案件的经验和教训进行深入浅出地讲解，再次受到学员的热烈欢迎。

### （二）接受法律院校的邀请给在校研究生做专题演讲

给在校学生讲课历来是我的弱项，因为我从担任企业专职教师开始走上法律教学之路，讲课对象一直是成人。但是法学院的学生是未来的律师，我不能一概拒绝校方的盛情邀请。一开始我应邀给法律院校的本科生讲过几次，自我感觉并不好，分析原因可能是代沟所致，我太不了解在校本科学生的具体情况，与他们缺乏共同语言，据此我认为自己难以完成给本科生的讲课任务，之后便自觉避开给在校本科学生的讲课。面对自己的弱项，律师演讲应该有所为，有所不为，我会接受这类法学院的研究生讲课的邀请。他们与本科生情况不同，他们将很快走上工作岗位，他们中有不少人希望未来从事律师工作，于是也就产生了解如何从事律师工作的需求。作为法学院院外讲师应当偏重法律实务的讲课，我在这方面有经验，这和在校老师偏重法学理论的讲课不一样。演讲人同样需要根据研究生的不同年级、不同学业讲他们想听的实务内容。法学院的学生渴望了解司法实践中法律实际问题的处理，同时更关心他们毕业后如何从事司法领域的工作。根据在校学生这样的需求和他们关注的问题准备演讲内容，我给法学院研究生讲课也取得了较好的效果。

2006 年 3 月 24 日，我接受华东政法学院法律援助中心邀请为参加法律援助的研究生做专题讲座。华东政法学院（现华东政法大学）的研究生一向重视参加社会实践活动，这也是在校研究生参与法律援助中心的无偿服务。许多研究生在提供法律援助过程中都碰到了关于商品房买卖、房屋租赁、二手房买卖、物业管理以及拆迁领域中的专门法律问题。为此，该校法援中心邀请我开设专题讲座，为这批研究生讲一堂专业实务操作课。接受邀请后，我根据讲课要求并结合研究生即将走上工作岗位的实际情况，以“在校学生初步接触社会的法援实践提示——欲有个人作为，尽早专业定位”为题，免费给听讲的研究生做了一堂生动的、理论联系实际的专题演讲。演讲结束后，我被听讲的研究生们团团围住，针对学生们提出的很多实务操作中遇到的专门问题，我耐心地一一作了回答。第二天，事务所就收到了一位参加听讲的研究生的自荐请求，希望毕业后加盟建纬所做一名专业律师。

2015 年 4 月 29 日，我应邀在复旦大学管理学院以“乐意面对命运的每一次安排”为题，在复旦特设的“职业责任与领导力”课程，给近 200 名复旦研究生讲了一堂专门的励志课。我的演讲先以重播上海电视台于 2015 年 3 月 16 日在《律师界》栏目播出的人物专访电视片《法律的准绳》为开场，以自己在专业法律服务领域取得的成功为素材，向学员介绍了自己先后当木工、专职教师、工会干事、总经理秘书、法律顾问室主任、专业律师，在不同工作岗位干一行、爱一行并干好一行的人生经历，得出的结论是：不论命运如何安排，只要贯穿始终的是自己的事业心和责任感，就一定会取得成功。校方反映说我的演讲生动形象，现身说理，获得复旦学子的高度评价。学院为此聘任我为管理学院“职业责任与领导力”课程的特聘导师。

2016 年 6 月 3 日，我应上海外国语大学邀请，以“当代律师的职业素养与使命”为题，给该校法学院的研究生讲课。上海外国语大学也设立法学院？这样的法学院怎样培养研究生？外国语大学法学院研究生的培养方向是什么？这些我原先不明白，应对的方法当然是加强了解。所以，课前我反复与校方联系、探讨，了解这些学生的培养目标和发展方向以及学生毕业后的就业志向等情况，当天我又提前半小时到课堂与已到教室的学生当面进行交流，了解他们对我讲课的希望和要求。做了这些功课后，我的讲课也就解决了针对性和有效性的问题，同样受到了听课研究生的欢迎和好评。

### （三）接受法院或仲裁机构邀请给法官或仲裁员做专题演讲

律师和法官、仲裁员原本都是法律共同体的不同成员，许多律师本身就是仲裁员。对建设工程和房地产领域的许多专业问题和法律问题，专业律师和法官、仲裁员之间存在互相交流、探讨的现实需求。我先后担任多家仲裁委员会的仲裁员，应这些仲裁机构的邀请，我给这些仲裁委员会全部讲过专业法律课，有的甚至讲过多次。之前介绍过我应邀在北京市高级人民法院和北京仲裁委员会联合举办的专题研修班讲课并取得成功的故事，这只是其中的一次，我还多次在中国法官协会以及北京市第一中级人民法院、江苏省高级人民法院、江苏省盐城市中级人民法院等多家法院讲过专业法律课。这些课程都产生了教学相长的效果，让我了解了法院和仲裁委员会有关人员的听课需求以及他们对疑难法律问题自由裁量的裁判思路和处理规则，这对我的办案和讲课都非常有帮助。

2005 年 6 月 17 日，中国经济贸易仲裁委员会在北京渔阳饭店举办建设工程与房地产专业仲裁员培训班，作为仲裁员的我应邀做非常前沿的专题讲座，以“仲裁采用 FIDIC 合同文本的涉外工程索赔案件需注意的有关法律问题”为题讲了 5 个小时。我结合自己多年在多个仲裁机构担任建设工程和房地产专业仲裁员所接触的有针对性的仲裁实践和案例，提出了仲裁员在仲裁建设工程案件时应当准确把握的法律问题。由于我演讲的主题切合贸仲涉外仲裁的基本特点，受到与会仲裁员和参加听讲的贸仲秘书处领导及工作人员的一致好评。

2016 年 4 月 22 日，最高人民法院“多元化纠纷解决机制研究基地”揭牌仪式暨多元化纠纷解决机制理论与实务研讨会在湖南湘潭大学举行。时任最高人民法院副院长李少平、湖南省人大常委会副主任谢勇、湖南省高级人民法院院长康为民、湘潭大学校长黄云清共同为“多元化纠纷解决机制研究基地”揭牌。在当天的揭牌仪式后，我作为唯一一位律师代表，发表题为“专业律师应成为多元化纠纷解决机制构建的生力军”的专题演讲。我从实务操作角度对律师作为法律共同体中的一支重要力量、多元化纠纷解决机制中的重要一环等方面进行了阐述，并提出应发挥律师在诉前、诉中和执行中的积极作用，促进整合解纷资源、提高解纷实效。虽然演讲时间并不长，但结合实例、深入浅出的分析，获得了与会官员和法官们的高度关注与满堂喝彩。

2016 年 5 月 13 日上午，我应江苏省高级人民法院的邀请，围绕该院给出的“从司法实践看审理工程分包纠纷案件的新情况——兼述司法解释第四条规定与转包等违法行为的认定标准”这一重大课题，去南京的该院法官培训中心做专题演讲，这也是江苏省高级人民法院第一次邀请专业律师来为全省法官讲课。在现场听讲的 190 余名法官都是专门负责审理建设工程案件的，他们所属的单位涵盖了江苏省基层、中级和高级三个级别的所有人民法院。

对于本次授课内容及讲课形式，法官学员们给予了高度评价，认为这一专题演讲的法律问题具有前瞻性，演讲中所举的工程分包案例涉及审理中的一些新问题、新情况，应当引起法官们重视；演讲内容丰富、信息量大，符合法官审理案件的业务需求。之后我又收到该院的邀请，希望我在2017年再次去法院收专题演讲。

### （四）跨行业接受造价咨询行业邀请给造价工程师做专题演讲

建设工程造价咨询行业是独立于建设工程和房地产的专业领域，有自己的行业协会即中国建设工程造价管理协会，在专业技术范围内有造价工程师的独立职称体系，但是几乎所有的建设工程施工合同纠纷案件都离不开造价的司法鉴定，而鉴定人员都是该协会的造价工程师。我长年在建设工程领域办理施工合同纠纷案件积累的造价司法鉴定方面的经验，使我与该协会建立了深厚的合作关系，并担任常务理事兼专业委员会副主任。我在这个领域里讲课也是跨行业、跨专业的演讲实践，由此增长的演讲经验也有利于我的因地制宜、因材施教。

2010年10月29日，重庆市造价协会在市工人文化宫大礼堂举办专题讲座，我应邀再次到重庆市造价协会讲课，700多人参加听讲。之前，同年4月23日，我已经应邀在重庆市造价协会讲过一次合约与造价管理方面的专业课。课后，许多听课者向主办单位提出：朱老师的课程内容丰富，演讲时间太少，没有听够，要求再组织一次。重庆市造价协会于是再次发出邀请，要求我再做一次工程签证、索赔方面的专题演讲。

2014年10月13日，我应邀在天津理工大学管理学院给全国各地造价咨询机构技术骨干研修班上课。这个培训班是根据住建部标准定额司领导的要求，由中价协举办并委托天津理工大学具体承办的。我以“住房和城乡建设部《建筑工程施工发包与承包计价管理办法》即16号文件对建筑工程合同及造价管理提出的新要求和新对策”为题，结合诸多实际案例和相关法律法规，展开演讲。演讲深入浅出，内容丰富多彩，获得学员和闻讯而来听课的理工大学教授的高度好评。

2015 年 10 月 21 日，我再次应中国建设工程造价管理协会邀请，在天津理工大学给来自全国近 30 个省、自治区、直辖市工程造价管理部门的百名技术骨干讲课。该培训班也是根据住建部标准定额司领导的要求，由中价协举办并委托天津理工大学承办的。我以“工程造价管理的相关法律、法规与要求”为题，结合地方造价主管部门的工作实际以及大量典型案例，既系统讲解工程造价管理中所涉及的法律法规，又理论联系实践对完善造价管理制度及规范、加强工程造价管理力度提出一系列具有操作性的建议和对策，受到学员的高度好评。主办单位正是根据全国众多造价管理机构骨干的要求，特邀我为第二期全国造价管理机构骨干培训班学员授课。

### （五）接受人大和政协的邀请就依法参政议政做专题演讲

就人大代表和政协委员的履行责任与依法参政议政进行专题演讲，和我担任上海市第十届、第十一届政协常委有关。人大代表依法履职需要了解民生和政府政策措施的实施情况，并撰写人大议案；政协委员依法参政议政，则应该结合界别责任提出政府应关注或改进的问题的建议或意见，具体表现在撰写政协提案。我根据自己担任上海市两届政协常委撰写的60份有关建设工程和房地产领域法律专业提案的履职情况，结合我撰写政协提案以及获得好评的工作实际，按人大代表和政协委员的不同履职要求和社会需求准备演讲内容。由于我能够根据具体情况做具体应对，这些针对人大代表和政协委员的有关依法履职的演讲实践也取得了突出的成效。

2001 年 6 月 26 日，我受上海市杨浦区司法局邀请，就当时商品房买卖中存在的买房人的知情权、房屋质量缺陷及其赔偿、有关政府主管部门的依法行政和购房合同格式补充条款存在的缺陷及其对策等问题，结合国家新颁布的有关法律法规，给该区近 100 名人大代表进行了半天的法制讲座。讲课结束后，我还接受了人大代表们的现场法律咨询。司法行政部门组织专业律师与人大代表进行法制宣传和咨询交流，这是提升人大代表法制意识、关心广大购房业主切身利益、依法进行参政议政的好方法，也是扩大律师法制宣传范围，提高律师社会影响力的有效途径，司法主管部门认为此举值得大力推广。

2008 年 6 月 20 日，上海市第十一届政协组织新委员培训，当时我在上海市第十届、第十一届政协已连续担任常委 6 年。上海市政协邀请我给 500 多名新政协委员讲一课，要求我作为老委员代表在培训班上作“如何当好一名市政协委员”的报告，我以“以代表律师为己任，以提案质量为重点——关注民生，参政议政，当一个称职的政协委员”为题，以自己的履职体会做演讲，许多新委员认为我的讲课实在，没有空话，非常具有操作性和借鉴意义，演讲获得了与会新委员和市政协领导的一致好评。时任上海市律师协会会长、本届市政协新委员吕红兵律师参加听课后说，市政协能够请律师讲这样的课，这是咱们上海律师的骄傲，更是朱树英律师的光荣；朱律师作为上海首届“东方大律师”的代表人物，不仅律师业务优，而且社会参与广。律师作为法律职业人士，其专业性与独立性是天然优势，在参政议政中不可或缺、不可替代。上海律师在市、区两级人大和政协担任代表及委员的人数越来越多，在全国各地担任代表与委员的律师已有数千人。律师如何更好地参与并服务国家的政治建设，不仅是律师们关注的热点话题，而且已经成为各级司法行政管理部门和律师协会的重要课题。全国律协秘书处获悉此演讲后，建议我写出报道稿件在《中国律师》正式发表。

### （六）应邀为社区和离退休人员演讲他们感兴趣的课程

社区的群众同样有他们关心的法律问题，同样有培训需求。离退休老人同样生活在社区，他们更关心与自己切身利益相关的问题，如老年人住房权益的有关问题。我对这些人群的演讲，事先会与主办方反复研讨听众关心的具体问题，力求讲听众最关心的具体问题及其相关法律规定，使听众感觉有所帮助、有所收获。

2007 年 8 月 4 日，由上海市律师协会与上海市图书馆联合主办的“东方大律师”讲坛第三讲在上海市图书馆四楼多功能厅举行。此次讲座邀请我主讲“《物权法》的实行有利于保护公民的不动产”，开讲一个小时前即有不少市民闻讯前来等候。

两个小时的讲座，我从案例、实务和老百姓的切身利益着手，为200多名市民耐心讲述了《物权法》中与公民不动产有关的基本制度、原则和六大注意问题等内容。讲座结束，我还与广大市民充分交流，帮市民答疑解惑，讲座现场气氛活跃。

2010年11月30日，上海市建设交通工作党委在上海市图书馆专为系统内的离退休老干部举办了一场老年人住房维权法律咨询活动。活动特邀请我为老干部做关于老年人住房维权的法律讲座。我围绕老干部关心的家庭住房权益以及老年人权益保护的相关法律和政策做了有针对性的讲解，住房保障局有关处室的负责人和专家现场设摊，就房地产权籍、物业管理、私房落政、遗产处置、拆迁旧改五个专题接受老干部们的咨询，为老干部们答疑解惑，我的演讲和法律咨询活动受到了老同志们的热烈欢迎。

2016年3月27日，我作为主讲嘉宾做客深圳电视台法制频道《公民法律大讲堂》，深入社区现场做专题演讲，结合他们关心的法律问题，为深圳市民普及《物权法》的精神内涵。同时，我就深圳市民关心的高房价、二手房跳价等热点问题进行了讲解，力图使大家依法行事、依法维权。活动当天，200余名深圳市民到现场听讲座，活动取得了良好的社会反响。此后，主办方还把相关讲座制作成光碟下发到各区司法局和基层司法所，适时播放教育，让广大市民不用到讲座现场，也能学习到相关法律知识。

一切真知灼见只能来自实践，当好一名成人法律教学的老师也同样如此。我的体会是：尽可能多地给不同受众和各式群体讲授法律课，并不断总结经验教训，有助于提高律师对两大关键性问题的感悟和领会，有利于提高律师的演讲能力和水平。律师的演讲如果能够较好地解决为特定听众讲授他们想听的有针对性的问题，就一定能够使演讲产生吸引听众的积极效果。

## 三、何为知晓受众，如何了解受众

朱熹为《论语·为政》一篇注曰：“子游能养而或失于敬，子夏能直义而或少温润之色，各因其材之高下与其所失而告之，故不同也。”同样是问“何为孝”，孔子就不同弟子的不同情况与性格给出了不同的解释，这便是“因材施教”这一成语的出处。坐在讲台之下的企业法务与执业律师对授课老师讲课内容的期待是不尽相同的，因此，作为一名成人法律教育的律师，给不同的学员讲课，要取得较好的效果，应该知晓听课的学员是哪些人，是干什么工作的。这是老师讲课取得成功的前提。

### （一）区分内部法律培训受众特点

时下，成人法律教育市场掀起一波又一波的培训热潮。随着新规定的出台以及新情况、新问题的出现，各行业协会、企事业单位都会组织专题法律培训。此类培训班听课对象相对集中，或者是承包方人员，或者是发包方人员。当然，即便是同一个单位，因为听课人群处于不同部门或岗位，对老师讲课的需求也各不相同。讲课老师为满足企业或行业对法律市场中的新规定、新情况、新问题以及新对策的听课需求，须从明确具体受众这一要求出发，在讲课前了解听课对象的具体组成，分别从事什么工作。随着企事业单位法律意识的不断提高，客观上对讲课老师的要求也越来越高。律师接受此类培训讲课，事先不仅要做好充分准备，而且要掌握主要听课对象的工作岗位及其听课需求，讲课应以主要听课人群的需求为主，并兼顾其他人群的不同需求。

我先后应邀为许多房地产开发企业做专题法律培训，规模越大的企业，对法律培训越重视。前面说到企业对法律讲课老师的要求越来越高，挑选越来越严格。2010 年 1 月 22 日，路劲集团邀请我去深圳总部讲课。路劲集团是一家以房地产开发和公路投资建设为主的超大型企业，在全国各地有 30 多家子公司或项目公司，集团全资收购另一家著名的房地产企业——顺驰集团后法律事务剧增。为选择能让各下属企业法务负责人满意的、熟悉房地产开发企业合同管理的讲课老师，该集团在全体法务人员范围内采取无记名投票选举方式确定我为讲课老师。根据集团的命题要求，我为集团全体法务人员做了题为“开发企业应对工程合同陷阱的法律依据以及在合同管理中应注意的问题”的内部专题培训，该集团的下属企业的法务负责人均参加培训，我的专题培训也取得了成功。

同一房地产企业内部也具有不同的法律培训需求，会举办不同层次、不同人员的法律培训。2013 年 2 月 22 日上午，我应邀去综合指标名列房地产行业前茅、总部在广东顺德的超大型房地产开发企业碧桂园集团本部，为碧桂园集团的全部法务人员和造价管理人员，以“应对新版施工合同，加强签证索赔管理——开发企业加强履约资料即证据管理以及应注意的操作问题”为题讲课。课后即赶到广州，下午在碧桂园凤凰城大报告厅以“《招标投标法实施条例》等新规定对开发企业加强合同管理、防范法律风险提出的新问题及新对策”为题，给碧桂园集团总部领导和分公司的主要领导共 600 多人讲课。碧桂园集团为提高这次培训的效率，安排在全国各地的项目负责人共 3400 多人通过视频会议或电话会议同步听讲，此次课程的听讲人共有 4000 多人，创下一家房地产企业同时听我讲课的人数之最。

香港首富李嘉诚旗下最具影响力的地产公司——和记黄埔，不仅在香港地产界综合实力名列前茅，而且在内地有许多高档的房地产开发项目，他们对内地有关房地产法律规定以及最高人民法院新的司法解释高度关注。2003 年 11 月 13 日，我应香港和记黄埔公司邀请，专程赴港为该公司在内地设立的子公司的法务人员进行集中培训，讲解最高人民法院的《关于审理商品房买卖合同纠纷案件适用法律若干问题的解释》，并研讨了有关操作中的实务问题和相应的合同管理对策。当时，该公司在上海开发顶级公寓“汇贤居”，预售、销售法律服务指定由建纬所提供。

除了房地产开发企业，我在企业内部领导层和管理层演讲最多的是给建筑施工企业讲课，他们对专题法律培训的需求特别大。我不仅多次给上海、浙江、江苏、山东、湖南、湖北、陕西、山西、辽宁、云南、新疆等地的建工集团及其下属企业的领导讲过专题法律课，而且给中建总公司、中国铁路工程总公司、中国铁路建设总公司、中国交通建设集团总公司、中国石油建设集团总公司、中国核电建设集团总公司等各大中央施工企业的领导和各个管理层讲过许多主题不同的专题课，甚至给中石油全系统的总工程师讲过工程质量安全管理的专题法律课。之前曾介绍我在中建总公司局级领导法律培训班以“贯彻执行《建筑法》以及施工企业应注意的法律问题”为题做过演讲，这次讲课的受众单一，讲课主题是邀请单位确定的，我所做的是命题演讲。我针对这样一个纯粹的领导层受众，根据我原先当过企业领导秘书所了解的领导考虑问题的思路和处事方法，讲课基本不涉及具体操作方面的问题，重点围绕分管各口子的领导层受众对贯彻执行《建筑法》的思维方式和思想重视，其中讲到领导层要把贯彻执行《建筑法》的重视，落实到企业部门负责人和在施工现场的项目经理的重视层面，只有企业上下层领导共同重视，才能真正把准确贯彻执行《建筑法》的实务操作性落到实处。我的这一观点打动了听课的领导，总公司领导在我课后作出一个总公司上下都震动的决定：由我继续对全系统 3400 个一级项目经理分批进行一次专题培训，培训考勤将与项目经理的年度考评直接挂钩。领导层之所以作出这样的决定，和我在局级领导层讲课时重点突出领导思想重视的具体所指有关，和我讲课前首先明确了听课受众及其企业领导层的听课需求有关。

无独有偶，2007 年 4 月，我应邀在西安新建的凯莱大厦给中国铁路工程总公司下属的、被称为“天下第一局”的中国铁路工程第一工程局集团有限公司全局领导层讲课，主题是“建设工程施工合同纠纷应对策略”。作为主要从事铁路建设施工的专业建筑工程的中铁一局，领导层解决这个问题的重点仍然是如何做到思想重视。之后，中铁一局也作出一个决定，邀请我在 5 月 23 日再次给企业中层领导和项目经理就同一主题讲课，本部和西安地区的项目经理、造价管理部门负责人和相关部门管理人员 200 多人参加。局相关部门对培训评价报告称：本次专题讲座内容实用性强，教学计划基本满足培训目的，授课引用的案例注重方法传授，同时进行教学互动，帮助学员掌握施工合同法律风险防范的技巧。本次培训效果良好，受到学员一致好评，希望以后多举办此类培训班。因此，律师演讲一定要明确听课受众，并且要因地制宜、因人而异。

多年来，我无数次在各类建筑施工企业演讲不同主题的法律课，讲课效果都比较好，被不少人誉为“中国建筑行业最受欢迎的法律老师”。究其原因，和我在讲课前先了解具体听课对象的听课需求直接相关。我在建筑行业以法律演讲为主的辛苦耕耘，给整个行业留下深刻的印象，2015 年 11 月 19 日，在由中国《建筑时报》和美国《工程新闻记录》（简称 ENR）合作举办的“中国承包商 80 强和工程设计企业 60 强”颁奖典礼上，主办方颁发给我一尊“中国工程法律建设杰出贡献奖”的奖杯。

### （二）准确把握市场模式培训的受众组成

由于建设工程和房地产领域成人法律教育的庞大需求使然，时下有各式各样的社会办班，以会议为产业的中介咨询企业主办的法律教育培训机构如雨后春笋。他们以商业收费办学模式举办法律培训，配之以颇有成效的招揽学员模式。对同一个演讲主题，不同听课对象就好比站在不同位置上“看山”，有“横看”的和“侧看”的，其市场地位和利益驱动各不相同，讲课老师如何才能看清听众的“庐山真面目”？如何才能跳出“身在此山中”的局限？兼顾“远近高低”的听课受众的不同位置，成为律师给社会办学的成人法律教育讲课的难点。我的经验是，讲课前一定要摸清受众混搭的具体情况，了解不同受众的不同需求；讲课过程中分清主次，以主要受众的需求为主、兼顾其他受众的需求。

2014 年 10 月 1 日起，经国务院批准住房和城乡建设部实施“建设工程质量两年治理行动”，并施行《建筑工程施工转包违法分包等违法行为认定查处管理办法（试行）》即 118 号文件。从当年 4 月开始，我作为住房和城乡建设部建筑市场监管司的法律顾问，受托担任起草上述办法的课题组组长，在组织课题组起草、修改的同时，撰写了《建筑工程施工转包违法分包等违法行为认定查处管理办法（试行）适用指南》。“建设工程质量两年治理行动”以及施行 118 号文件涉及整个建设领域的各个市场主体，尤其是数量庞大的、或多或少存在工程转包、挂靠违法行为的建筑施工企业。一时间，各有关行业协会、企事业单位的培训机构和社会中介咨询企业，均以此为主题举办各种法律培训班。由此，我收到了为数众多的讲课邀请。从当年 10 月 1 日开始的 3 个月内，我先后在上海、广州、深圳、沈阳、盘锦、天津、安阳、新乡、西安、杭州、长沙等市的建筑业协会、律师协会、仲裁委员会以及建筑施工企业演讲了 33 次，累计听课人数达 1 万多，其中有不少课程就是以市场模式举办的。作为成人法律培训讲课的老师，在具体演讲时，如何识得各个听课主体的“庐山真面目”呢？还是从我 2014 年 11 月 23 日在杭州的一次讲课说起吧。

2014 年 11 月 23 日，我应中建政研的邀请在杭州讲课，主题是解读严厉整治转包挂靠的工程质量两年治理行动。中建政研全称北京中建政研信息咨询中心，是一家以建设工程类为主的中介咨询企业，在建设工程的法律培训领域占有较大的市场份额。他们主办的这次专题培训班有 700 多人听课，参加听课的有来自施工单位、建设单位、设计单位、造价咨询企业、建设主管部门的受众。我之前曾在中建政研多次讲课，知道他们凭借强大的市场推广能力和团队网络宣传，每次办班都能组织起数百人来参加。我根据以往的经验，事先准备好满足各方主体需求的书面讲稿，并同意主办方把讲稿发给听众。针对这次培训，我经过与中建政研经办人事先沟通，了解到这次培训规模大且受众不一，受众以施工企业和建设单位的人员为主。我根据了解到的具体情况事先提供以“采取切实有效措施，加强合法合规经营——重视转包等违法行为认定标准以及操作中应注意的法律问题”为题的书面讲稿，文字多达 1.5 万字。面对这种受众混搭的情形，我以主要受众的需求为主进行阐述，同时在涉及实务操作方法时兼顾其他受众的需求，使一堂课的不同受众都能有所收获。

这次讲课的实际效果是，受众中有一位浙江宁波轨道公司的副总经理，他在课后找到我，邀请我以同样主题和讲稿去他们公司再讲一次。2014 年 12 月 26 日，我应邀来到宁波轨道交通公司讲课，听课的有 300 多人。一家从事地铁建设的发包人单位怎么会有这么多人？原来宁波轨道交通公司副总经理回公司汇报听课情况后，公司决定组织全公司管理干部以及各在建项目的施工单位、设计单位、监理单位、造价咨询单位的相关人员一起来听课。我还是按以主要受众的需求为主、兼顾其他受众的需求的方法进行演讲，也取得了较好的效果。

## 四、知晓听课目的，满足听课需求

律师提高演讲营销能力，其目的是扩大业务来源。这一点与春秋战国时期士大夫四处游说君王以施展政治抱负有点类似。战国时期，秦孝公广募贤才以图振兴秦国。商鞅遂西进面见秦王以求得到重用。第一次觐见，商鞅讲授尧舜禹汤感化百姓、天下大治的帝道之术，秦王听得直打瞌睡。第二次觐见，商鞅讲授夏商周时期顺天应人、治理国家的王道之术，秦王依旧不感兴趣。直到第三次觐见，商鞅讲授了春秋五霸如何平定四方一统天下的霸道之术，秦孝公听了为之大振，两人相谈数日。可见，商鞅之所以在秦国受到重用，在于其一步一步摸清了秦王急于一展宏图的心思，因而以见效最快的霸道相授。同样地，律师要提高演讲营销的实际效果，除了要解决“何为明确受众、如何明确受众”的前提条件之外，还要解决另一个重要的前提条件，那就是在准备演讲内容前一定要研究、知晓受众想听什么、如何满足受众听课需求。

### （一）通过课前与学员交流解决演讲的针对性

律师演讲要满足受众的听课需求，就要在了解受众是哪些人的基础上，进一步分析、研究具体受众的听课需求。我无数次演讲积累的经验说明，不论谁来听讲，都不喜欢枯燥乏味的法律说教，而喜欢讲师结合演讲主题准备的案例分析。律师自己的工作便是办案，演讲的主题范围也是自己熟悉的专业领域，提供案例并不困难。律师在讲课时能介绍自己承办的典型案件有利于拉近与受众的距离，增强真实感和说服力，其目的只能是以案说法，以利于受众对复杂法律问题的理解，切忌借案发挥炫耀自己，否则受众会抱怨律师自我吹嘘。

在实践中，我每次讲课都会至少提前半小时到课堂现场，除了做讲课准备外，我会和提前到场的听众交流。我的体会是：凡提早到场的听众，一般是主观上想学习而非领导安排，一般听课都比较认真，很多是带着问题来听课。讲师这样的安排，是为了使自己的演讲有针对性。

### （二）讲受众喜欢听的内容，以典型性引起受众的高度重视

律师在了解了受众想听什么的前提下，在具体演讲时就要迎合这些需求，结合演讲主题讲受众喜欢听的内容和有说服力的案例。作为专业律师，我办案数量较多，也较熟悉行业和企业的实际情况，演讲时针对不同的受众挑选有针对性的开头，能够缩短教学距离。例如，我到江浙两省的许多企业讲课，我会选择发生在江浙两省企业，不同经营管理模式和相应案例；到中建系统的许多企业讲课，我会选择中建系统发生的典型案例来说明讲课主题。如此，我在企业讲课便比较受欢迎。听课受众往往会反映，老师讲的好像就是我们这里的实际情况。

以我讲得最多的建筑行业课程为例，我在实践中会做到这点：针对行业存在的违法或不规范的市场操作，用企业在市场运作中存在突出问题造成的重大损失，引起受众的高度关注。

为说明转包、挂靠的违法性及其严重后果，我会在演讲开头时详细介绍转包、挂靠这些法律明文禁止的行为长期存在、屡禁不止，已成为建设领域的万恶之源。由于立法本身的不具体、不明确，缺乏可操作性以及有法不依、执法不严，造成工程承发包违法行为愈演愈烈。尤为严重的是，上述各种违法行为引发一系列的重大安全事故，给人民的生命和财产造成重大损失。为使效果更明显，我引用了三个重大安全事故：大型中央施工企业中国铁路工程总公司因系统内外层层转包，杭州地铁一号线湘湖站施工过程中发生 21 人窒息死亡的塌陷事故；由于发包人违法发包、承包人湖北祥和建设集团公司挂靠引起 19 人惨死的武汉市东湖生态旅游风景区还建楼升降机高空坠落事故；上海市静安区教师公寓外墙改建施工中，因静安区建设总公司把工程整体转包给没有资质的佳艺装饰公司引起致死 58 人、伤 73 人的城市大火事故。

三起事故共造成死 98 人、伤 73 人的严重后果，都是发包人的违法发包和承包人的转包、违法分包、挂靠等违法行为造成的。我在演讲中引用这些典型案例并指出其根本原因，在各个演讲场合都引起受众的高度关注。

在介绍这三个重大事故时，为缩短与受众的距离，我同时介绍：杭州地铁事故的总监理工程师代表被判刑，我是辩护人；上海大火事故发生时，我正任上海政协常委，参与调查事故反映的有关问题后写过六个政协提案；武汉升降机事故我也做过专门调查。我以自己亲自办案或直接调查了解的情况，对国内建筑市场这三个重大安全事故进行详细分析，使我的主题演讲在各地受众中产生广泛影响并切实说服了受众。

### （三）一份讲稿何以讲了几十次

统计我过往的讲课记录，讲得最多的一年是 2013 年，这一年我一共讲了 113 次课。这是因为《2013 版建设工程施工合同（示范文本）》正式施行，我是修订这一版合同文本的负责人。

2013 年 5 月 29 日，住房和城乡建设部组织由各地建设主管部门、中国建筑业协会以及各中央大型施工企业代表参加的《2013 版建设工程施工合同（示范文本）》集中宣贯大会，我以“及时应对新版合同，加强施工合同管理——执行 2013 版施工合同及合同管理新制度的 12 个操作问题”为题发表主题演讲，演讲使用的是适应各方市场主体共同学习、贯彻执行新版施工合同的统一讲稿。我的讲稿在介绍了新版施工合同修改起草的过程和文本设定的八项新的合同管理制度等主要内容后，在讲稿第三部分以“准确贯彻执行 2013 版施工合同以及新的合同管理制度，应高度重视 12 个疑难复杂法律问题的深入研究及其准确处理”为题，列出各方市场主体应注意的 12 个法律问题（见附件 3），我在宣贯讲课时言明这第三部分内容是重点、要点和难点。

这次宣贯会结束时，主持大会的司领导在会上宣布：由于《2013 版建设工程施工合同（示范文本）》配套内容新、合同条款多、使用要求高、准备时间短，要求各地的宣贯工作尽可能在当年 6 月月底前完成。

各地的宣贯授课计划和时间安排要事先报部市场监管司，宣贯上课的老师由市场监管司统一安排。宣贯讲课的老师由我和课题组副组长、建纬总所副主任曹珊和建纬北京分所主任谭敬慧（三人均系市场监管司的法律顾问），以及参与修订工作的北京分所合伙人陈南山四人组成。

1. 讲课紧扣施工企业加强合同管理的主题

我在住房和城乡建设部和各地演讲使用的是同一份经委托方审查通过的讲稿，但部里组织的集中宣贯大会和各地组织的宣贯会议的受众层次不一，讲课要求也不一，如何满足不同受众的需求呢？我认为，施工企业的签约和履约管理，是企业加强合同管理的永恒主题。我在这一课程的第二部分“从我国建筑市场两起震惊国内外的重大案件看加强施工合同签约和履约管理的重要性”，着重介绍了中国海外工程有限公司施工合同疏于签约管理导致的波兰高速公路项目巨额索赔案——这是一个大型中央建筑企业疏于合同签约管理所发生的典型案件。

2009 年 9 月，波兰 A2 高速公路开始招标，中国海外工程有限公司（以下简称中海外公司），与国内四家公司组成的联合体以 4.4 亿美元的价格中标 A、C 两个标段（约 49 公里），几乎比其他公司的报价低一半，连波兰政府预算的 28 亿兹罗提（约合 10 亿美元）的一半都不到。中海外公司在没有事先仔细勘探地形及研究当地法律、经济、政治环境的情况下，就与波兰公路管理局签下总价锁死的合约，以致成本上升、工程变更及工期延误都无法从业主方获得补偿，加之管理失控、沟通不畅及联合体内部矛盾重重，最终不得不撂荒。

我着重介绍，中海外公司在波兰面临的法律问题主要有：

（1）A2 项目 C 标段波兰语主体合同只有寥寥四页 A4 纸，但至少有 7 份合同附件。其中，仅关于“合同具体条件”的附件就长达 37 页。招标合同参考了国际工程招标通用的菲迪克（FIDIC）条款，但与菲迪克标准合同相比，中海外公司联合体与波兰公路管理局最终签署的合同删除了很多对承包商有利的条款。

在国际通用的菲迪克条款中，如果因原材料价格上涨造成工程成本上升，承包商有权要求业主提高工程款项；同时菲迪克条款明确指出，承包商竞标时在价格表中提出的工程数量都是暂时估计，不应被视为实际工程数量，承包商实际施工时有权根据实际工程量的增加要求业主补偿费用。但所有这些条款，在中海外公司的合同中都被一一删除。合同为可能的变更只保留了一点可能性。关于变更程序，A2 合同补充规定称：所有导致合同金额变动或者完成工程时间需要延长的，必须建立书面的合同附件。

（2）中海外公司曾向波兰公路管理局提出，由于沙子、钢材、沥青等原材料价格大幅上涨，要求对中标价格进行相应调整，但遭到公路管理局的拒绝，公路管理局的理由和依据就是这份合同以及《波兰公共采购法》等相关法律规定。

《波兰公共采购法》禁止承包商在中标后对合同金额进行“重大修改”。一位熟悉该法律的波兰人士解释说，《波兰公共采购法》是依据欧盟相关法律制定，禁止重大变更的目的是避免不正当竞争，因为以前波兰经常出现竞标时报低价，后来不断变更，以致出现最终价格比当初竞标对手还高的情况。

（3）语言也是一大障碍。波兰的官方语言是波兰语，英语在波兰人日常生活与工作中并不普及，精通中文且具备法律和工程专业背景的翻译更是凤毛麟角。中海外公司联合体和公路管理局签署的是波兰语合同，而英文和中文版本只是简单摘要，一位知情人士透露说，“中海外公司甚至只是请人翻译了部分波兰语合同”。并且，由于合同涉及大量法律和工程术语，当时聘请的翻译并不能胜任。在被取消合同后，中海外公司曾对外表示，波兰业主在工程合同中设置了诸多对承包人不利的条款，这是造成工程失败的主要原因。

（4）菲迪克条款规定业主应在开工前向承包商支付垫款作为启动资金。但在中海外公司联合体取得的合同中，关于工程款预付的菲迪克条款全部被删除，工程没有预付款；同时规定，工程师每个月根据项目进度开具“临时付款证明”（Interim Payment Certificate），核定本月工程额，承包商则据此开具发票，公路管理局收到发票之后才付款。

（5）由于启动资金的捉襟见肘，中海外公司只好着力于“节流”。中海外公司原本聘请了一家当地的法律事务所担任顾问，后来认为价格太高、服务太少而辞退，最后雇了一位要价不高、20多岁的波兰女孩来做项目律师。翻译也选择便宜的用。有一次，一位波兰翻译帮助两位中波技术管理人员沟通，因其中文专业词汇量不够，只得先将词汇从波兰语翻译成英语，再通过字典将英语转换成中文。整个翻译过程颇费周折，效率极低。最后中方技术主管彻底糊涂了，频频追问：“这说的是什么？没听说过。”

（6）没有关注环保成本，工程施工过程中，迁移珍稀蛙类浪费了中海外公司大量的精力。事实上，基建和环保的冲突在欧洲国家司空见惯。波兰罗斯布达（Rospuda）案就是例子。罗斯布达河河谷作为珍稀生态区受欧盟保护。波兰公路管理局计划于2007年2月开工修建一条“波罗的海之道”高速公路，需要通过罗斯布达河谷。后来，由于环保人士和机构不断游行抗议，欧洲委员会也发出警告，波兰最终解除了合同，并修改方案绕道而行。

（7）在合同的争议部分，菲迪克合同文本中关于仲裁纠纷处理的条款全部被删除，代之以“所有纠纷由波兰法院审理，不能仲裁”。这使中海外公司联合体失去了在国际商业仲裁法庭争取利益的机会。而工程建设纠纷因涉及很多专业技术，法官听不懂，一般都是先走国际仲裁程序，法官再据此判定。

最终在2011年6月13日，中海外公司宣布放弃A2高速公路项目，导致公路无法按期完工。为此，波兰公路管理局向中海外公司联合体的索赔估算为7.41亿兹罗提（约合17.51亿元人民币），同时禁止联合体四家公司三年内参与波兰市场的公开招标。最近更是准备在中国起诉中海外公司联合体，索赔2亿欧元。

本案是中央大型施工企业疏于工程合同签约审查和管理，企业法务能力不适应“走出去”战略的真实情况。我讲课过程中分析本案的教训，每次演讲时都会引起听课受众的高度关注。

2. 讲述重大管理课题兼顾不同市场主体的不同需求

我会通过提前到达会场与学员交流了解到的听课需求临时调整讲课内容的侧重点。我在讲到第三部分内容时会根据不同情况有所侧重，包括选用案例的演讲角度，重点会讲多数受众关注的问题，这才使我的同一主题课程讲了几十次都受到好评，超级巡回宣贯也取得了成功。

**附件3：**

## 准确贯彻执行2013版施工合同以及新的合同管理制度，应高度重视12个疑难复杂法律问题的深入研究及其准确处理（摘要）

2013版施工合同借鉴国际菲迪克合同的经验，为解决市场操作中的不规范问题，在1999版施工合同的基础上增设了八项新的合同管理制度，在贯彻执行2013版施工合同时，这些新的管理制度必然会对我们传统的合同管理提出新的要求。为准确贯彻执行2013版施工合同设定的新的合同管理制度，整个国内建筑市场、建设行政管理部门以及承包、发包双方都要高度关注，采取有效的措施加强相应的合同管理，把新的合同管理制度切实落到实处。

以下12个问题需要我们认真学习，深入研究，及时采取应对措施。

（1）协议书第7条承诺规定三项中前两项主要针对承包、发包方，对此，通用条款已设定互为担保等一系列措施；承诺要求不签订“黑白合同”，是新版示范文本要求承包、发包双方所作的特别约定，双方当事人对此应给予高度关注。

（2）施工企业转包、违法分包、借用资质三种违法行为会造成工程分包行为无效。承包人履行不进行转包和违法分包工程的承诺，必须大力加强分包管理和项目管理，预防表见代理是施工企业加强工程分包管理的重点。

（3）发包人依约支付工程款和承包人确保工期、质量同样重要。要高度重视设定承包、发包双方互为担保的新规定，承包、发包各方应根据项目具体情况落实担保措施，切实解决确保工程安全、质量管理和拖欠工程款的市场规范操作。

(4) 落实体现情势变更原则的新规定，要求固定价格合同遇市场波动应调整价款。承包、发包双方都要加强相应的签证管理，妥善解决固定价格合同履约过程中价格调整的矛盾和争议。

(5) 针对建筑市场发包人违约拖欠支付工程款的老大难问题，2013 版施工合同对发包人应承担的法律后果作出违约双倍赔偿的明确规定，为有效解决拖欠工程款问题设立制度保证。

(6) 建设工程是正在加工中的不动产，工程通过竣工质量验收即形成物权。借鉴菲迪克合同的经验，2013 版施工合同设定的工程接收证书和缺陷责任期届满证书是新的物权证书制度，同时明确的竣工资料先行移交的规定，应引起承包、发包双方的高度重视，并应通过招投标对此作出明确的具体约定。

(7) 司法解释的一系列规定体现工程质量至高无上、已完工程质量合格与相应的工程价款直接挂钩结算原则。工程质量合格，要重视隐蔽工程的质量，隐蔽工程质量验收合格，才能保证工程竣工质量验收合格。

(8) 缺陷责任期制度是国际承包工程保修的惯例。我国已实施预留保修金的缺陷责任期与不预留保修金的保修期并存的管理制度，缺陷责任期制度要求承包人加强工程缺陷责任期内的主动保修，缺陷责任期届满符合相应条件发包人即释放保修金。

(9) 2013 版施工合同对工程一系列保险有新规定，该项制度是根据新的法律规定和市场需求设定的，除了工程保险外，为施工人员购买工伤保险是修改后的《建筑法》的明确规定。

(10) 针对索赔过期作废的新合同管理制度，承包、发包双方均应对工程签证、索赔建立全新的认识，尤其是索赔期限的重大改变。

(11) 承包、发包企业都应建立部门、制度、人员三落实的新的合同履约管理，尤其是全员、全过程的资料管理即证据管理的新机制，以适应新的索赔过期作废制度对工程签证、索赔管理提出的新要求。

（12）争议评审制度是国际承包工程通过专家评审在履约过程中解决争议，有效减少诉讼和仲裁的成功经验。在市场中借鉴并推广争议评审制度，变事后诉讼为专家过程评审解决，有利于大大减少工程合同的诉讼和仲裁。

# 第四章 师者如何对学员负责

一、拿出“干货”，讲最值得讲的内容

二、律师必须守时，演讲守时就是对受众负责

三、律师如何严格掌控演讲时间

四、对没有报酬的专业帮扶讲课同样认真、负责

五、20多年坚持给新疆律师义务讲课的特殊情缘

六、一次演讲与167万字的书稿

师者，传道、授业、解惑也。凡能通过讲解把自己的知识、技能、思想等精髓传授给受众的，都可以称为师。推而广之，在成人法律教学范畴内，律师作为“师者”，在通过演讲影响受众的同时，会产生增加业务来源的实际效果。那么律师走上讲台成为师者，怎样才能成为一个合格的讲师？如何才能达到讲课的目的呢？最关键的一点，就是要对学员负责，参透学员之所想，给予学员之所需，并且不折不扣。这自然需要讲师在专业领域具备深植于内心的自信以及乐于分享的师道精神。本着对学员负责的态度，将学员最想获得的实务经验和操作技巧，用他们可以接受的方式分享和传授给他们，避免“师者言之谆谆，受众听之藐藐”的尴尬境地。

律师在演讲中存在对学员是否负责的具体问题，如要控制好演讲时间，不要拖堂。会议主办方要求讲 20 分钟，结果你讲了 40 分钟，或者本应该 12 点整就结束课程，结果却拖堂半个小时，这都是对他人时间的不尊重，让大家饿着肚子可不是什么好事情，这或多或少会抵消演讲时给学员带来的好感。有的律师上课准备工作做的不充分，仓促到达课堂后，连接电脑 PPT 又浪费很多时间，全场受众只能干等着。有的律师太注重知识产权的保护，不同意给受众提供文字讲稿，甚至有人在提供的 PPT 文件上设定了开启密码。有的律师讲到实务操作技巧的关键内容就戛然而止，受众心里想爆粗口，甚至骂人也是难免的。

精诚所至，金石为开。律师演讲的实际效果由法律培训市场受众的回馈来判定。当讲师奉受众为“上帝”并“投其所好”，将自己潜心研究的实务技能和经验毫无保留地传授给受众时，自然就能收获好的口碑。日后在同一领域遇到问题时，受众会首先想到这位讲师。

## 一、拿出“干货”，讲最值得讲的内容

前面说到我法律教学的启蒙老师是上海大学文学院的邹瑞安教授。他不仅在信任的前提下安排我代课，热忱地同意我代替他担任民进杨浦区电大客座讲师，而且毫无保留地把自己准备好的“婚姻法”课程的全部教义赠送给我，还给我讲解准备法律课程讲义要注意的有关事项。邹教授的无私情怀，为我形成对学员负责的教学习惯和风格提供了良好的开端。我也借此领悟到：既然做了老师，对学生就一定要待人以诚，倾囊相授。老师应该教给学生最有价值的知识。

我认为，讲师应该教给学生最有价值的知识，知无不言，言无不尽，这是讲师良好师德师风的体现，也是鞭策讲师在专业领域不断进取的动力。因为讲师把专业的最新成果与学员分享了，会促使自己在专业领域认真研究，不断前行，继续掌握专业的最新成果。况且建设工程和房地产领域新的、前沿的法律问题层出不穷，容得下有作为的专业律师不断探索，不断掌握最前沿的实务经验。

### （一）对当事人的专业培训须量体裁衣、倾囊相授

2012 年 5 月，我的法律顾问单位中建八局找我商量，希望我能对全局的商务、法务工作人员进行一次有关如何加强新版施工合同的证据管理的专题培训。中建八局在项目上的商务、法务管理人员共有 1000 多人，他们希望我能分五次在各地集中进行讲解，方便学员就近听讲。接受这样的培训要求，我必须把一般的宣贯培训变为提供实务操作最新研究成果的专题演讲。我毫不犹豫地接受了邀请，在 2012 年的 5 月 16 日至 31 日，我奔赴广州、北京、青岛等地，连续进行了五场授课，对中建八局全部商务、法务人员按企业特定要求培训了一遍。

这次培训的题目是“以管理为要，唯证据为重——从典型案例看施工企业加强证据管理以及应注意的操作问题”（见附件 4）。在培训中，我不仅结合

建设工程施工合同的具体实践，从提高施工企业对履约资料（证据）管理的重要性认识的角度，通过一系列典型案例讲解了被行业称为基础资料的证据的定义、种类以及签证和索赔的概念与法律特征，而且毫无保留地提供了我对新版施工合同文本的最新实务研究成果，包括用文字向学员提供新版施工合同文本全部签证和索赔共41个相关条款的一览表；同时还以典型案例的成败得失总结了施工企业加强证据管理的技巧以及应注意的八个操作问题。要知道，中建八局的听课人员均为有实务经验的专业人员，但他们反映说之前从来没有人将这个问题讲得这么透彻、这么清晰。此次主题演讲反映出施工企业对法律的培训需求，已从一般介绍法律规定深入具体实务操作层面。这个演讲主题带有行业合同管理需求的普遍性和迫切性，之后我还在其他施工单位讲过多次，直到2017年春节在平煤建工集团讲课，按企业的要求我还是讲了这个主题，同样取得了很好的实际效果。

我这次量体裁衣的专题实务培训，不仅获得中建八局的高度评价，而且此后在中建八局项目合同履约管理的运作中取得了明显的效果。如前所述，在法律教学市场，讲师对市场有多大的贡献，市场就会给你以多大的回报。2014年12月，我和事务所副主任曹珊通过比选接受了一个重大的项目服务，上海浦东一个由世界著名娱乐投资商以中外合作方式投资高达数十亿美元的重大娱乐建设项目，共同承担不同项目建设的五家施工单位（包括中建八局）共同委托我们，代理承包商整个项目施工阶段签证和索赔的过程法律服务，这是我们承担的一个行业影响最大、服务要求最高的重大签证索赔的过程非诉讼服务项目。非常荣幸，在审查、比较五家施工企业提供给我们的有关签证和索赔的原始资料时，我们和各家施工企业都不得不承认：中建八局项目部提供的履约过程资料最全面、最完整、最规范、最符合要求。

### （二）给律师同行讲课须竭尽所能、毫无保留

律师给当事人或者企业法务人员讲课，不必担忧产生同业竞争。因此律师对当事人的专业培训做到知无不言、言无不尽比较容易处理。但是律师给律师同行讲课能不能竭尽所能、毫无保留呢？这就有难度了。虽不能说律师

同行是冤家，但要求律师把自己潜心研究的拿手好戏和看家本领毫无保留地与同行分享，无疑是在培养自己的竞争对手，这就考验律师作为讲师时的胸襟和气度了。我的态度是：除非律师不接受这些专业含量高的演讲主题，否则就得拿出“真料”和“干货”，千万不能犹抱琵琶半遮面、环顾左右而言他。我可以问心无愧地说：我一旦接受演讲主题，一定讲最值得讲的内容，一定讲最前沿的成果，即便对律师讲课也如此。

2016年3月24日，我接受宁夏律师协会的邀请，以“律师为政府投资重大建设项目提供全过程法律服务以及应注意的法律问题”为题展开演讲。这次演讲涉及的是律师为政府提供法律服务的最新、最前沿的实务操作的法律问题，分为“政府投资重大项目对律师事务所专业法律服务的新要求”“律师为政府提供PPP模式及‘一带一路’项目法律服务应注意的法律风险及化解对策”以及“应对政府投资工程项目法律服务需求，律师事务所专业化发展的新对策”三个问题。我的“毫无保留，真诚传授”，给听讲律师留下深刻的印象。

宁夏律师协会当时以“全区律师政府法律顾问法律实务培训班圆满结束”为题作如下报道：

为全面贯彻中央全面深化改革领导小组第二十二次会议通过的《关于推行法律顾问制度和公职律师公司律师制度的意见》，加强我区律师政府法律顾问队伍建设，提高律师从事政府法律顾问的业务能力，拓展服务领域，按照《自治区人力资源和社会保障厅关于拨付2015年专业技术人才知识更新工程急需紧缺人才培训项目和岗位培训项目资助经费的通知》的要求，自治区司法厅、宁夏律师协会与中国人民大学律师学院联合，于3月24日至27日，在银川市总工会职工文化活动中心举办了为期四天的全区律师政府法律顾问法律实务培训班，全区300余名律师参加了此次培训。

3月24日，上海市建纬律师事务所主任、合伙人朱树英讲授了“政府重大项目拓展”和“政府重大投资项目全程服务”课程。3月25日，北京大岳咨询有限责任公司副总经理常庆海和北京易和律师事务所主任池英花分别讲授了“PPP模式的法律服务”“提供主动式服务，推动政府依法行政”。3月26日，最高人民法院立案庭副庭长甘雯讲授了“行政诉讼司法裁判实务”及“司法过程的性质”。3月27日，新疆盛业律师事务所主任耿宝建和国务院法制办行政复议司副司长张越分别讲授了“以特色专项政府法律服务思维开创新型律师政府业务”“法治政府建设与行政实务前沿问题”。

6位授课老师理论联系实际，知识结合案例，毫无保留，真诚传授，与宁夏律师同人共同分享了自己丰富的法律知识和宝贵的实践经验。听课的律师认真记录，并穿插提问互动，气氛活跃、反响热烈，获益匪浅。

推动政府法律顾问的发展是落实全面依法治国的重要举措，通过此次培训，律师同人们认识到要坚持从实际出发，选择符合实际的工作模式，突出重点，对政府法律事务做有科学性、针对性、可操作性，积极稳妥的法律实施方案。本次活动达到了预期目的，培训任务圆满完成。

**附件4：**

## 以管理为要，唯证据为重
## ——从典型案例看施工企业加强证据管理以及应注意的操作问题（摘要）

目前，各建筑企业的施工合同履约管理的现状与《2013版建设工程施工合同（示范文本）》的新要求不相适应。

### 一、提高施工企业对履约资料（证据）管理的重要性的认识

施工企业习惯所称的基础资料其实就是证据，加强基础资料的管理就是加强证据的搜集、固定、分类、保管。

1. 证据的定义及其对案件成败的决定作用

案例：从中建一局四公司完善基础资料管理，做到诉讼需要什么证据就能够提供什么证据，最终在困难情况下赢得北京新万寿宾馆工程索赔案件的胜诉，看施工企业加强证据管理的成功经验。

2. 施工合同履行过程中所形成的基础资料构成原始证据

案例：从杭州地铁基坑塌陷事故，监理单位因不能提供责令停工的书证，驻现场的总监代表被判有期徒刑3年，看施工企业应吸取的证据决定个人命运的教训。

3. 关于签证和索赔的示范合同文本的规定及其法律特征

（1）工程签证的定义。

（2）工程变更（签证）的特征。

（3）工程索赔的定义。

（4）工程索赔的法律特征。

（5）2013版施工合同关于签证和索赔的期限和除斥期间的规定。

4. 最高人民法院《关于审理建设工程施工合同纠纷案件适用法律问题的解释》第16条和第19条对建设工程领域的签证和索赔首次作出规定，其意义重大

5. 定人专管才能解决证据的完备性，实现规范、有效管理

证据来源于合同履行的全过程，加强证据管理的主要环节：

（1）强化合同履约交底，让项目中所有管理人员做到心中有数；

（2）强化合同资料的定人专管，使证据管理落到实处；

（3）强化履约过程检查，在实施过程中预防疏漏。

**二、施工企业加强证据管理的技巧以及应注意的八个操作问题**

随着我国相关立法和最高人民法院司法解释的不断完善，尤其是新的施工合同示范文本即将出台，对施工企业的合同履约管理即证据管理提出了新的、更高的要求，施工企业要继续发展壮大，就必须高度重视并采取有针对性的措施，加强施工合同的证据管理。

1. 企业领导尤其是项目经理应高度重视证据管理的重要性，项目的实绩考核应明确签证和索赔要达到的经济指标

案例：从上海著名的“比萨斜楼”即针织品进出口公司办公大楼倾斜38厘米，施工企业因不能提供截柱的签证证据被判承担赔偿责任的索赔案件，看加强履约过程证据管理的重要性。

2. 对工程签证、索赔要有全新的认识，尤其是承包人索赔期限将发生重大改变，施工企业应即刻采取有效的应对措施

案例：从中建国际承建的中国人民银行新办公大楼向分包商反索赔9470万元获得成功，看总分包合同的签证索赔与承发包合同同步管理的重要经验。

3. 工程签证和索赔的法律依据是《合同法》规定的履约抗辩权，具体涉及催告、中止、解约、索赔四项权能

案例：从中建八局承担安装分包施工的上海正大广场工程索赔案，看施工企业加强履约抗辩权的学习研究的重要性，切实把施工过程中的签证、索赔管理落到实处。

4. 施工过程中的开工令、竣工报告、工程联系单、隐蔽工程验收单、每周例会纪要等固定书面文件都是重要的证据，制作会议纪要应注意的“四不”原则

前述中建一局四公司新万寿宾馆案件获得成功的一项重要的证据，就是公司能够提供全套的经承包人、发包人、设计人、监理人四方负责人都签字的每周例会纪要。

5. 履约过程中的通知、催告等书面文件经签收才形成证据，未能直接签收的应当送达，送达的法律意义及其各种操作方法中应注意的法律问题

6. 从武汉三建被索赔3032万元逾期违约金，看施工企业疏于工期顺延签证和工期延误损失索赔的教训

7. 隐蔽工程验收单是有关工程过程质量验收的重要签证，应由四方共同签字。重视隐蔽工程验收的签证管理的重要性，加强隐蔽工程验收并落实证据的管理责任

案例：从江都建总被判不承担施工现场人身伤害赔偿案，看隐蔽工程验收单免除当事人质量过错责任的证明作用。

8. 合同备案也是签证，而且是衡量“黑白合同”的根据，应加强备案管理，高度重视预防产生“黑白合同”并努力化解相应的法律风险

案例：从金瑞建筑公司以备案合同为证据主张结算不下浮9%获得成功

的工程款案，看正确理解、处理“黑白合同”的重要性。

## 二、律师必须守时，演讲守时就是对受众负责

时间是人生最宝贵的资源，公平地赋予每一个人。同时，时间也是最无情的，不管你如何恳求，它也不会多给你一点。所以时间就是价值，时间就是效益。

律师不仅应当有明确的时间概念，而且应当树立良好的时间观念。律师必须敬业，必须对委托人负责。律师敬业则首先必须守时。律师的演讲要对受众负责，一个重要的方面就是守时。严格遵守对时间的约定，是每一个成功律师最基本的职业操守。以演讲营销作为开拓业务主要渠道的律师，更应该严格控制好时间。律师演讲的守时充分体现对受众负责，也体现律师的敬业精神。

### （一）律师的时间安排应以委托人的需求为准

不久前发生的一件事，反映了我的时间安排一切为了委托人的利益。

2017 年 2 月 2—14 日，我们建纬总所组织去美国西部休假，我和事务所同人共 69 人组团前往。

2 月 6 日凌晨 1：58（北京时间下午 5：58），我接到上海市住房和城乡建设管理委员会（以下简称住建委）法规处的短信，通知 2 月 8 日上午 9：15 在上海市政府办公大楼召开住建委聘任法律顾问座谈会，并要求我在会上作为代表发言。通知说会议很重要，住建委主任和副主任都将参加。此前，住建委已通知我入选并填表办理法律顾问的选聘、登记手续，预告过将在合适时间正式召开会议并颁发聘书。既已受聘为住建委的法律顾问，则住建委就是我的当事人。身为律师，只要可能，我们就必须为当事人着想；只要交通条件允许，我就必须出席会议。所以我当即回复两字“明白”。然而，时间已非常紧张，洛杉矶与上海有 16 个小时的时差，当天的机票只剩一张美国航空公司 6 日上午 9：40 从洛杉矶至上海的 158 航班的头等舱机票，只有该航

班能保证我可以赶回上海参会。我立即订妥机票，收拾行装奔赴机场。是日清晨，洛杉矶难得的大雨，路上车流滚滚，拥挤程度丝毫不亚于上海。我历尽周折终于赶到机场，办妥领牌、安检、出关等手续后登上飞机，此时离飞机起飞仅有五分钟。

航班准时于 7 日傍晚到达上海。次日，我在会议通知的时间和其他七位法律顾问一起参加会议，其间我甚至来不及倒时差。当住建委主任顾金山得知有一位法律顾问为参加这次会议历经如此波折，不禁动容，他在讲话中表示：法律顾问的敬业精神令人非常感动。

时间是独立于物质世界而客观存在的，它的流逝不以人的意志为转移。但人对时间的利用是灵活的、可控的，是可以发挥主观能动性而有所作为的。律师要获得时间的主动权，要在需要处理的事务到来之前，合理规划时间，提前安排好相关事务，做到敬业守时。

律师提供法律服务应当守时，律师的演讲更应该守时，遵守预定的时间对于律师演讲和受众听讲同样重要。上述故事仅说了上半节，讲的是我如何为接受法律服务的当事人而严格调整时间，故事下半节则涉及我的演讲时间如何对当事人负责。

2017 年春节前，河南省平顶山市平煤神马建工集团邀请我，希望我能在春节放假后、元宵节前给集团领导干部以及元宵后即将赶往各地的项目经理们再讲一次课，主题是如何加强施工合同的履约管理。早在 2011 年我就曾给该集团讲授施工合同管理和法律风险防范课，并给全体听课受众留下深刻印象。而按我们事务所原定的休假行程要 2 月 14 日才能回到上海，无法在 2 月 11 日元宵节前赶到平顶山。但集团领导们还是希望能进行该次授课，不得已，只能把我讲课的时间改到 17 日，这意味着集团的项目经理们如要听课就要延迟出征好几天。而现在我既然已提前回到国内，就有可能把讲课时间提到元宵节前。秉持对受众负责的态度，我主动联系集团领导，商请将该课程提前到 2 月 10 日即元宵节前一天，平煤集团领导非常高兴也非常感谢。

因为上海到平顶山没有飞机直达，只能先飞到郑州再转车前往，所以我必须提前一天出发。于是我在 2 月 8 日市住建委的会议结束后立即赶去郑州。又因为我们建纬律师事务所去年底刚成立了郑州分所，我不能路过郑州分所而不入。应分所主任栗魁的要求，我在 9 日先给正在利用春节过后业务不忙的机会组织学习的分所律师进行了 2 个小时的授课，然后再从郑州驱车前往平顶山。

10 日，我在平顶山为平煤集团进行了预定的授课。陪同前往平顶山听课的郑州分所栗魁主任对此在个人微信上如是评价："在平顶山深深体会到'律师之师'朱树英主任的辛苦、敬业及其感染力和影响力，见证了授课现场的火爆和热情，近 300 听众人手两本朱主任的著作（《墨斗匠心定经纬——建设工程疑难案件办案思路与执业技巧》《法院审理建设工程案件观点集成》）。朱主任是我辈之楷模。"

上述故事的下半节说明律师在时间安排上应以委托人的需求为先。律师演讲守时的敬业精神具体表现为良好的时间观念及其掌控时间的能力，即根据实际情况及时安排自己的时间，尽一切所能满足委托人的期待。这就是律师敬业执业以及演讲守时所体现出的，对当事人负责的处事原则和执业操守。

### （二）在时间安排有冲突时，应首先对受众负责

担任众多社会职务的我，时间总是不够用。但是，自 1992 年建纬律师事务所成立以来，我每年都有大量的时间用于外出讲课，累计讲课的次数多达 1218 次。

法律服务市场是公平的，律师演讲营销市场的回报也是公平的。对于我投入大量时间演讲营销的回报，则是比较儒雅地形成了业务找律师而不是律师找业务的良性发展机制。我丰富的讲课实践告诉我，演讲营销是一个行之有效的业务拓展之路，用于演讲营销的时间越多，市场回报的业务越多。如果律师认为演讲营销有利于开拓业务，有利于提升自己的专业能力，那就应当在分配自己的时间时，把演讲营销放在重要位置，不仅要花更多的时间用于演讲营销，而且要对演讲时间进行合理有效的安排，在遇到时间冲突时，应以对听讲的受众负责为首要原则。

1. 律师演讲营销要做好放弃周末休息时间的思想准备

律师的演讲营销活动往往会被安排在周六、周日的休息时间，对此，有志于演讲营销的律师在思想上要做好充分的准备。我的法律服务专业是建设工程和房地产，建筑施工企业和建设单位每周五天的工作日，一般都十分繁忙，所以企业组织普法学习和专题培训都会利用周六、周日的休息时间进行。律师为当事人提供法律服务或法庭安排开庭通常也都在每周的工作日，所以各地律师协会组织律师的业务学习和法律培训也只能安排在周末。因此，邀请我讲课的建设工程和房地产企业以及各地的律师协会，时间要求毫无例外地都是利用周末的休息时间。企业的领导层平时工作更紧张，他们的充电和在职学习时间只能利用周末。我在清华大学、北京大学等高等院校在职硕士研究生班，或者实战型的建设工程或房地产总裁研修班讲课的时间都在周末。这种行业需求会造成周末时企业领导、商业精英遍布校园，成为高校周末业余学习培训的一道风景线。

长期以来，作为建筑行业培养的专业律师，在接受建筑行业的周末讲课邀请时，我会本着“忠诚于建筑业”的指导思想，一般都有求必应、乐于接受。同时，我作为跨行业的中国房地产业协会常务理事兼法律专业委员会副主任、中国建设工程造价管理协会常务理事兼专家委员会副主任以及中国土木工程学会招标投标分会常务理事，经常会收到各行业协会的讲课邀请，接受各协会安排的各种会议的专题演讲任务。此外，全国各地的建筑施工企业都会邀请我给各级领导和项目经理们讲课，尤其是面对大型集团施工企业人数众多的合同及法务人员的集中培训，一个主题甚至需要讲四五次。我一般也会克服自己事务繁多、工作紧张的困难，尽可能地满足企业的专项法律培训需求。例如，之前曾说到，我应中建八局邀请，连续五次在各地给全部合约、法务部门人员 1000 多人的连续专题培训讲课。还有一次，我一个月内连续三次给同一家施工企业讲同样内容的专题法律课。

北京城建集团是北京最大的建筑施工企业。为加强全系统的合同管理，北京城建集团决定对集团全部合同管理人员分期培训，专门邀请了当时最高

人民法院民一庭关丽法官和我担任培训老师。2011 年 12 月 3 日、16 日、23 日，我应邀以“及时研究应对市场，提升合同管理水平——正在修订的新版施工合同示范文本对工程签证、索赔提出的新要求”为题，连续三次在北京城建集团培训中心上课，每次主讲一天。参加听课的共有 700 多人，包括集团下属的 30 多个分公司、子公司的法务人员、合同和造价管理人员、建造师和项目经理等。我以住建部正在修订的新版建设工程施工合同（示范文本）对施工企业合同管理提出的新要求，结合施工实践中的新情况和司法实践中的新问题，以加强工程签证、索赔的管理及其对策研究作为讲课重点，结合大量行业中发生的典型案例顺利完成了预定的讲课任务。我在讲课时深入浅出的法律分析和具有可操作性的实务支招，使学员深受启发，获得北京城建集团听讲人的一致好评。

近 20 年来，作为全国律师协会民事业务委员会副主任、主任以及建设工程与房地产专业委员会主任，我一直负责全国律师行业建设工程和房地产领域的实务研究和业务指导工作。我在主观认识上已把对律师的专业法律培训作为自己的事业和应尽的义务。尽管各地专业律师都可能是我接受案件的竞争对象，但是事业心和责任心使然，我一般都会欣然接受讲课邀请，并会在演讲时将最新的业务研究成果和操作技巧和盘托出。

以上讲课邀请时间基本上都是周末。由此，长期以来，大量的培训上课、会议演讲占据了我绝大部分的周末休息时间。

2. 为来自北京房山建筑股份有限公司的 50 余名干部“开小灶”

2006 年 1 月 21 日，我应邀在北京进行“工程造价改革与建设工程施工合同文本研修班”的授课事宜。听讲者中有北京房山建筑股份有限公司的两位副总经理。在听课过程中，他们感受到我的讲课内容与企业生存息息相关，希望我近日就能去北京公司讲课，为公司今后的管理与实践提供指导。但是不巧，由于我有工作安排无法前往北京。该公司研究后竟然决定，公司主要负责干部和部门负责人奔赴上海，当面听我讲两天专题课，于是就有了《建筑时报》报道的如下新闻：

为学习建筑业法律知识，以应对在施工中遇到的各种实际问题，北京房山建筑股份有限公司在邀请上海律师朱树英北上讲课未果的情况下，竟于1月26日将公司人员集体“拉练”到了上海。

据了解，一个星期前，北京房山建筑股份有限公司的一位副总经理曾在建设部举办的培训班听上海市建纬律师事务所的朱树英律师讲课，当时觉得课讲得非常实际，无论对管理还是实践都很有益处，遂力邀朱律师前往北京给公司工作人员讲课。但朱律师的课时安排非常紧张，想去北京讲课的事一时难以成行。对此，该公司领导决定：朱律师没时间来北京，我们把大队人马拉去上海！1月25日晚，该公司有关负责人、项目经理、技术人员50余人到达上海，利用双休日的两天时间听朱树英讲课。

公司贾金生经理告诉记者，以前也搞过类似培训，但多是在本地而且都是技术型的，如此大规模的异地法律培训还是头一回。从下半年开始，围绕奥运会北京将掀起一个新的建设高潮。施工不同于一般的企业生产，是个非常复杂的程序。中国加入世界贸易组织后，如何减少失误对企业来说显得尤为重要，因为减少失误就意味着多得利润。

3. 周末时间讲课，要想方设法克服交通不便的困难

周末讲课能利用的时间只有两天。在律师敬业和时间掌控的处理上，我经常会遇到不同邀请方的具体讲课地点、时间、交通方面的突出矛盾，这常常会造成我的疲于奔命和长途跋涉。

在长期的周末外出讲课或开会演讲过程中，当交通距离和时间发生矛盾时，我对已接受的讲课或演讲任务都会克服距离和时间的矛盾，想方设法地按时赶去完成任务。可以负责任地说一句：我从没有过临时不去讲课的失约、违约情形。

密集地外出讲课会受制于很多客观情况。由于天气、交通等方面的客观情况，要履行预定的讲课或演讲承诺，有时会非常困难。每年春节长假结束到元宵是我一年一度的讲课高峰，我必须马不停蹄地奔赴各地讲学，忙到连轴转。

2013 年 2 月 19 日大年初十，我先从上海飞去南宁，次日为广西建工集团建联公司的企业领导和项目经理讲课，以“应对新版施工合同，加强签证索赔管理——从典型案例看施工企业加强证据管理以及应注意的操作问题”为题讲了一天。课后我又从南宁飞到广州，然后驱车去广东顺德的超大型房地产开发企业碧桂园集团本部讲课。

原先，江浙两省都有个别交通特别不方便的地区，目前仍未根本改变，如浙江省的金华市和江苏省的连云港市。当地律师协会为方便广大律师听课，往往会根据律师培训的客观需求，邀请老师到当地讲课。我先后接受邀请去浙江省金华市和江苏省连云港市讲过课，对此深有体会。如果周末两天连续在江浙两省这些交通不便的地区讲课，那矛盾就更突出了。

2009 年 11 月 24—25 日，按事先商定的行程，我分别在江苏省南通市通州区和浙江省金华市连续讲了两天课，两次授课都获得听讲者的高度评价，但我却是克服了极大的困难才得以完成这两次授课。事情是这样的，我先接受了江苏省通州建筑业协会的邀请，约定于 24 日周六前去为当地施工企业讲课。后又因浙江省金华市律师协会的反复要求，称我之前给金华律师的讲课反响强烈，邀请我 25 日周日再去为律师们讲一课。我事先只是让助理从网上查到两地距离有 500 公里，考虑到路程并不是太远又盛情难却，我再次接受金华律协的邀请，于 25 日去讲课。具体安排行程时我才知道这两地之间并没有直达的交通方式，既没有飞机，又没有直达火车，需要开车前往。行车途中我才知道路程中有一长段省级公路，交通非常不便。我 24 日周六在通州讲了 6 小时的课之后，当晚驱车 500 公里，直到第二天凌晨 1：00 才赶到金华，路途艰辛，苦不堪言。金华律师协会和听课律师得知我半夜才赶到，深受感动。

4. 遇到特殊情况也要尽可能地完成原定演讲任务

2011 年年初，四川省绵阳市律师协会邀请我去给当地律师讲课，根据当地培训计划和我的档期商定时间为 7 月 29 日周六。谁知临讲课前没几天——7 月 21 日，四川涪江上游普降暴雨，阿坝藏族羌族自治州松潘县境内一个电解锰厂的尾矿渣流入涪江。至26日，经绵阳市环保部门监测，尾矿渣造成涪江绵阳段水质出现异常，由于水质遭受污染，民用自来水不能饮用，全市居民生活饮用水受到影响，宾馆也只能供应矿泉水。面对这样的特殊情况，我不为所动，仍按原计划前往讲课。我花了一天的时间，以“注重拓展建筑房地产领域的非诉讼业务并使之成为律师新的业务增长点”为题，在西南科技大学的学术报告厅为350多名当地律师进行专业培训。我在面临重大环境污染的情况下仍坚持给当地律师传授拓展建设工程和房地产领域的非诉讼服务的突破点和招术，这让当地司法部门和律协领导深受感动，对我的专业知识和敬业精神给予了充分肯定，我的讲课也给当地律师留下深刻印象。

长年外出讲课碰到更多的是特殊天气造成的交通困难。由于我的时间安排前后衔接紧凑，航班严重延误往往令我痛苦不堪。2008年12月27日周二，由当时建设部办公厅领导的推荐，我接受乌鲁木齐市建设委员会的邀请，第二次给当地建筑施工企业讲课。之前我已在这里演讲过一次，当地的施工企业听课后感觉意犹未尽，于是诚心邀请我再来讲一次。新疆的冬天不适合室外施工却适合施工企业的室内培训，但冬天的乌鲁木齐天气多变，常常因大雪甚至是暴雪等特殊天气影响飞机飞行。我原计划乘坐26日下午从上海直飞乌鲁木齐的航班，却因为乌鲁木齐大雪，飞机临时经停北京等候雪停。这种情况的未知因素在于航路天气，经联系航空公司得知航路天气正在转好，当晚还能起飞。我一直等到晚上12：00飞机才起飞，到达乌鲁木齐时已是凌晨4：30，我赶到宾馆只眯了两个小时。虽然身心已疲惫不堪，但我依然把学员的需求放在第一位，按时赶到会场并保质保量地完成了预定的讲课任务。

更有甚者，因为天气原因飞机不能正常飞行或者航班被取消，又该怎样办呢？对于我来说，只要还有一丝可能，那么受众的需求就是我的目标，我会想尽所有可能的办法去满足受众的需求。

2009年7月下旬，预定22日周六我应邀在青海省西宁市给当地律师讲课，这也是我第二次给青海律师讲课。按计划我第二天要在清华大学土木工程学院给建设工程总裁研究生班讲课，预定的演讲题目是“从疑难案件的司法实践看施工企业对最高人民法院《关于审理建设工程施工合同纠纷案件适用法律问题的解释》及相关法律的准确把握和运用”，校方提出这个课题学员非常重视，甚至许多其他班级的学员也都选择来听这堂课。西宁到北京有直达航班，空中飞行为2.5小时，我周六课后赶去北京应该没有问题，因此，我按预定行程在周六课后直奔机场。然而，人算不如天算。22日下午开始，北京上空乌云密布，一场严重影响北京并波及整个河北的强降雨突然降临。受强降雨影响，首都机场从22日下午开始共延误、取消航班数百架次。我的航班也备降到了山西太原，而且航空公司明确表示，由于暴雨不停，飞机停飞。

身为律师，我当然知道这种极端天气属于无法避免、不可预知、不能克服的不可抗力事件，如果我因此不去清华大学讲课，除了遗憾外，各方面都不会对我有意见。但是我在机场仍然全力思考，是否还有办法继续赶往北京。我在太原机场查到当天从太原去北京的动车已没有了，坐慢车无法在第二天上课前赶到北京，因此乘火车前往北京的办法行不通，唯一的办法只能是坐出租车。我挨个询问正在机场排队的出租车司机是否有人愿意去北京，终于有一位师傅同意以2000元的价格送我去。经了解，从太原机场到清华大学东门有近600公里，需要通宵开车至次日凌晨三四点钟才能到。这不是一个可取的办法吗？于是我同意他开出的价格，但提出为保证驾驶员和我的安全，要求由两名驾驶员轮流开车，那师傅说本来就是要和拍档一起开的。为了我自己的人身安全，我又向驾驶员言明需拍照留下车牌号给学校和家里，他们笑笑并不介意。上车后我听他们俩有说有笑地谈论着单位的事，于是，我认为自己的人身安全不会有问题，就在出租车后座修整疲惫的身体。车辆冒着倾盆大雨在高速上艰难前行，终于在天亮前赶到清华大学。在如此困难的极端条件下，我依然凭借自己的主观能动性保证了该次课程如期开始。这次艰苦的历程让我明白：不怕有困难，只怕没办法；只要想办法，办法永远比困难多。

## 三、律师如何严格掌控演讲时间

律师敬业必须守时，演讲守时就是对受众负责，这说的是律师控制演讲时间的指导思想和处事原则。对演讲时间的灵活掌控是律师演讲获得成功的重要抓手。律师演讲要获得成功并取得提升专业能力和业务拓展能力的实际效果，除了要做到前述敬业、守时，在时间安排上本着一切对受众负责的指导思想和处事原则外，还涉及律师对待演讲的时间概念和时间观念问题，涉及如何对受众认真负责的态度问题。

如何严格掌控演讲时间，通常会被认为是一个技术问题，其实不然。演讲人能否控制演讲时间不仅是演讲人的技术水平问题，而且是演讲人对学员、其他演讲人以及演讲主办方是否尊重的思想问题，更是演讲人对受众是否负责任的态度问题。此话说绝对了吗？我认为没有。

### （一）律师应提高对掌控演讲时间重要性的认识

律师演讲要严格控制时间，先要明确时间概念和时间观念及其区别。时间概念，是指不依赖于其他任何事物而独立存在的、无休止地均匀流逝的客体，是对授时系统、时区划分和统一时区等一系列定义存在于人心目中的一种认识。其具体到律师演讲，往往表现为律师要满足“演讲请按时开始，按时结束”“演讲的人很多，各位要严格控制时间”“规定演讲每人只能有三分钟，到时一律要走下讲台”等时间控制要求。时间观念，则是指对时间概念所产生的思维方式，也是对控制时间的认知和重视程度。时间观念具体到律师演讲营销，通常表现为演讲时间应由自己严加控制，演讲过程贯穿自我调控的时间意识，这对于演讲成败具有重要的现实意义。演讲的时间控制看似是一个技术问题，实质是演讲者对受众是否认真负责的态度问题。时间概念是被动的，时间观念是主动的，律师演讲的时间概念和时间观念仅一字之差，却反映了律师严格掌控时间的重要性以及对学员负责精神的不同理念。因此，有志于实践演讲营销以扩大自己业务的律师，必须本着对受众负责、一切为了学员着想的态度树立正确的时间观念。

律师要想掌控演讲时间，先要树立正确的、良好的时间观念，高度重视守时对于演讲成功的重要性，提高对严控演讲时间的重要性的认识。在一定条件下，演讲人能否严格掌控时间成为演讲是否成功的重要标准。本书第二章详细介绍的上海市律师协会关于首届“东方大律师”和“优秀青年律师”评优活动中的3分钟演讲，以及“黑色3分钟”致使大部分获评的候选律师不能通过演讲时间考验而功败垂成的故事，充分说明律师提高对演讲时间及其控制的认识以及严格控制演讲时间的现实重要性。

在演讲实践中，演讲人包括律师不能控制演讲时间的情形比比皆是。如上所述，上海市律师协会评优时给候选律师的演讲时间只有3分钟，3分钟时间确实太过紧张，缺乏演讲经验的候选律师一时难以适应。但更多的情况是演讲人在会议演讲或上课演讲时没有时间观念，不善于严格控制自己的演讲时间，不能严格遵守预定的演讲时间。有些演讲人经常出现演讲头重脚轻的情况，即背景知识和引言铺垫过多，等到讲重点内容时时间所剩不多；也有部分演讲人演讲的重点不突出，主体内容匆匆而过，却在结尾时滔滔不绝、没完没了，这容易让听众产生厌烦情绪。

更严重的问题是演讲人演讲超时，演讲时随心所欲，毫无时间观念。组织过大型会议的人都深有体会，主办方最难办的往往就是会议的时间分配，尤其是重要会议或者主题鲜明的会议。因为要求发言的人太多，所以会议主办方为有效组织会议，只能综合平衡，严格控制每个演讲人的演讲时间。为调节、控制时间，现在的会议手册和议程一般都会明示演讲人、演讲主题及演讲时间，以利于演讲人及听众对会议环节、议程、时长有充分的了解。

2014年8月16—17日，我应邀参加由内蒙古大学联合中国高等院校房地产学者联谊会、中国房地产估价师与房地产经纪人学会共同承办的“第八届中国房地产学术研讨会暨高等院校房地产学者联谊会”，会议在新建的鄂尔多斯市委党校举行。被称为“鬼城”的鄂尔多斯在房地产开发过程中出现的各种问题以及对当前房地产开发的分析判断成为会议的主题。与会的国内各高校著名专家、学者就房地产市场运行和调控、住房保障、新型城镇化、房地产学科建设与人才培养等主题进行深度交流与探讨。

本次会议准备工作做得非常好，全部会议论文都事先编印成集，会议手册明确第一天会议的开幕式只有10分钟，此后每位演讲专家的演讲时间为20分钟，最后一位演讲30分钟。第一位演讲人是国内某著名大学的一个房地产系的主任、博士研究生导师、教授，一开始演讲就严重超时，整整讲了50分钟，超时30分钟。不论主持人如何示意，或者做停止演讲的手势，甚至上台告知不能继续演讲了，这位教授仍坚持把自己50分钟的论文说完。

主办方不得已，只能要求后面的演讲人每人减少5分钟。

### （二）律师完全能够做到严守演讲时间

我从1979年开始从事企业职工教育培训工作，从1985年开始涉足成人法律教学工作，经过不间断的讲坛实践和自我调控，已经能够轻车熟路地掌控演讲和上课的时间，这一点，凡是听过我演讲或上课的听众都有深刻的印象。

本书前面说到我2017年2月10日元宵节前在平顶山平煤神马建工集团的授课，当时河南荟智源策律师事务所的王胜利律师也在现场听课。他对我在讲课过程中的严格掌控时间深有体会，以“记初识‘律师之师’朱树英主任”为题写了如下的体会文章。

作为一名年轻执业律师，能认识朱树英主任实属荣幸。我第一次见到朱树英主任，是在2016年1月9日的“建设工程优先受偿权问题专题研讨会”上。朱树英主任发表主题演讲时对法律法规如数家珍，对法理分析言简意赅，委实令人钦佩。我对朱树英主任演讲时劝诫律师同人尤其是年轻律师的十六字箴言“长期坚持，必有成效；不断总结，必有收获”至今仍记忆犹新。可惜在这次专题会议上未能与朱树英主任近距离接触，留下不少遗憾。

因工作原因，我有幸协助河南省律师协会建筑房地产专业委员会栗魁主任筹办上海市建纬律师事务所郑州分所，其间有机会多次接触朱树英主任。2016年11月9日，全国律协建房委“政府和社会资本合作（PPP）模式法律服务”主题年会上，朱树英主任对各位参会人员亲切的态度让人如沐春风，会议的筹划与安排十分妥当，我尤其注意到，会务上安排诸多专家、学者的发言时间精确到分钟，而朱树英主任的发言，我甚至认为可以作为玩扑克牌或麻将时的“混儿”（万能牌），可根据他人演讲对会务既定时间的变更而变化，并且绝对不会使自己的演讲内容、演讲深度、演讲互动受到影响！

2017年2月9—10日，我协助建纬郑州分所栗魁主任，全程陪同朱树英主任在建纬郑州分所和平顶山市平煤神马建工集团土建处作法律实务授课。在2月9日中午用餐时，朱树英主任与栗魁主任议定当日下午在分所授课时间为2个小时。而在下午的授课过程中，朱树英主任娓娓道来、深入浅出，将在其他场合要讲6个小时的内容，择其重点、要点，在2个小时内完美呈现。翌日，朱树英主任在平顶山市平煤神马建工集团土建处做题为“以管理为要，以证据为重——从典型案例看施工企业加强证据管理及应注意的操作问题”的法律实务专题讲座，根据会务安排，这是一次全天的授课，这也是朱树英主任第二次为平煤神马建工集团授课。朱树英主任以自己代理的8个典型案例为主线，根据施工企业的法律实务需求，结合理论与实践，为现场听众讲授施工企业在加强证据管理上所要注意的问题，现场反响热烈，能容纳300余人的会议大厅座无虚席。值得一提的是，在中午用餐时会务人员与朱树英主任商量：因课程反映良好，听众希望能有30分钟的互动环节。朱树英主任返程机票已定，在此情况下，朱树英主任决定让会务通知学员下午提前15分钟开课，而朱树英主任原定一天的课时就需要再缩减15分钟，以保证有30分钟接受现场提问。我看到朱树英主任在保证授课内容、授课重点与核心要素的情况下，将时间控制得分秒不差！

随着社会的进步，人们对时间的控制与管理更为重视，有关的各种理论与控制方法也层出不穷。但能在既定时间内完成既定的内容，甚至在既定时间发生变更的情况下，仍然不失重点与核心地完成既定演讲内容，绝对是一种能力、一种水平，也可以说是对讲师自己的挑战、对听众的尊重。

本书第二章说到我们建纬律师事务所先后两次组织有志于演讲营销的律师进行示范演讲的研修和点评。示范演讲研修的重要内容和要求就是锻炼律师控制演讲的时间，其中第一次给出的时间是45分钟，第二次给出的时间是30分钟。示范演讲点评的重点就是评价每位演讲人的演讲时间掌控能力，不仅要点评是否在规定时间内完成演讲，而且要分析是否控制好演讲内容的轻重缓急，更要分析是否在相应时间内将演讲重点表述到位。

通过示范演讲的研修和点评提高律师控制演讲时间的能力，说明律师严控演讲时间的重要性；同时也说明演讲律师只要树立正确的时间观念，就能够严格控制好演讲时间，使演讲取得预期成效。

时间对于每个人都是宝贵的。有限的时间内给予受众最想要的知识，是演讲成功的关键。演讲的律师只要树立良好的时间观念，在主观思想上高度重视，有严格控制演讲时间的思想指导，有意识地关注和调控，就完全能够控制演讲时间。其实要做到按规定时间演讲在技术上并不难，每人都有手表、手机，及时地关注时间，完全可以做到自由地掌控。但问题在于：演讲人在演讲时必须声情并茂，自己首先进入角色以感染听众；演讲人一旦进入角色，往往就不注意时间的流逝了。既要让演讲内容吸引听众，把听众带进角色，又要在演讲过程中随时注意调控时间，能够有效地按演讲内容的轻重缓急，把该讲的内容在时间到达时正好讲完，这就要求演讲人既要有良好的时间观念，又具有精准调控时间的技术能力。这要求似乎有点高，但经过努力也同样是能够做到的。这不仅是律师演讲的要求，也是律师适应法律服务市场竞争所必须解决好的。

律师谋生靠的就是“嘴上功夫”。许多律师自认为没有演讲的天赋，因此对其避而远之。但律师严格控制演讲时间不仅是一种演说讲解能力，而且是一种基本的竞争手段和业务能力，这种能力不仅表现在讲课、开会时，也表现在业务竞争过程中。因此，律师不能认为自己又不去演讲，不去上课，不能控制讲话时间又有何妨？律师持这种认识既片面又有害，客观上会导致律师业务的停滞不前。许多律师不善讲话，不会演讲，使职业讲话的实际能力与做强做大业务的初衷背道而驰。

实践证明，律师严格控制演讲时间是做好律师的基本要领，律师要想在法律服务市场中参与竞争，就必须解决好律师演讲的时间控制问题。例如，时下重大的法律服务项目，当事人会采取招标投标方法选聘律师，招标人会给所有投标人以同样的时间演讲述标，招投标过程中的讲标也就是投标律师的职业演讲。讲标又称述标演讲，是招标人根据《招标投标法》第 39 条关于澄清的规定，组织评标专家当面听取投标人讲述需要澄清或说明的事项或内容，并由评标委员会进行评判的活动。根据《招标投标法》第 5 条关于进行招投标活动应“公开、公平、公正”的“三公”原则的规定，讲标要求通过资格预审的所有投标人按同样的时间、同样的程序进行，讲标结束后由评标专家评定中标单位。法律服务中标体现律师事务所的核心竞争力包括演讲能力，述标演讲的能力和水平成为律师事务所核心竞争力的重要体现。律师要想在激烈的法律服务市场竞争中胜出，凭自己的核心竞争力中标法律服务，就必须妥善处理好讲标环节，以精准的时间控制和突出重点的演讲打动评委。

深圳证券交易所（以下简称深交所）原办公大楼不适应业务发展的需要，经中国证券监督管理委员会和深圳市人民政府批准，投资 50 亿元建造被称为“超短裙”的新办公大楼。根据投资资金来源性质的法律规定，深交所新办公大楼的法律服务必须进行公开招投标。

深交所基于对项目建设全过程法律把关的高度重视，在建设项目正式招投标前，首先招标选聘律师，并且采取的是严格意义上的公开招标程序，在招标人发布招标公告、投标人通过资格预审并按要求递交投标文件后设定有讲标环节。

2005 年 8 月 20 日上午 8：00 开始，在深交所原本部办公楼 8 楼，招标人组织 7 家投标并通过资格预审的律师事务所，进行深交所新建办公大楼项目全过程法律服务招标投标的讲标活动，参加投标的国内 7 家一流的律师事务所轮流接受询标。我、原建纬深圳分所主任孙飞、邱全峰三位律师参加讲标活动。招标人规定给每家投标单位讲标、询标时间 1 小时，律师事务所讲标

30分钟，20多名评标专家要求澄清、律师事务所答疑30分钟。我们建纬律师事务所排在上午的第四位，时间从上午11：00讲到12：00，参加讲标的建纬律师团队由我带领并以我为主述标。轮到我们讲标时，我没有按通常的讲法讲解投标文件的各部分内容，因为我相信我们投标文件的内容评标委员会成员一定已经审阅过，因此，我讲标时只用一句话归纳："我们的投标文件按招标人的要求制作，如果我们中标，我们的投标文件所作的要约将构成对招标人的承诺。"我讲解的重点是结合深交所项目建设开始阶段可能出现的四个重要法律问题，阐述如果我们中标将如何协助招标人妥善解决。这四个法律问题分别为：第一，项目采用钢结构导致总包招标在后，钢结构分包招标在先时的应对对策。第二，发包人新颖的建设工程主体结构设计成果的知识产权如何保护？第三，建设方拆除原有建筑、建设新项目须清除地下障碍物的招标对策。第四，委托香港测量师行管控工程造价的中国法律把关。我讲完最后一个问题时正好11：30，有评标专家当面说："你朱树英大律师真不愧是做过老师的。"我相信这四大问题正是招标人当时已遇到但不知如何处理的现实问题，而我们的对策足以打动全部评标专家，因为我讲的正是招标人迫切想听到的。最后，我们以第二高价中标深交所新办公大楼建设的全过程法律服务。

### （三）临时调整演讲时间的技术应对

律师的法律演讲营销也是个市场，市场情况千变万化。涉足法律演讲营销的律师不仅要控制好自己的演讲时间，而且要能够妥善应对各种突发情形和临时要求。

前述在内蒙古鄂尔多斯党校举办的"第八届全国高校系统房地产学术研讨会"开幕式压轴演讲的正是我。我是以中华全国律师协会建设工程与房地产专业委员会主任和中国房地产业协会常务理事兼法律专业委员会副主任的身份被邀请参加会议的。我的演讲题目是"土地出让金制度改革与房价控制——进一步调控现行商品住宅土地出让政策的思考与建议"。原定30分钟的演讲主题，是根据目前市场难以抑制高房价的现状，提出将我国现行法律关于土地出让金按出让年限一次付清的批租制度，改为每年支付一次的年租制度，用以调控高房价并解决地方政府的土地财政问题。

而现场的情况是，尽管主办方想方设法地压缩其他演讲人的时间，我也只剩下15分钟。尽管主持人声明我可以继续讲30分钟，大家稍微晚一点吃饭，但我还是把原计划30分钟的演讲内容调控在13分钟内讲完，留2分钟给主持人做开幕式小结。我的调控对策是：用2分钟时间简要介绍论文的主要内容，用7分钟时间分析现行土地出让金制度，用4分钟时间归纳我提出的建议对于抑制高房价、抑制政府土地财政以及通过调控土地价达到降低房价的意义，并声明会议已印有论文集，大家如对我的演讲感兴趣，可以看我的相关论文。

2010年12月25日，国内又一家主要针对年轻律师和新执业律师执业培训的“长江律师学院”正式开张，我应邀开讲第一课。长江律师学院由江西省人大代表、刘锡秋律师事务所主任刘锡秋律师个人筹办，并得到有关司法行政管理部门和全国律师协会、江西省律师协会的支持，是一家由律师出资、完全民办的律师学院。

在事先安排课程时，我和事业心很强的刘锡秋都只注意到12月25日是周日，都没注意到这一天还是西方的圣诞节。但通知早已下发，年轻的法律学子们也认为听课比过圣诞节更重要，所以早早来到会场。

问题在于：这次讲座原先安排的演讲人有两位，另一位演讲人京衡律师集团董事长陈有西临时有事无法赶来。刘锡秋律师找我商量，陈有西律师原演讲内容“法治中国和律师使命”由刘锡秋简单转授，其余时间都由我一人完成。这意味着我要临时增加近一倍的演讲时间。我曾多次组织过大型会议，主办人的为难之处我当然深有体会，所以我欣然同意。我以当时的全国律协民事专业委员会主任的身份，以“从处理上海‘11·15’火灾事故的失误看民事法律服务的新领域以及律师专业化服务的新要求”为题，结合典型案例，从“中国法律事务范围最广泛的民商事法律服务及其新领域”和“应对民商事法律服务的新需求以及律师专业化发展的新对策”两个方面，深入浅出地介绍了中国律师民商事法律服务的前景和要求。我临时救急的应对方法是案例讲得细一点，法律分析透一点。主办方评价我的演讲生动活泼、深入浅出。

我另一次被临时要求的演讲任务难度更大。2006 年 12 月 8 日周五清晨，我接到法律顾问单位《建筑时报》总编的电话，邀请我当天上午去会场做一场有关建筑业企业感兴趣话题的演讲，题目自定，时间是 1 小时，这是我从未遇到过的演讲要求。我在想，你们来电话时正巧我在上海，如果我人不在上海怎么办呢？原来，当天《建筑时报》和美国 ENR（美国《工程新闻记录》）在上海奥林匹克大酒店联合举办第三届“中国工程承包商和设计企业‘双 60 强’颁奖盛典”。这项中外联合行业颁奖在国内的建筑设计、施工行业影响很大，每次大会都以宣布评选结果和表彰为主，前来领奖的一般都是获奖企业领导。会议一般会安排一到两位资深专家或主管领导结合建筑业经济形势或行业热点问题发表主题演讲。原定由建设部建筑市场监管司的一位领导在本次颁奖会开幕式最后进行一个小时的演讲，但其因国务院有临时会议而无法出席。会议主办方连夜紧急商议如何替代，最后决定由我临时救场，讲什么主题由我决定。

我从 1992 年开始给《建筑时报》当法律顾问，至今已长达 25 年，他们有困难我当然责无旁贷。于是，我推掉当天上午的一切事务，一早赶到会场，一边听会一边做演讲准备。考虑到当时的市场背景和最高人民法院颁布施行新的司法解释，结合当时的形势，我以“WTO 过渡期的建筑企业需要大力提升法务管理能力”为题，为前来领奖的“双 60 强”企业领导做了 1 小时的专题演讲。我结合国内当时已发生的采取国际通用菲迪克合同文本引发的诉讼案件所反映的经验教训，说明建筑设计企业只有大力加强合同管理和法律事务的处理能力，才能适应我国加入 WTO 后的市场需求和企业发展的法律环境。事后主办方反映演讲效果比预想的还要好，与会代表对我的临时演讲给予很高的评价，希望今后多请这样的老师、多发表类似的主题演讲。果然，此后连续两届“双 60 强”表彰颁奖会，主办方都安排我作为主要演讲人在大会发表主题演讲。

律师演讲要想成功，需要精心安排，严格控制时间。律师只有尊重受众，在时间调控问题上对受众负责，做到最大限度地发挥时间的价值，才能使自己的演讲获得成功。

## 四、对没有报酬的专业帮扶讲课同样认真、负责

### （一）以身作则，积极参加律师专家西部讲师团义务授课

为加强对西部律师业的帮扶和支持，提高西部律师的执业技能和服务水平，全国律协决定从2013年开始，组建律师专家西部讲师团（以下简称西部讲师团），西部讲师团成员由全国律协从各专业领域的优秀律师中选拔。2013年8月26日，西部讲师团在北京正式成立。西部讲师团的巡回演讲是一项公益活动，是提高西部地区律师执业能力和服务水平的重要举措。我作为全国律协建设工程与房地产专业委员会主任，响应全国律协的号召，带头加入讲师团。

我认为，目前国家正在推进西部大开发，当地基础设施投资规模巨大，只有同时建设起一支适应当地发展水平的律师队伍，才能满足社会发展需要。这对律师尤其是西部律师在建设工程和房地产领域的法律服务提出了更高的要求。因此，对西部律师的专业业务指导应成为全国律协建设工程与房地产专业委员会的工作重点。在我的带领下，建设工程与房地产专业委员会副主任袁华之、李晓斌、林镥海都主动参加了西部讲师团。作为建设工程和房地产专业领域的领头羊，建纬律师以高度的责任心和使命感加入西部讲师团队。建纬总所曹珊副主任、长沙分所戴勇坚主任作为建设工程和房地产领域的首批专业律师入选讲师团，该专业领域共有8位律师入选，建纬律师占了其中3位。

西部讲师团是律师行业的一项社会公益活动。全国律协决定西部讲师团巡回培训的差旅、住宿等活动经费全部由协会承担，但讲课无报酬，属于义务帮扶性质。全国律协还要求律师讲师不仅要传授专业知识和执业技巧，提

高西部律师的执业技能和服务水平，而且要展现良好的精神风貌、职业形象和职业操守，为西部律师树立良好的榜样。

我对各种有偿的上课和演讲任务都是认真、负责的。对没有报酬的专业帮扶讲课，基于自己的工作责任和职责，我同样认真、负责。我参加西部讲师团并不是为了装点自己的专业门面和以身作则的形象，而是认为这是自己的一份社会责任。

西部讲师团自 2013 年开展帮扶活动以来，至 2016 年已连续 4 年，每年我都合理安排自己的时间主动接受任务，长途跋涉、克服一切困难在西部各地义务巡回讲课，通过自己的实际行动勇挑演讲重担，在给西部律师“传授专业知识”和“树立良好榜样”两个方面作出了自己的贡献。

东部地区的法律服务比较发达，东部地区的专业律师应将对西部或边远地区的律师进行专业扶持作为自己的社会责任。我作为西部讲师团的成员，除参加讲师团在西部各地的义务讲课外，还基于这种社会责任感，应邀多次参加“西部律师论坛”和“三省一区律师论坛”的演讲活动。

### （二）勇于接受讲课难题，讲授律师最需要的专业课程

律师给律师讲课要求高、责任重，讲课律师得拿出“真材实料”，来不得半点的马虎或疏忽。这种讲课要获得同行点赞很不容易，因为听课律师的时间同样宝贵，花时间来听课当然希望听到最值得听的内容。对此，全国律协非常明白。2013 年，首届西部讲师团专业培训活动在广西举办，为摸清广大西部律师迫切需要学习的专业技巧、技能，探知西部律师的专业培训需求，以增强培训主题的针对性，全国律协在广西律协召开座谈会听取律师的意见。广西律协建设工程与房地产专业委员会的代表提出，结合当地律师在办案过程中遇到的疑难问题，希望讲师团能够就建设工程纠纷案件的诉讼时效问题进行有针对性的培训。这不仅是一个律师在承办案件时确定能否起诉以及如何确定诉讼请求的复杂问题，也是司法实践中许多法官也不知所措的复杂法律问题，因此无疑是实践性很强的演讲难题。广西律协建设工程与房地产专业委员会能够提出这样专业的听课需求，反映出西部律师对专业法律问题的

关注以及结合司法实践所进行的深层次思考，对此我表示由衷的钦佩。

全国律协就此主题询问讲师团成员有谁能够担纲主讲，无人接手的情况下转而和我商量。我当即承诺我可以讲。一方面，我是全国律协建设工程与房地产专业委员会主任，我的责任感使我责无旁贷；另一方面，对于这个建设工程案件的诉讼难题，我在诉讼实践中结合案件处理结果一直在不断研究，也有不少心得，原也有意向在合适的时间对此写一部专著进行论述。因此，承担这个主题既能分享我初步研究的成果，又是我义不容辞的责任。2013 年 11 月 2 日，我在广西壮族自治区南宁市，为当地律师做了题为“从典型案件处理看律师承办建设工程施工合同纠纷案件常见诉讼时效问题的研判及应对”的专题培训。我以一系列典型案例分析律师承办建设工程施工合同纠纷案件常见的诉讼时效把握及其处理，论述有关工程造价、质量、工期争议的时效起算，重点结合工程索赔的除斥期间问题，详细讲解了应对的方法和策略。参加听讲的律师不时报以热烈的掌声，对我的专题演讲以及所提供的详尽书面讲稿给予高度评价。他们赞叹我敢于把自己潜心研究的专业成果毫无保留地向律师同行公开，是对西部律师专业技能发展的无私奉献。

2014 年 9 月 25 日，西部讲师团赴陕西西安、榆林开展培训活动，我被安排参加了在西安的演讲。事先征求陕西律协对演讲主题的意见时，他们对律师办理建设工程案件的时效问题感兴趣。但是当年 9 月 4 日，住房和城乡建设部刚在北京召开“工程质量两年治理行动”电视电话会议，部署在全国开展严厉打击工程转包、挂靠的违法行为。国家开展打击工程转包、挂靠的违法行为必然会扩大律师的业务来源，同时也会对律师相应的法律服务提出新的要求。尤其是住房和城乡建设部配套推出的《建筑工程施工转包违法分包等违法行为认定查处管理办法（试行）》即 118 号文件，对原先立法不明确且缺乏可操作性的发包人违法发包，承包人转包、违法分包以及挂靠等违法行为作出了明确的界定，这必将在司法实践中产生相应的连锁反应。律师及时掌握相关规定有利于承接相关业务，也有利于该办法以及“工程质量两年治理行动”的顺利实施。作为住房和城乡建设部建筑市场监管司的法律顾问，作为起草制定该办法的课题组负责人，我比较熟悉相关立法的背景情况。因此，我在西安的讲课经征得陕西律协同意，实际演讲时在简要介绍了“从典型案件处理看律师承办建设工程施工合同纠纷案件常见诉讼时效问题的研判及应对”课程的主要内容，并给听讲律师提供了书面讲稿后，主题改为“《建筑工程施工转包违法分包等违法行为认定查处管理办法（试行）》对律师专业法律服务提出的新要求”，对上述118号文件进行相对精准的解读，并对律师拓展此项业务的要求和方法进行了分析和探讨，尤其是有针对性地分析该办法涉及的发包人、承包人、分包人、实际施工人以及政府等各方市场主体对律师的非诉讼和诉讼法律服务的巨大需求。我这次演讲的是当时最前沿的律师专业法律业务，1200多名陕西律师参加听讲，获得我的两份专题讲义。陕西律协反映我敬业严谨的治学态度和友善乐教的大爱精神给陕西律师留下非常深刻的印象，对此，陕西律协在法治陕西网以“全国律协专家律师巡回讲师团陕西培训班成功举办”为题作如下报道：

为加大对西部律师的帮扶和支持力度，进一步提高陕西省律师在传统及新类型法律业务领域的理论水平和实务操作技能，9月25—28日，全国律协专家律师巡回讲师团分别在西安市和榆林市举办了为期三天的业务培训班，西安、榆林及周边各市1200余名律师参加了培训。陕西省律协窦醒亚副会长出席西安培训班开班仪式并致辞。

认真谋划，周密安排。为了确保本次培训的针对性和实效性，培训前，陕西省律协与全国律协多次沟通，认真协商授课内容。本次赴陕授课的讲师团成员由全国律协从发达地区律师队伍中挑选出的各专业领域的优秀律师组成，培训内容涉及建筑纠纷诉讼时效、文化创意产业的法律服务模式和营销策略、刑事辩护技能、房地产开发的法律实务、刑事案件的法庭论辩艺术等。为了尽量扩大受训面，使更多律师得到培训机会，陕西省律协在组织报名、培训纪律、场地租用、安全保卫及会场服务等方面，都做了精心部署和周密安排，为保证培训的顺利进行奠定了良好的基础。

授课扎实，内容丰富。此次培训班授课规格之高、参训人员之多、安全要求之严、律师反响之好是近年来所没有的，特别是在西安的千人培训班上，邀请到了全国知名专家朱树英和田文昌授课，是陕西律师难得的机遇。朱树英律师理论结合实际，为我省律师做了整整一天有关建筑工程纠纷方面的精彩讲授，并和大家进行了深入的互动交流，朱树英律师敬业严谨的治学态度和友善乐教的大爱精神给陕西律师留下非常深刻的印象。著名刑辩律师田文昌则以“刑事辩护技能”为题，向大家传授了自身执业多年来的经验与感悟。这也是陕西省律协首次邀请到中华全国律协刑事业务委员会主任、西北政法大学刑事法律学院名誉院长田文昌律师来陕授课。王守亮律师结合精彩纷呈的影像资料，和大家分享了自己在文化创意法律服务方面独特的成功尝试，受到各位律师的广泛好评。在榆林的培训中，周胜律师对房地产开发的法律实务进行了详细的介绍；侯凤梅律师则从典型案例入手，解读了相关业务技能及法律难点。

拓宽视野，提升技能。本次培训各位专家律师结合陕西律师的实际需求，采取授课与交流互动相结合的形式，通过大量真实的典型案例，以案说法，贴近实际，可操作性强，参训律师被专家律师们深厚的法律功底、精湛的业务技能、渊博的法学才识深深吸引。律师们纷纷表示，这种高端的专业培训如一场及时雨，弥补了我省律师在相关专业领域中的理论和实务操作水平的不足，听后受益匪浅、茅塞顿开，拓宽了视野，提升了技能。

### （三）主动增加课时，帮扶讲课乐于专业奉献

明知西部讲师团的讲课没有报酬，明知去西部各地讲课路途遥远、交通不便，但我对西部讲师团的讲课并没有抱持任务观点，不是单纯为完成任务去讲课，而是根据西部律师的专业帮扶需求，在履行演讲任务时积极主动地根据实际情况增加课时，尽可能多地为西部律师提供法律服务的专业帮扶，乐于把自己的专业知识无私地奉献给国家西部大开发战略和西部律师的专业化进程，这是我的一份社会责任。

2015 年 4 月，全国律协根据江西省律协的申请，把江西省也纳入西部讲师团的义务帮扶培训范围，并决定在南昌和吉安两地举办专业培训。4 月

10—11 日两天在江西省举办的这次帮扶讲课，江西省大部分在省会及周边城市执业的律师集中在南昌听课，南昌以外的江西律师集中在吉安听课。之前全国律协征求我的意见：南昌的交通相对方便，是否就在南昌讲课？我不同意老是受照顾在省会城市讲课，我也可以深入地、市去讲课，而且去革命老区井冈山所在地吉安讲课对我有吸引力，因此我主动选择了去交通不便的吉安讲课。于是，这次西部讲师团在江西的专业帮扶活动，由讲师团的四位律师在南昌讲课，我一人去交通不便的吉安讲课。

我根据自己调控时间的经验，事先查得从上海去吉安没有飞机航班，而去赣州有直达航班。我想，何不先去赣州“还债”，完成自己曾经同意给赣州律师讲课的承诺？于是，我的行程安排为提前一天于 4 月 9 日到达革命老区赣州，在赣州律协先给当地律师讲了一堂课，按我一贯的注重时间调控的处理原则，这样处理是最合理、最有效的。说“还债”指的是，早在 2012 年 2 月，全国律协调整各专业委员会负责人，我由原民事业务委员会主任改任建设工程与房地产专业委员会主任。在工作交接时，新任民事业务委员会副主任、赣州市律师协会会长廖泽方盛情邀请我去赣州给律师讲一次课，我也答应在方便时会前去讲课。按我给廖会长的承诺，先给赣州律师讲了半天，然后从赣州赶到吉安完成我的讲课任务。我这样主动增加讲课时间的安排，避免了赣州地区的律师去吉安听课的路途奔波。

西部讲师团在江西省的专业帮扶活动，由讲师团的三位大咖律师在南昌讲课，我在吉安、赣州讲课，这在江西律师界引起很大的反响。对此，当地《新法制报》于 2015 年 4 月 13 日以“全国律协专家讲师团为江西律师‘传经送宝’——省律协举办律师继续教育培训提高律师素质和服务水平”为题作如下报道：

“请全国知名律师，统一为全省所有执业律师授课，这本身就是一次很难得的学习机会。”新余姚建律师事务所的欧阳叶红特地从新余来到南昌，参加省律协举办的全国律协律师专家讲师团西部培训暨 2015 年南昌地区律师继续教育培训，她如此评价这次培训。据悉，全国律协律师专家讲师团在我省的南昌、吉安两地同时开展律师继续教育培训，全省4000多名律师参加培训。

## 5位知名律师为我省律师讲课

4月11—12日，江西省律师协会在南昌滨江宾馆举办全国律协律师专家讲师团西部培训暨2015年南昌地区律师继续教育培训。此次培训由全国律协巡回讲师团的北京市天同律师事务所主任蒋勇，上海市建纬律师事务所副主任、高级合伙人曹珊，福建天衡联合律师事务所合伙人张照东授课。江西省厅直所全体执业律师、南昌市及所属县区全体执业律师、其他设区市有意愿听课的律师以及有关部门、单位的法律工作者共计1500余人参加了培训。

与此同时，全国律协律师专家讲师团西部培训巡回讲师团的上海市建纬律师事务所主任朱树英、天册（上海）律师事务所合伙人吴江水两位律师在吉安为南昌以外的律师授课。

据介绍，全国律协巡回讲师团于2013年8月26日成立，讲师团成员由全国律协从各专业领域的优秀律师中选拔，主要赴西部地区为当地律师开展业务培训。因我省享受西部待遇，经省律协要求，全国律协同时选派五名讲师来赣授课。其中，两名派往吉安市进行为期一天的授课，三名在南昌市开展为期一天半的培训。蒋勇律师就"'互联网+'时代的民商诉讼业务"进行授课。蒋勇律师通过其承办的相关案例来讲解互联网时期民商诉讼法律事务方面的知识，开拓了我省律师的眼界，让律师们分享到了不少前沿资讯，学到了很多前瞻性的实务经验。

曹珊律师以"律师为政府投资重大建设项目提供法律服务及应注意的问题"为题，对为政府投资重大建设项目提供法律服务过程中的热点难点问题逐一讲解，语言生动，通俗易懂，让参与培训的律师受益匪浅。张照东律师讲授的是"合同审查实务"，他通过讲解本人办理相关案件的心得体会，向听课律师讲解合同审查的各种问题及解决办法，让听课律师取得不少真经。在吉安的朱树英和吴江水则分别就"房地产纠纷诉讼时效"和"合同延伸业务"为我省的律师"释疑解惑"。

## 分享了成功经验，开阔了我们的视野

“讲师们不仅给我们分享了成功经验，更重要的是开阔了我们的视野。”听完课后，我省的律师们对讲师团专家的讲课给予很高的评价。江西省豫章律师事务所的廖军民律师说：“讲师们毫无保留地分享他们的成功经验，这对年轻律师来说是非常难得的，是书本上学不到的知识，这种培训非常有必要。”

《中共江西省委关于全面推进法治江西建设的意见》明确提出了推进法治江西建设，必须加强法治专门队伍和法律服务队伍建设，创新法治人才培养机制。律师队伍建设是加强法治专门队伍和法律服务队伍建设的重要环节。省律协为全省执业律师统一开展继续教育培训，对提高律师的职业素质和服务水平有重要意义。

省律协办公室主任罗中锦告诉记者，此次培训是省律协与南昌市律协第二次联合举办执业律师继续教育培训，是目前我省律师行业举办的最大规模的培训。省司法厅对为期一天半的南昌地区执业律师继续教育培训高度重视，省律协认真组织和精心安排，南昌市司法局、市律协给予积极有效的配合，厅直所执业律师和南昌市及所属县区执业律师积极参加听课，圆满完成了各项培训任务，达到了加强律师队伍建设，提高律师职业素质和服务水平的目的。

从上海去江西路途并不遥远，我按合理安排时间的原则在赣州加一次课也并不十分困难，这是我对西部律师专业扶持的责任感的体现，即使远去新疆讲课我也同样会如此积极主动。我在西部讲师团的讲课的又一次主动加课是2016年9月在新疆乌鲁木齐的课程。之前，全国律协考虑我已上年纪，在课程安排时只要求我在乌鲁木齐讲半天课。我自己则认为，既然这么大老远来到新疆讲课，从时间成本角度考量，只讲半天不合理，再说我是新疆律协授予的“名誉律师”，我与新疆律协和广大的新疆律师本身具有不一般的友情。所以我直接致电新疆律协要求把我的讲课时间增加为一天。新疆律协当然是非常欢迎，求之不得。自治区司法厅分管律师工作的任杰灵副厅长得知我又一次来新疆讲课并且主动增加课时后非常重视，在百忙之中安排接见并对我主动加课表示感谢。9 月 10 日上午，我按原计划以“律师为政府投资重大建设项目提供全过程法律服务以及应注意的法律问题”为题讲了半天，下午又以“《建筑工程施工转包违法分包等违法行为认定查处管理办法（试行)》对律师专业法律服务提出的新要求”为题加了半天课。这两个主题都是新疆律师非常感兴趣的前沿法律服务操作实务，我演讲过程中新疆律师多次报以热烈的掌声。

新疆律协对这次西部讲师团的专业培训，以“乌鲁木齐站讲座成功举办”为题做了如下专题报道：

9 月 9—10 日，全国律协律师专家巡回讲师团西部培训——乌鲁木齐站讲座成功举办。本次讲座主讲律师是上海市建纬律师事务所高级合伙人、全国律协建设工程与房地产专业委员会主任朱树英和北京大成律师事务所高级合伙人、全国律协民事专业委员会委员师安宁。新疆律师协会秘书长谭磊参加了开课仪式。新疆律协副秘书长顾薛琴主持开课仪式。

谭磊秘书长首先代表新疆律师对两位授课律师表示热烈的欢迎。他说，为加强对新疆律师业的帮扶和支持，提高新疆律师和律师事务所的执业技能和服务水平，全国律协于 2013 年成立了律师专家巡回讲师团，选派的律师都是专业领军人物，这充分体现了全国律协对新疆律师的关心、关爱与支持。本次培训正值古尔邦节和中秋节假期前夕，谭磊秘书长代表新疆律师对两位授课律师不辞辛苦地帮助新疆律师提高执业技能和服务水平表示衷心的感谢。

师安宁律师以“《物权法解释一》司法实务问题综合性研究”为题，从司法解释权体系概述、物权法解释综合性理解与适用、案例指导制度与物权法司法实务问题、“深度诉讼”方法论与新思维等方面进行了解读。

朱树英律师以“律师为政府投资重大建设项目提供全过程法律服务以及应注意的法律问题”为题，从政府投资重大项目对律师事务所专业法律服务的新要求、律师为政府提供 PPP 模式法律服务应注意的法律风险及化解对策、关注“一带一路”中的法律问题等方面进行解读。

两位律师精彩的授课为广大新疆律师带来了很多前沿资讯，使听课律师学到了很多实务经验。

在我众多的讲课活动中，义务免费为律师讲课的次数总体上并不是很多，但我以跟有报酬的讲课同样认真的精神和负责的态度，赢得广大西部律师同行的高度肯定和赞赏，也以自己的实际行动践行了全国律协提出的“律师讲师不仅要传授专业知识和执业技巧，提高律师和律师事务所的执业技能和服务水平，而且要展现良好的精神风貌、职业形象和职业操守，为西部律师树立良好榜样”。

## 五、20 多年坚持给新疆律师义务讲课的特殊情缘

上一篇说的是我在全国律协西部讲师团义务讲课的情况，其中有在新疆乌鲁木齐主动加课的故事。我在新疆讲课加时并非首次，对比我在西部讲师团免费讲课的情形，我的义务讲课更多的是去新疆各地进行专业授课。上一篇还说到新疆维吾尔自治区律师协会授予我新疆“名誉律师”的称号，这是 2012 年 7 月 17 日我再次在新疆讲课时，新疆律协宣布聘我为新疆律协的首位顾问，并授予我新疆“名誉律师”称号，这是我 20 多年间在新疆和上海共十多次给新疆律师义务讲课的荣誉回报。

### （一）第一次给新疆律师专业培训

那是 20 多年前的事情了。1995 年 10 月 1 日，新疆维吾尔自治区成立 40 周年。当年 8 月，上海市律师协会应新疆律师协会邀请，并由当年的上海支疆青年、已回沪担任上海律协副秘书长的张升中从中穿针引线，组织 40 名资深律师前往新疆访问、考察、交流。访问团从 8 月 6 日开始，经过半个月的行程去到了南疆和北疆各地，其中也安排有上海律师的义务讲课活动。

我和当时还是上海律师的华东政法学院教授、现任最高人民检察院检察长曹建明都是访问团成员，且我俩都有讲课任务。曹建明教授给自治区党委领导讲课，我的任务则是在乌鲁木齐以“律师在房地产市场法律服务的广阔

前景”为题给新疆律师讲课，这也是我第一次给新疆律师义务讲课。我结合上海专业律师在房地产开发领域给当事人提供全过程或阶段过程非诉讼法律服务的做法和经验，给新疆带去了在西部律师看来是全新的法律服务的理念和方式，这次讲课在新疆律师中引起了强烈的反响。而对于首次来到新疆讲课的我则是大开眼界，感受良多：真是不到新疆，就不知道我们国家有多大；不给新疆律师讲课，就不知道他们业务学习积极性有多高；不看到他们脸上的仆仆风尘，就不知道他们的业务学习有多困难。参加这次业务培训学习的新疆各地的律师，除了在乌鲁木齐执业的律师外，距离近的石河子和吐鲁番的律师，需要驱车数百公里；距离远的如来自阿克苏、喀什、阿勒泰的律师，他们的行程甚至超过了1000公里；他们好多人是连夜坐了十几二十小时的火车赶来乌鲁木齐听课的。仅仅是为了一次律师专业业务学习他们竟然如此不辞辛劳，这让我深深的震撼和感动，也平添了我作为上海律师对提升新疆律师专业法律服务能力的责任感。

沪、新两地人民之间原本就存在着割舍不断的血浓于水的情缘。早在1962年11月13日，时任新疆军区司令员、中共新疆分局书记和农垦部部长的王震将军亲临上海，与上海市委、市政府达成安排上海知识青年支援新疆建设兵团的合作协议，并经农垦部报国务院、党中央批准，先后有10万上海优秀知识青年去到天山南北的农垦师团支援新疆建设。此后，他们在新疆成家立业，为新疆的开发建设贡献了青春又贡献了子孙。上海籍支疆青年子女也有不少人走上了律师职业，我们建纬总所就有三位律师是从新疆返回并已成为律师的支疆青年的子女。1962年我正好小学毕业，对当时上海全市广泛动员“好儿女志在四方”，大批优秀知识青年离开家乡支援新疆建设的情景留有深刻的记忆。因此，我第一次在新疆讲课结束时就给新疆律协表过态：从今以后，只要新疆律师有听课需要，我随叫随到。

### （二）100只阳澄湖大闸蟹寄托沪、新两地律师的深厚情谊

2000年3月，国家实施西部大开发战略，新疆的战略位置和地理优势首当其冲。对于国家西部大开发战略，上海律师首先积极行动起来。在落实党

中央西部大开发战略部署的热潮中，上海市司法局派副局长、律师协会张凌会长、朱洪超副会长于2000年8月中旬赴西北三省学习考察，分别与新疆、甘肃、青海三地律师协会签订了合作协议和合作意向书，由此拉开了上海律师服务西部大开发的序幕。

根据上海律协与新疆律协共同签署的合作协议书，新疆维吾尔自治区司法厅副厅长、新疆律协会长张良和新疆律协秘书长杨琳于11月6日亲自率领来自全疆10个地、州、市32个律师事务所的34名律师来沪培训。在为期20天的培训活动中，沪、新双方通力合作，密切配合，取得了丰硕成果。2000年第12期《中国律师》杂志以《新疆律师培训班在上海开班》为题对此做了如下报道。

为落实党中央国务院西部大开发的战略部署，根据上海市律师协会和新疆维吾尔自治区律师协会签订的两地律师协会“加强西部大开发全面合作协议”精神，新疆律师业务培训班于2000年11月7日在上海司法会堂举行开班仪式。

8月中旬，全国律师协会朱洪超副会长、上海市律师协会张凌会长参加上海经贸代表团，随同上海党政代表团赴新疆、甘肃、青海学习考察，并与新疆维吾尔自治区律师协会等地签订了《加强西部开发全面合作协议》。根据合作协议及合作意向，上海市律师协会每年将为新疆、甘肃、青海律师开办一期专门培训班，各培训30名律师。

新疆律师培训班是上海市律师协会第一次为西部律师举办的培训活动。根据新疆律协的要求，本次培训的内容有：房地产、资产重组等方面的法律专业知识以及WTO与法律服务。34名来自新疆各地的律师参加了此次为期20天的培训班。

全国律协副会长朱洪超、上海市司法局局长缪晓宝、上海市律师协会会长张凌、新疆司法厅副厅长张良、上海市司法局副局长杨全心及市政府法制办、协作办有关领导出席了开班式。

上海市律师协会也针对第一次在上海接受新疆律师来上海进行专题法律

培训总结出五条经验：

一、领导重视。这次上海律师首次服务西部大开发的活动，受到司法部、上海市政府有关部门、上海市司法局的高度重视和大力支持，当上海市委、市政府组团即将访问大西北前，市司法局党委就进行了认真研究，决定积极参与西部大开发的法律服务工作，由上海市律师协会会长张凌和全国律协副会长朱洪超参加上海经贸代表团赴西北三省学习考察；司法部副部长刘飏、司法部政治部副主任胡泽君、法规教育司司长刘一杰、上海市政府协作办副主任周伟民、法制办副主任顾长浩、新疆律协会长张良和副会长牙合甫·艾沙以及上海市司法局、上海市律师协会的负责人缪晓宝、张凌、杨全心、桂晓明、朱超、吴伯庆、武延年、朱宝麒等，分别出席了11月7日和11月26日举行的“上海律师服务西部大开发——新疆律师培训班”开学典礼和结业典礼。上海市司法局党委还宴请了新疆律师培训班全体成员。司法部领导对这次培训活动给予了很高的评价，刘飏副部长在结业典礼上的讲话中说，新疆律师在这么短的时间里学到的知识是有限的，但产生的影响是深远的；在上海这个改革开放的前沿城市，感受到了正与世界一流大城市逐步接轨的大都市气息，学习了中国入世后法律服务领域的许多新知识、新课题，有助于改变观念，有利于开拓进取。她赞扬上海市律师协会举办新疆律师培训班，开了服务西部之先河，是律师界具有历史意义的一件大事，为全国律师界服务西部大开发作出了表率。她要求上海律师界要把西部开发当作系统工程去做，东西部的合作交流要长流水，不断线，总结一些经验，推广到全国去。市政府协作办周伟民副主任在讲话中高度评价了这项工作，他说：上海市委、市政府非常重视西部大开发，上海市代表团先后到西部七省、自治区学习考察；上海律协率先举办新疆律师培训班，符合上海市委关于服务西部要加强智力西进力度的要求，也符合国务院关于在西部大开发中加强教育、咨询、培训工作的要求，是开展东西部合作交流的一种好形式。

二、内容丰富。在20天的培训中，上海律协根据新疆律师的意愿，聘请有关部门负责人、专家、教授和资深律师举办了各种形式的法律讲座。在房地产方面，上海市政府法制办副主任顾长浩亲自到培训班为新疆律师讲授“完善房地产法律制度的重要性”，朱树英、崔惠平、程惠瑛律师开展了以“建设工程法律框架对实务提出的新课题及对策”“律师如何在房地产开发及交易中提供法律服务”“当前房地产纠纷的表现及律师处理房地产纠纷的对策”为题目的讲座；在资产重组方面，李志强、韩乔文、朱林海、史建三律师开展了以“公司资产重组中的律师实务”“资产重组中的债权债务处理”“中国创业板及律师实务”“跨国并购中的律师实务”为主题的讲座；在企业投资方面，秦悦民、黄文、赵一平律师和华东政法学院讲师张国元博士开展了以“银团贷款律师业务”“外商投资律师业务”“投资银行律师业务”“BOT、TOT项目融资法律问题及其实务”为主题的讲座；市政府法制办经济处处长唐明皓和上海大学法学院副教授蒋坡还到培训班分别进行了“WTO与西部开发”“电子商务与西部开发”的专题讲座。新疆律师参观了东方律师网并参加了网络技术培训。在培训期间，市律协组织新疆律师参观了上海建纬律师事务所、锦天成律师事务所。建纬所主任朱树英律师曾到新疆讲学，常津津乐道对新疆的美好印象，这次又兴致勃勃地给新疆律师讲课，一个专题讲了一天，颇受大家欢迎；他又热情地邀请新疆律师到建纬所作客，旁听该所律师的案例讨论。锦天城律师事务所合伙人史建三律师是一个热衷于西部大开发的积极分子，曾随上海经贸代表团访问西北三省，这次为远道而来的新疆律师授课之后，又热情地对来访的客人介绍锦天城所的创业历程，新疆律师与该所律师进行了广泛交流，对锦天城所的规模化发展称道不已。新疆律师还分别到锦天城、建纬、外滩、发展、光大、易伟等律师事务所进行了为期一周的实习，在带教老师的指导下，查阅案卷，参与办案，旁听庭审，并收集复印了大量已成型的非诉讼法律文书，收获颇丰。市律协还组织新疆律师参观了苏川、杭州和上海市容。

三、学习刻苦。在培训期间，新疆律协张良会长和杨琳秘书长以普通学员身份和新疆律师们一起学习，培训班建立了班委会，律师们纪律严明，遵守作息制度，一丝不苟地做笔记，并在课堂上和课间休息时提出许多问题与

授课老师认真探讨。许平律师这次来上海培训，来回路费都是自己掏的，她说：值得，收获很大。讲课老师认真负责，深入浅出，既有深厚的理论功底，又有丰富的实践经验，毫无保留地和盘托出，上海律师的敬业精神和无私奉献的精神使我们深受感动。熟悉电脑的陈永梅律师参加了信息网络培训并参观了东方律师网后深有感触地说：计算机技术只有运用到信息网络中才能发挥最大的作用，上海律协率先建立了连接全国和世界的东方律师网，确实富有前瞻性，非常佩服上海律协的胆略和眼光。在新疆从事证券法律服务且业绩颇佳的田海星律师说：这次来上海开了眼界，也打开了思路，上海律师在证券业务的研究与实务、律师事务所管理以及与国际接轨等方面有许多宝贵的经验；回去后，要努力开创新疆律师证券业务的新篇章。

四、情深谊长。这次培训活动密切了沪新两地律协的联系，加深了两地律师的友谊。上海律协张凌会长说：新疆律师不远万里地从天山脚下来到东海之滨，是上海律师的荣幸，也是上海律师界的大喜事，上海律师莫不表示由衷的欢迎！这次培训实际上也是一次双向交流活动，新疆律师为上海律师带来了祖国边疆改革开放、法制建设和西部大开发的宝贵信息和经验，新疆律师艰苦创业、自强不息的精神值得上海同人好好学习。新疆律协张良会长说：新疆律协派出34名朝气蓬勃且富有进取心的年轻律师来上海培训，对于提高新疆律师的整体素质和业务水平具有重大的现实意义。在结业典礼上，新疆律师学员说：20天的培训生活是难忘的，在这里感受到了家庭般的温暖。上海市司法局党委书记、局长缪晓宝在讲话中热情地表示：希望新疆律师把上海律协当作自己的家，以后到上海来就像回娘家一样。

五、继续努力。这次培训活动只是上海律师服务西部开发的开端，甘肃、青海的律师也要相继来沪，今后的合作项目还很多。上海律协要进一步做好组织工作，在培训内容的广泛性、针对性以及短时间的实习方法与效果统一方面进行探讨，不断改进工作方法，更好地为西部大开发服务。张凌会长表示：上海律协要按照司法部和局党委要求，进一步总结经验，广泛发动全市律师积极参加到西部大开发中来，让每个律师把参与西部大开发当作自己义不容辞的责任，为落实党中央的伟大战略部署和祖国西部的发展作出应有的贡献。

我在这次培训班的讲课主题是“新颁布法律对律师法律服务提出的新课题及其对策”，上课时间经协商安排在 11 月 9 日，因为这天是周四，是我们建纬所正常的业务学习日。这次培训班有多名新疆律师在 5 年前于乌鲁木齐听过我的首次讲课，现在他们要求在上海再次听我讲课，并希望能到我们所参观、学习。我们全体合伙人都热烈欢迎来自天山南北的西部律师，双方约定来所参观时结合我们每周一次的业务学习和案例讨论，全体新疆律师上海培训班成员列席我们的业务学习活动。同时，新疆律师来我们所参观学习的时间正值金秋 11 月，恰是江南金风送蟹肥的秋爽季节。考虑到远道而来的新疆律师少有机会品尝正宗的阳澄湖大闸蟹，我们安排专人去江苏阳澄湖蟹庄采购买回雌雄成对的大闸蟹 100 个，每人一雌一雄两个成对宴请全体新疆律师。这一故事多年后仍成为新疆律师传颂两地律师友谊的美谈。

上海律师协会先后两次在上海组织新疆律师进行专业培训，我两次都承担了义务讲课任务。同时，上海为进一步加强与西部开发的互动，以不断派遣专业律师赴疆讲课的实际行动支援边疆地区的律师事业发展，这让我有更多的机会和新疆的律师和司法界互相学习交流。根据上海律协与西部青海、新疆、内蒙古三地律协签订的合作协议，2001 年 8 月 8 日，上海律协委派我和另两位专业律师去青海律协和新疆律协组织的律师培训班上课，内容包括建筑、房地产、资产重组和产权交易。这是我继首次赴西宁为青海律师上课后，又去乌鲁木齐为新疆律师上课的一次紧张行程，是我 1995 年首次在新疆讲课后第二次在乌鲁木齐讲课，也是新疆律师来上海培训后我又一次到乌鲁木齐。我这次讲课时以新颁布法律、法规为依据，对律师在建筑房地产领域中的新业务、新特点的深入分析，使新疆律师同行深受启发。8 月 9 日，我还应邀参加了由新疆律协安排的与自治区中级、高级人民法院法官和人大代表的研讨交流活动。

8 月 8 日第一天课程结束后，新疆律协盛宴宴请我和上海讲课老师。新疆少数民族律师给我献上哈达，宴请还安排了新疆名菜“烤全羊”，专程前来感谢上海律师的自治区司法厅肉孜·司马义厅长亲自割下“烤全羊”颈脖上一片肉给我，据说这是新疆少数民族招待贵客的最高礼遇。我当时作为全国律协民事专业委员会分管建设工程和房地产业务的副主任，和上海律师协会的常务理事、上海的专业律师，对新疆律师的专业帮扶原本责无旁贷，而新疆司法主管部门和广大律师给我的礼遇让我深受感动，终生难忘。

### （三）为新疆律师义务讲课成为我专业帮扶之常态

从那以后，上海市律师协会历任会长都把律师专业援疆作为一项重要工作，我只要有机会便经常到新疆给律师讲授专业法律服务课程，还会下到地市主动增加课时，以避免新疆律师为听一次课而长途奔波。2005 年 9 月，上海市律师协会新任会长吕红兵再次带领我和其他专业律师组织成的讲师团来到乌鲁木齐开展援疆活动。此次援疆活动还搞了一项上海律协用于给新疆边远地区贫穷律师购买电脑的捐赠仪式，我个人也捐了 8000 元。这是我又一次来新疆讲课，原本我的任务是 9 月 11 日在乌鲁木齐讲一天课，可是远在 1000 公里以外的许多阿克苏的律师也想来听课，只是交通不便实在无法赶来。新疆律协和我商量能否辛苦一下，去阿克苏再讲一次，我毫不犹豫同意了。于是当天课程结束，由新疆律协常务副会长张伟民亲自陪同，我又从乌鲁木齐再次飞到阿克苏，第二天给阿克苏地区的律师、法官以及公证员，以及上海在阿克苏的援疆干部等共 260 多人又讲了一天。

对此，上海东方律师网于 2005 年 9 月 26 日热情洋溢地以《服务西部谱新篇天山南北尽欢颜》为题做了专题报道：

9 月 9 日，又是一个赤日炎炎的周末。市律协吕红兵会长率领上海律师讲师团飞赴新疆，利用公休日为当地律师举办业务讲座，受到新疆律师的热烈欢迎。

上海律师送课上门的消息传遍天山南北，乌鲁木齐市的律师来了，一些地、州、市的律师来了，远在数千公里外的和田、伊犁、阿勒泰的律师也风尘仆仆地赶来了！在 9 月 10 日、11 日两天里，毛柏根副会长、朱树英常务理事、中汇律师事务所主任朱平律师分别讲授了“尽职调查律师实务”“土地开发和房屋买卖律师实务”“最高人民法院《关于审理国有土地使用权转让合同及相关纠纷案件适用法律若干问题的解释》的主要内容以及律师办案应注意的问题”“关于《审理建设工程施工合同纠纷案件适用法律若干问题的解释》的准确理解以及对律师业务拓展的重要意义”等课程，与参加业务培训的五六百名律师进行了广泛的交流和探讨。9月12日，朱树英律师还不辞劳苦地飞越天山，应有关方面的邀请奔赴千里之外的阿克苏讲学，260多名律师、公证员、法官以及法院领导踊跃参加。上海律师在讲课中深入浅出，倾囊相授，既有精辟的法理分析，又有宝贵的实务经验，赢得新疆律师的交口称赞和如潮掌声。

在9月10日新疆律协举行的开课仪式暨上海律协捐赠仪式上，吕红兵会长将上海市律师协会及国浩律师集团（上海）事务所、浦栋律师事务所、建纬律师事务所、中汇律师事务所捐赠的8.8万元资金赠给新疆律协，表达上海律协和上海律师对新疆律师事业的支持。新疆律协金山会长表示：新疆律协要在这笔善款的基础上，建立扶贫帮困基金，用于扶持和促进新疆不发达地区律师事务所的建设和发展。金山会长还宣读了《中国律师》杂志社刘桂明总编发来的贺词：“上善之举，海派之风；律师一家，师范一流。”全场掌声雷动，表示着律师们与刘总编的强烈共鸣。

沪新律师情谊深，民族团结一家亲。新疆维吾尔自治区司法厅党委书记杜建锡、厅长哈斯木·马木提亲切会见了吕红兵会长一行；金山会长、桑云、关勇、艾尼瓦尔副会长以及杨琳秘书长等新疆律协领导热情接待上海律师。双方亲切交谈，畅叙友情，从20世纪60年代10万上海青年支边到新疆，献了青春献子孙；谈到1995年上海律协王文正会长率团进疆，签订了友好合作备忘录，由此展开了沪新两地律师的互访与交流，友好合作关系已跨过10年的美好岁月，沪新律师的深厚友谊可谓源远流长。吕红兵会长和金山会长表示：要将沪新两地律师的交流与合作推进到一个新的阶段，共同推动两地律师业的发展。

第一次造访新疆的吕红兵会长、毛柏根副会长感慨万千，不仅为祖国边疆维、汉、蒙、哈等十多个民族和谐相处共创繁荣所鼓舞，为新疆改革开放以来所发生的巨大变化与迅猛发展而欢呼，更为新疆律师事业所取得的长足进步与显著成就而感到由衷的喜悦。吕红兵会长深有感触地说：这次来新疆讲课，自治区司法厅和新疆律协领导称之为“传经送宝”，溢美之词受之有愧；其实对我们来说，这是一次友谊之旅、学习之旅，我们处处感受到新疆律协和新疆律师的深情厚谊，我们更感动于新疆律师诚信执业、钻研业务、刻苦学习、开拓进取的精神，真真切切值得我们上海律师学习！上海律师的发展离不开新疆律师的支持，沪新律师的交流与合作，必将促进上海律师素质的提高，推动上海律师业的持续发展。

巍巍天山，雪峰高耸，雪莲绽放，花儿为什么这样红？那是沪新律师用汗水和心血所浇灌；滔滔浦江，百舸争流，气象万千，风光何以如此美？那是上海律师与西部律师互动交流与精诚合作的结晶。前进中的上海律师，正在忠实履行社会责任，为推进法治和构建和谐而尽心尽力，并将进一步扩大对外交流，加强与西部律师的合作，为服务西部大开发作出应有的贡献。

我给新疆律师的义务讲课完全出自积极主动、心甘情愿、希望为新疆的建设发展贡献一份心力的责任感。2007 年 9 月 25—27 日，全国律协民事业务委员会在乌鲁木齐举办“2007 年民委会年会暨第九届中国民商法实务论坛”，我作为民委会主任须全程参会并发表演讲，但我还是提前一天到达乌鲁木齐，见缝插针又给新疆律师讲了一次课。

2011 年 9 月 18 日，上海律协又按新疆律协的要求委派律师支援新疆授课。受新疆律协指名邀请，我再次受上海律协委派远赴新疆乌鲁木齐，为全疆律师作“建设工程风险防范”法律专题讲座。新疆律协副会长张伟民主持开课仪式，副秘书长任德志出席了开课仪式。来自伊犁、阿克苏、石河子、乌鲁木齐地区的 400 余名律师参加了本次讲座。这是我第六次到新疆讲课。在接到上海律协安排的讲课任务后，尽管工作忙碌，但我仍然第一时间接受邀请来到新疆。在讲课中，我结合最高人民法院有关建筑房地产的两个司法解释对律师加快专业化进程提出的新要求，对两个司法解释的主要内容进行详解，并提出律师办理此类案件应注意的操作问题以及应对策略。讲座内容详尽实用。我的授课再次吸引了众多律师，会场内座无虚席，还有些律师都是站在会场门口听课、记笔记，参加的律师都深感受益匪浅。

2013 年 9 月，由新疆律协协商上海律协再次指名希望我能再为新疆律师讲一次建设工程与房地产方面的专题培训，我仍欣然接受，并按上海援疆方式前往。9 月 18 日，专题培训如期在乌鲁木齐鑫金新宾馆举行，整个报告大厅座无虚席，还临时增加了近百个座位。根据新疆律协的要求，我以“最高人民法院有关建筑房地产的两个司法解释对提高律师专业化服务提出的新要求”为题，结合一系列生动的案例，以五个小时演讲、一个小时答疑的敬业讲授，给了新疆律师一堂业务培训的饕餮盛宴。听讲的律师也多次报以热烈的掌声致谢。

新疆地域广大，这给各地、州律师参加业务培训带来了困难和艰辛。这次业务培训，全疆近 500 名律师从各地、州赶来听讲，有的律师又是以来回一千多公里的路程来参加培训的，还有许多律师想参加而未能参加。从 1995 年起已先后七次在新疆讲课的我深知新疆律师业务学习的艰难，此次培训除把演讲的书面提纲和演示文件全部提交给新疆律师协会，我还同意全场录像，并同意主办方刻制光盘让全疆的律师分享。

此外，我应乌鲁木齐建设委员会要求并经当时的建设部办公厅推荐，还先后于 2002 年 12 月 6 日以及 2005 年 3 月 22 日，应邀前去乌鲁木齐给新疆施工企业讲课。得知此消息的当地律师要求参加听讲，我也协商主办单位同意，接收这些律师参加听课。

2015 年 6 月 1 日，我们建纬所接待了“百千千工程”上海律协培训班的五位学员，包括新疆百域君鸿律师事务所合伙人朱小芹律师、新疆广谦律师事务所主任龙璟律师、新疆张晖律师事务所主任张晖律师等五位西部律师到本所进行了为期一周的交流。我向前来交流的西部律师介绍了律所的情况，包括经营理念、经营机制、律所制度、业务特色、社会贡献及律所文化。随后的一周内，我和事务所党支部书记邵万权等五位高级合伙人通过一对一的方式与来访的西部律师进行了业务上的交流与沟通，一起走访接待客户、开展案例分析讨论、参加谈判、旁听庭审、参加 PPP 项目的方案架构讨论、进行文案制作与处理。还邀请西部律师参与由我主讲的题为“专业律师的事业心和责任心”的专题培训，演讲得到了新疆律师的充分肯定和好评。

桃花潭水深千尺。一个律师个人的能力是有限的，但他可以把自己的知识、经验、思想传递给无数的律师，那么这样的力量就是无限的。我连续 20 多年多次在新疆义务给西部律师讲课，使我自己成了上海律师无私援疆的忠实代表，通过演讲扩大了东西部律师的业务交流，为新疆律师总体水平的提升、为新疆法律服务的进一步发展、为祖国的西部大开发战略的实现贡献了自己的一份心力。同时，此举在中国律师界还产生了不小的影响。远在北京工作的《民主与法制》杂志社总编刘桂明前述在华东政法大学讲课时，把我在新疆讲课也列为律师演讲营销的一种方式，并做了如下客观的评论：“朱树英律师还经常到西部去讲课，这是他对西部律师的关怀。帮助自己的同行，不仅不收费，而且还要搭钱。可以说，这是一种公益性的律师营销手段。”

## 六、一次演讲与 167 万字的书稿

美国的霍姆斯大法官曾说：“法律的生命在于经验。”律师在持之以恒、勤奋刻苦地将演讲与写作付诸实践的同时，还要对过往的演讲营销和写作营销的经验时时进行总结，分析、研究其成败得失的经验教训，博观以约取，厚积而薄发，这是成为成功的演说家和作家的必经之路。

存在决定意识，实践才出真知。我过往数十年的法律教学经验告诉我，律师这两种基本的营销手法，善于演讲和勤于笔耕缺一不可。“能说”和“会写”相辅相成、相得益彰。律师的演讲营销和写作营销的经验之所以值得总结，是因为两者都源于律师极其丰富的法律实务活动的经验，是律师实务经验的升华与提炼。因此，律师要持之以恒，并且勤奋、刻苦地践行演讲

和写作，加上分析、研究其成败得失的经验教训，就注定能够成为演说家和作者。

在我丰富的法律教学实践中，我曾多次应邀在各地对律师学员讲过“能说会写——律师的立身之本”，这是深受广大律师学员尤其是年轻律师欢迎的一门课程，也是我富有实践经验和话语权的、被誉为“金牌课程”的主题演讲。这门课的核心要旨是：律师只有能说会写，才能成就一番事业。这如同我十年木工生涯的经验积累——没有规矩，不成方圆；木以绳直，金以淬刚一样，说的是律师营销不仅要善于演讲即能说，还要勤于笔耕即会写，舌绽莲花，笔耕不辍，相辅相成，相得益彰。

我和许多已经走上演讲和写作营销之路的律师一样，都已在各自的专业领域辟得一块领地，其成效已成为源源不断的业务来源。好多找我办案的客户或者要求合作办案的律师，都说是因为听过我讲课或者看过我写的书。我多年来承办大量疑难复杂、标的巨大的诉讼案件，其来源也均是源于我的演讲、著书的市场影响或口口相传，都是当事人慕名而来，我做律师的业务来源就是源自这两种营销方式。我的体会是：演讲和著书这两种营销方法各有侧重，互相补充，有利于提升个人专业地位以及有效拓展律师业务。而要通过这两种营销方法取得突破性的进展和成效，关键在于两者必须结合并以律师对法律服务市场和受众、学员的高度负责精神作为前提和出发点。

### （一）演讲营销与写作营销紧密结合就能取得重大突破

师者何以对学员负责？除了之前已总结的辛苦自己、把控时间、乐于付出、不计得失等方面以外，一个重要方面就是律师的演讲营销与写作营销须紧密结合，律师演讲能使受众听到想听的内容，出书则能使读者获取需要的经验。演讲和著书都是律师的营销方法，两种营销方法各异又互相关联。两者紧密结合互为补充就能同时提升律师专业地位和个人影响力，两者齐头并进，风助火势渐成燎原之势。反之，如果律师仅注重于演讲或著书中的一种，虽可前行却难免艰辛。

法律出版社曾出版我 60 万字的专著《建设工程实务问答》一书，并在

建设行业和律师行业的专业读者中同时产生重大影响，成为许多专业读者案头解决疑难复杂法律问题的工具书。该书在图书购销市场一再脱销，自2007年3月首次出版后，又先后于2008年7月和2011年4月两次再版，发行量已突破5万册，成为同类法律实务图书中难得的畅销书。这本实务问答就是本书第一章“二、火上炙烤一整天，余音绕梁12年”介绍过的，我在北京市高级人民法院和北京仲裁委员会联合办班的一次成功演讲，以及我此后多次讲课现场接受现场互动提问所收集到的问题解答汇总。换而言之，律师的演讲营销与写书营销互相关联，密不可分。两者结合正是律师把自己在讲课中所讲到的知识，既能向听者提供可视听的PPT文件和讲师的言传身教，又能向读者提供可供阅读研究的书本出版物。律师把自己的办案体会和实务经验及时变为文字，写成论文，在不断总结的基础上进一步著书立说，这既是自己将实践上升为理论的提升过程，也是作为讲师对学员负责的具体表现。反映的是演讲律师了解市场和受众的需求，以出版物向读者推送有借鉴意义的实务经验总结，体现的是律师通过自己的辛勤耕耘，在更加高端的层面对广大受众和学员更加重要、更有意义的负责精神。

我的勤于笔耕和善于写作，固然与我曾经认真研读四年中文和担任过领导秘书有关，但多年的工作习惯也让我注重把自己承办诉讼或非诉讼案件的成败得失和经验教训，通过每天撰写工作日记、及时通过案例分析和专业论文进行研究、分析、归纳、总结，写成文字材料作为专业积累，一旦条件成熟就能够及时汇整出书。我认为，广大律师尤其是年轻律师具有工于写作的优势，甚至比我有更明显的优势。法律本科或硕士学业其文科类的基本特点，决定了科班出身的年轻律师已经具备写作基本功；凡律师都要办案，在司法实践中都有实务积累，只要善于研究、分析、归纳、总结，都能达到“会写”的能力和水平。

我从1992年5月离开原单位，专职从事律师工作并担任上海市建纬律师事务所主任以来，在司法实践中不断总结法律实务经验，就自己法律实务中遇到的相关问题及时撰写论文，并且在不断地上课、演讲中系统归纳，将总结的经验教训上升到理论高度，不断地著书立说，已成为比较多产的专业律师。我注重专业律师的能说会写，很大程度影响了一批又一批建纬旗下的年轻律师。建纬总所、分所出现了不少既能说又会写的专业才俊，全所上下都以能够出版专著为荣，尤其是副主任曹珊，尽管她是土木工程的工科出身，近年来在“能说”即讲了很多课的同时，也“会写”出了不少书，仅 2016 年一年就正式出版了《政府和社会资本合作项目（PPP）法律实务》和《政府与社会资本合作（PPP）模式政策法规与示范文本集成》两本专著。这种氛围使建纬许多年轻律师在紧张办案之余勤于写作，逐步增强了建纬律师组团攻克巨大写作任务的人员集聚能力和集体作战能力，并且已由此形成了一定的规模效应，塑造了建纬律师事务所的专业品牌和核心竞争力。

建纬所的集体协作能力与我个人的演讲、著书紧密结合做得更突出的一次事例是：因为我在“全军法制工作会议”上的一次主题演讲引起广泛关注，经过建纬全体同人 4 个月的共同努力，促成了我主编的厚厚一大本的《军队房地产与建设工程法律实务》一书的正式出版。该书正式出版的正面意义以及体现的社会正能量，已在全军上下引起高度重视和关注。

2013 年 6 月 21 日，经中央军委批准，全军基本建设项目和房地产资源普查工作（两项普查）正式开始。两项普查工作涉及军队战略资源重要组成部分的建设项目和军队使用的国有土地，是军队现代化建设的重要物质基础，是拓展深化军事斗争准备的重要保障依托。在两项普查工作中，各地军事单位负责普查工作的部门和人员，都把 2012 年 6 月正式出版的由我主编的这本文字量达 167 万字的《军队房地产与建设工程法律实务》一书作为工具书，多地两项普查工作的军队干部称这本书为“普查宝典”，而此书的正式出版，就是源自我在南京陆军指挥学院举办“全军法制工作会议”上以“军队建设工程和房地产法律实务”为主题的专题演讲，而能够在短时间内完成巨著写作任务，集中反映的正是建纬律师的人员集聚能力和集体作战能力。

**（二）编制一本事务所主题增刊，为一次演讲做事先准备**

2011 年 4 月 14 日，我受邀在南京陆军指挥学院讲了一堂法律课。在这

堂课上，我结合军队在建设工程和房地产领域存在的法律问题，对此提出了化解对策，引起了有关方面领导的重视。

2011 年 6 月 29 日，我又应邀参加在南京陆军指挥学院举办的“全军法制工作会议”，并在会议上做有关“从典型案件看军队单位建设工程和房地产法律实务重要性”的主题演讲。这是一次各兵种、各军种将星云集，层次很高的专门会议，也是地方律师事务所在军队内部法制工作会议上一次非常有意义的专业推广。之前，我们建纬所已与中国人民解放军总参谋部维护部队和军人军属合法权益南京协调中心（以下简称总参维权南京中心）的军队律师合作开展军队土地利用的法律研究课题。该中心系总参谋部在江苏省内维护部队和军人军属合法权益工作的组织，于 2001 年 4 月 17 日正式成立。为贯彻落实 2001 年最高人民法院、解放军总政治部《关于认真处理涉军纠纷和案件切实维护国防利益和军人军属合法权益的意见》，更有成效地处理维护部队和军人军属合法权益工作，促进社会和部队的稳定，经总参首长批准，在驻江苏省境内所属单位进行试点，即先行建立维护部队和军人军属合法权益工作协调中心，以取得经验，然后在总参全面推广。工作在各级党委和政治机关领导下开展，总参成立维权领导小组，负责组织领导总参在江苏片区维护部队和军人军属合法权益协调中心的工作，协调解决南京中心反映的重大疑难问题。邀请我参加这次高层次的专业会议并做大会演讲也正是该总参维权南京中心建议的。

如何认真、负责做好参加会议和专题演讲的准备工作，并通过专题演讲提高建纬律师事务所在军队法制工作部门的影响，成为我们事务所和总参维权南京中心共同关心的问题。我提议：借用我们自己内部发行的平面纸质刊物《建纬律师》，我们两家共同编制一本专题增刊，作为我们提供给会议的一本配套法制宣传资料以配合我的主题演讲。经由总参维权南京中心汇报并经会议主办单位同意，我们编制的专题所刊，可以作为大会相关宣传资料配发。

我们建纬律师事务所从 2000 年 8 月 1 日起以双月内刊形式出刊《建纬律

师》，这是我们全体同人共同投入专业律师事务所文化建设的一项巨大工程，至今已出定期正刊100期，不定期增刊13期，为体现我们专业律师事务所平实朴素的本色，所刊设计历来以白底黑字形式刊出。此项工作持之以恒已历时16年零6个月，共积累反映建纬律师重视写作营销的专业法律服务经验总结的文字量881万字。

经过总分所律师1个月的共同努力，在“全军法制工作会议”召开之前，《建纬律师》于6月1日突破惯例以军队迷彩色做封面，推出以《军用土地与军队工程建设法律专刊》为题的增刊，这不仅体现我本人对这次演讲实际效果的重视和负责精神，也是全所律师以“能说会写”的共识对当事人共同的负责精神，反映出建纬所全体同人对演讲和写作的事务所营销的共同重视，反映出以全所之力共同总结实务经验以体现一家专业律师事务所更加有针对性、更有现实意义的负责精神。

之前，我在专业法律服务实践中承办过多起涉及军队建设工程和房地产的诉讼案件，通过司法实践对军队的建设工程和房地产的不规范运作情况有所了解。2006年7月17日，我在清华大学和北京军区联合举办的在北京军区内的“房地产研究生课程班”即EMBA班讲过课，这次课上还有广州军区两位营房建设领导特意带着案件专程赶来北京听课并与我交流。通过讲课以及和军队学员的交流，我从一个侧面进一步了解到军队单位在工程建设和房地产开发中的实际情况和存在的问题。这次与总参维权中心关于军队土地利用的合作法律课题研究，使我们对军队土地利用面上的情况以及存在的严重问题有了更全面、更深入的了解。为配合我在“全军法制工作会议”上的演讲，我们根据已了解到的军队土地和军队工程建设的情况和总参南京维权中心共同在会前精心准备完成了专题增刊，这期增刊以我和总参维权南京中心主任黄伟共同落款的卷首语，即《关注军用土地和军队工程建设——提供专业化法律服务保障，捍卫国防和军队核心利益》为题，具体内容如是说：

军用土地和军队工程建设事关国防和军队核心利益。我国《建筑法》《土地管理法》《政府采购法》等基本法将涉及军用土地和军队工程建设授权或委任给国务院或中央军事委员会另行制定相关行政法规，为此，中央军委、各总部、各大区、各军兵种陆续颁行了大量军事法规和军事规章，主要有：《中国人民解放军工程建设管理条例》《中国人民解放军房地产管理条例》《军队经济适用住房建设管理办法》《军用土地使用权转让管理暂行规定》《军队战备工程建设管理暂行规定》等。上述军事法规和军事规章为部队军用土地使用转让、工程建设、房地产开发、联合建房等领域提供了相应的法律依据。

随着我国国防建设发展以及军队后勤保障社会化进程的加快，部队各类开发建设项目对土地的需求急剧上升。土地作为一种稀缺的资源，其价值越来越受到广泛重视，军用土地因地理位置优越备受追捧，军队建设工程因法律关系复杂而矛盾突出。在此背景之下，部队与地方之间进行军用土地转让、国防战备工程建设、房地产合作开发中出现涉法问题就越来越普遍。但问题是，无论是理论界还是实务界，无论是军方还是地方，对部队与地方军用土地转让、国防战备工程建设、房地产合作开发等法律问题的研究都远远不够，由于军事法规、军事规章和法律法规及相关司法解释等存在重大衔接障碍，在部队建设实践中产生了许多纠纷和涉法问题。我们作为城市建设和不动产领域的专业法律服务提供者，作为总参谋部法律维权协调机构的军队律师，深深感到对部队与地方军用土地转让、工程建设以及房地产合作开发等法律问题进行系统深入的研究是非常有必要的，并将研究成果呈现给相关各方，以期为国防和部队建设提供专业、高效的法律服务保障，从而捍卫军队的核心利益。

基于上述考虑，由总参维权南京中心军队律师和我所专业律师合作，经过深入研究共同推出本期增刊。从军队房地产开发的法律规范和制度及禁止性规定、经营方式和审批制度，到经营合同的特点和经营合同与租赁合同的纠纷处理；从军队与地方合作开发法律问题、风险分析、合作模式、主体资格，到以军队角度看开发商应注意的问题；从军用土地、军队工程建设到滩涂与海岛的开发利用与保护；从法规梳理、理论研究到案件分析，较全面、系统地将上述成果呈现给大家。

该期所刊有关军队建设工程和房地产开发的论文共14篇，具体是：

《部队用房拆旧改建联营合同一审被判无效二审改判案的三个法律问题解析》（作者：上海总所朱树英）；《论军用土地使用权转让合同中的审批》（作者：总参维权南京中心黄伟）；《部队与地方合作开发房地产主体的资格问题》（作者：上海总所曹珊、宋艳菊）；《军队自建住房法律性质及风险分析》（作者：总参维权南京中心谭波）；《军队与地方房地产联建合同法律风险分析及防范》（作者：北京分所刘治勇）；《从军方角度谈谈军地房地产合作中开发商应当注意的问题》（作者：昆明分所孙可）；《军队房地产开发的法律规范和法律制度》（作者：北京分所岳玲）；《部队与地方合作开发房地产的若干法律问题研究》（作者：上海总所林隐）；《军地合作开发模式刍议》（作者：杭州分所曲笑飞）；《军队地块合作开发合同纠纷案件解析》（作者：上海总所朱树英、宋仲春）；《军队房地产开发经营的方式及审批制度——军队房地产开发中的禁止性规定综述》（作者：北京分所孔令昌）；《军队房地产开发经营合同特点解析》（作者：昆明分所张丽）；《论军产房买卖的法律适用及其合同效力》（作者：北京分所谭敬慧、黄鹏）；《我国滩涂和海岛开发利用与保护的相关法律问题研究》（作者：上海总所曹珊）。

我们和总参维权南京中心合作以增刊形式编撰的上述所刊的派送，配合我在“全军法制工作会议”上的主题演讲，我和建纬律师事务所全体同人对本次会议中我的主题演讲的重视程度，以及认真负责的精神都给全体与会代表留下深刻的印象。

### （三）四个月合编、出版《军队房地产与建设工程法律实务》

我在“全军法制工作大会”上的演讲只有半小时，即便加上派送的专题所刊，对于广为宣传军队建设工程与房地产法律实务还远远不够。考虑到军队内部从事法律服务的律师，原先承办的都是涉及军婚、军人遗产继承以及军人犯罪案件等一般民刑案件，对处理建设工程和房地产专业案件缺乏经验，而军队的法制建设又迫切需要一批熟悉军队建设工程和房地产法律业务的专业人员。为扩大“全军法制工作大会”的影响，在这次大会后，总参维权南

京中心听取了与会代表的意见：对我们提供的专题所刊表示感谢，只是觉得内容不够全面，不够“解渴”，对军队建设工程和房地产法律实务的指导意义也不够到位，迫切希望我们能够编写、出版一本全面、系统介绍军队建设工程和房地产法律实务的专业书。我当即承诺：同意由我们建纬律师事务所和总参维权南京中心的军队律师共同组成写作班子，尽快完成该书的案例收集、研究编写工作。经过四个月的高强度的努力攻关，2011 年 12 月 28 日完成《军队房地产与建设工程法律实务》全稿，2012 年 6 月由法律出版社正式出版（注：目前解密期限未到，尚专供军队使用）。全书分为 9 章，结合涉及军队建设工程和房地产由地方中级、高级人民法院和最高人民法院判决的生效典型案例 81 个，共有 167 万字，包括从军用土地使用权流转、军队房地产合作开发到军用土地确权和侵权的法律实务，从军队房地产买卖、军队房地产租赁到军队房屋权属的法律实务和从军队工程建设实务到军队房地产行政诉讼、军队房地产与建设工程诉讼策略及其他的法律实务。我们从搜集到 260 多个相关案件中选用 81 个典型案例，每个案例都从争议主体、审理法院、基本案情、争议焦点、裁判要旨、法律解析、对策建议七个方面进行了系统分析，全面、系统地将上述成果贡献给军队读者。为合作编撰这本书，我们建纬总所、分所共组织了 64 个专业律师和维权中心派出的 7 个军队法律干部组成该书的起草班子，共同搜集已有生效判决的相关案例，分工负责撰写各章各节的综述和相关案例所涉法律问题的分析。本书由我和维权中心主任黄伟大校共同落款的前言《关注军队房地产开发和工程建设的法律风险——解析案件成败得失，捍卫军队核心利益》，对成书和重要的现实意义做了如下总结：

军用土地和房地产开发以及军队工程建设事关国防和军队核心利益。我国《建筑法》《土地管理法》《政府采购法》等基本法将涉及军用土地和军队工程建设的问题授权或委任给国务院或中央军事委员会另行制定相关行政法规，为此，中央军委、各总部、各大区、各军兵种陆续颁行了大量的军事法规和军事规章，主要有：《中国人民解放军工程建设管理条例》《中国人民解放军房地产管理条例》《军队经济适用住房建设管理办法》《军用土地使用权转让管理暂行规定》《军队战备工程建设管理暂行规定》等。上述军事法规和军事规章为部队军用土地使用权转让、工程建设、房地产开发、联合建房等领域提供了相应的法律依据。

随着我国国防建设发展以及军队后勤保障社会化进程的加快，部队各类开发建设项目对土地的需求急剧上升，土地作为一种稀缺资源，其价值越来越受到广泛重视，军用土地因地理位置优越备受追捧，军队建设工程因法律关系复杂而矛盾突出。在此背景下，部队与地方之间进行军用土地转让、国防战备工程建设、房地产合作开发中出现涉法问题的情况越来越普遍。但问题在于，无论是理论界还是实务界，无论是军方还是地方，对部队与地方军用土地转让、国防战备工程建设、房地产合作开发等法律问题的研究都远远不够，由于军事法规、军事规章和法律法规及相关司法解释等存在重大衔接障碍，在部队建设实践中产生了许多纠纷和涉法问题。我们作为总参谋部法律维权协调机构的军队律师和城市建设与不动产领域的专业法律服务提供者，深深感到非常有必要对部队与地方军用土地转让、工程建设以及房地产合作开发等疑难复杂的纠纷案件进行梳理、解析，对相关法律问题进行系统、深入的研究，并对军队系统房地产开发和工程建设的依法经营、对健全相关的立法提出有针对性的建议和对策，以期为国防和部队建设提供专业高效的法律服务保障，从而捍卫军队的核心利益。

基于上述考虑，总参维权南京中心军队律师和上海市建纬律师事务所的专业律师经过深入挖掘，收集具有典型意义的涉军案件，研究共同推出本专题法律实务书。本书分为九个专题，共搜集81个由各级人民法院和仲裁委员会审理的典型案例，每个案例均从争议主体、审理法院、基本案情、争议焦点、裁判要旨、法律解析、对策建议七个方面进行系统的研判。全书从军用土地使用权流转、军队房地产合作开发到军用土地确权和侵权的法律实务，从军队房地产买、军队房地产租赁到军队房屋权属的法律实务，从军队建设工程法律实务到军队房地产行政诉讼及军队房地产与建设工程诉讼策略及其他的法律实务，全面、系统地将上述成果呈现给大家。

同时，全书以编委会名义配发的后记，真实全面地反映了建纬律师的集体攻关能力和集团作战能力：

本书自2011年9月中国人民解放军总参谋部法律维权中心与上海市建纬律师事务所一同策划起到现在完成写作，历时4个月，参与写作者达71人，其中军队系统作者7人，建纬专业律师作者64人。这期间经历了收集案例（从最初收集到约260多个相关案例，到经筛选至目前的81个案例）；写作任务分组、写作；各写作小组内部审查、交叉审查、修改；总审查组逐篇审查、再修改；总审查组集中再审查、统稿、定稿5个过程，开了4次电话会议，3次集中开会讨论，无数的往来电邮和电话沟通，终于完成目前九章综述、81个案例解析，共计约167万字的书稿。

本书所有参与写作的作者如下：

综述部分从第一章到第九章的作者分别为：雷泽山、赵航和张丽，朱树英，熊煌，李东华，陈沸和曲笑飞，李文龙，朱树英和谭敬慧，黄伟和谭波，贺倩明。

案例解析部分的作者为：案例1：雷泽山、杨红芳；案例2：雷泽山；案例3：李俊华、杨阳；案例4、5：孙可、赵航；案例6、8：邓踹瑶；案例7：杨阳、林剑秋；案例9：陈磊、张丽；案例10、11：朱树英；案例12、13、14：陈应春；案例15、18、19：宋仲春；案例22：宋仲春、谭波；案例16、17、20、21、23：曹珊；案例24：周志芳；案例25：张亮；案例26：吴海坤；案例27：戴勇坚；案例28：何凌峰；案例29：赵海、钱虹；案例30：钱正人；案例31：刘汉文；案例32：宋丽琴；案例33：王秦益；案例34：汪金敏、曲笑飞；案例35：陈沸；案例36：周旦平；案例37：张爱国、比俊俊；案例38：曲笑飞；案例39：王钦；案例40、41：郭青青；案例42：杨峰；案例43：梅燕如；案例44：赵庆周；案例45：李继忠；案例46：张志文；案例47：李俊华、杨红芳；案例48：刘居胜；案例49：刘慧玲、黄栋；案例50：挑春华、黄栋；案例51、52：杨涛；案例53、65：彭立松；案例

54、57：黄栋；案例55、62：王传巍；案例56、61：孙桂梅；案例58：黄鹏；案例59、64：孔令昌；案例60、63：朱中华；案例66：黄伟；案例67：姜欣、柏德新；案例68：姜欣、何为；案例69：谭波、吴植；案例70：周浪、谭波；案例71、72：陈广茂；案例73：贺倩明；案例74：贺倩明、叶汉杰；案例75：彭丹；案例76：王佳丽；案例77：张小明、徐帅；案例78：张小明；案例79、80：自栋栋；案例81：玉文兵。

要特别感谢总审查组朱树英、黄伟、谭波、曹珊、陈应春、宋仲春、曲笑飞、孙可、陈广茂、黄栋，他们在年底工作百忙之中抽出宝贵时间集中进行书稿的审查、修改、梳理、定稿工作。其中，建纬杭州分所曲笑飞法学博士写作的案例解析及综述为全书写作起到模板的作用；来自军队的建纬昆明分所专业律师孙可提出的审查细节方案，为整个审查工作的顺利进行起到良好作用，兹以特别致谢！还要感谢建纬总所的全全、徐婿琳、马德徽等秘书助理为本书稿的整理工作所作的贡献。

《军队房地产与建设工程法律实务》一书的正式发行，在军队法律界内部产生重大影响，全军营房处长以上干部人手一册，并成为军队建设工程和房地产领域法律实务的工具书，成为全军两项普查工作的指导书。由于该书在军队法律界的积极影响，南京陆军指挥学院在该书出版半年后，即2013年1月22日的一次常委会议上，再次邀请我为常委们现场讲授建设工程和房地产方面的法律知识。该书是我结合一次演讲而编撰成功的最具影响、文字量最大的一本专著，是我多年倡导的及时总结法律服务经验的建纬文化建设的结晶，也是律师的演讲营销结合出书营销最为成功的一个案例。

为了一次30分钟的演讲，举全所之力，倾尽所有，先出所刊，后有著书，不遗余力，做到极致，这就是我对“师者如何对受众负责”的切身体会和阐释，也是律师演讲和出书营销紧密结合的生动案例。我相信，这种精神不仅会让你的演讲和写作营销效果取得突破，从长远来看，也会使你人生的其他层面受益匪浅。

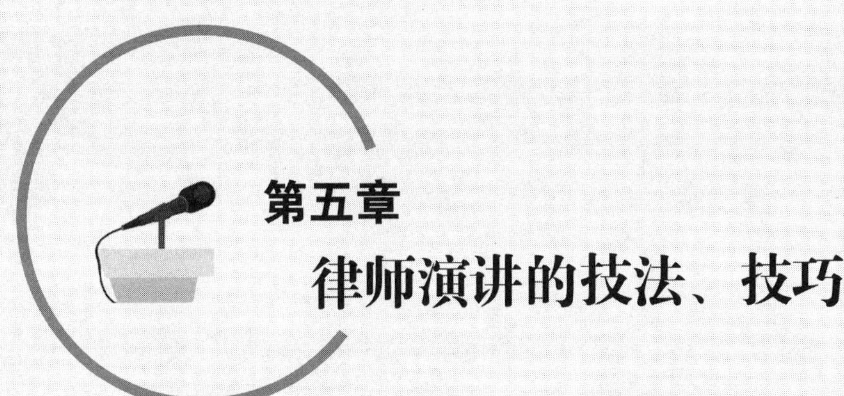

# 第五章 律师演讲的技法、技巧

一、注重受众交流，缩短教学距离

二、观察现场情绪，及时调整内容

三、注重开头结尾，突出演讲重点

四、巧用典型案例，精制演示模板

五、控制语言节奏，熟练修辞手法

律师讲课的实际效果如何，不能由自己来评价。我多次强调法律教育培训也是个市场，同样遵循适者生存的市场规律，市场的反映即学员的评价、评判才是演讲成败的标准答案。之前说过时下有很多以会议产业为主要经营范围的机构，他们为找到受付费参加培训学员欢迎的老师，时刻都在关注法律教学培训市场以及演讲老师是否受学员欢迎的情况。一名广受学员欢迎的老师，能够成为培训机构扩大招生的金字招牌。各大办班单位，尤其是高校旗下的社会办学机构为了吸引成人学员，除了学校本身已有的职业教授以外，对受学员欢迎的校外客座教授的选定更为重视。他们不仅会开展对校外教授讲课优劣由学员开展无记名书面投票的评价、测评工作，还有专人在关注、研究校外教授受学员欢迎的程度和原因。2006 年 5 月 10 日，我收到清华大学国际工程项目管理研究院和北京西雅理源建设培训中心共同发来的邀请函，特别邀请我担任第一期“清华大学实战型高层工程项目管理研究生课程班”法律实务模块的授课老师，具体讲授“工程项目纠纷与争端解决法律实务”。此课程模块的另两位授课老师分别是清华大学的资深教授朱宏亮和潘文。该在职研究生课程每年计划开班两期，由两家邀请单位共同举办，以资深项目经理和公司正副总经理为主要学员的精品研究生课程。他们再次邀请我在同类成人总裁班讲法律课，完全是对我已讲授的课程效果的首肯。之前，我已应邀在“清华大学实战型房地产总裁研究生课题班”担任法律实务授课老师，鉴此，我同时担任了中国最高学府清华大学的有关建设工程和房地产的两个实战型总裁研究生班的法律授课老师。据悉，之后，我之所以应邀在重庆大学、浙江大学、同济大学等高等学校的房地产总裁研讨会班讲课，也是这些大学咨询了清华大学总裁班负责办班老师的意见后才决定的。

清华大学对此类成人在职研究生班非常注重教学质量，对每位讲师的教学质量都进行比较并评优表彰。2006 年 5 月 18 日，清华大学房地产研究所和合作单位北京百年建筑文化交流中心共同在北京友谊宾馆友谊宫举行“清华百年房地产学联谊会成立大会暨 2005—2006 年度教学优秀奖颁奖仪式”。经两家主办单位审评，我获得“2005—2006 年度教学优秀奖”，评审单位给我的获奖通知上称：“鉴于您在‘清华大学实战型房地产研究生课程班’的多次教学中，精心备课、认真讲授，并且能积极营造课堂氛围，引导同学积极思考、互动交流，赢得了历届同学的广泛好评，经清华大学房地产研究所、北京百年建筑文化交流中心对 200 多位授课教师教学质量的审评，特授予您‘2005—2006 年度教学优秀奖’。”该年度共有 35 位校内外的教师获此殊荣。

总结我的律师演讲营销的经验，以及我上的课比较受学员欢迎的原因，简单说有注重交流、缩短距离、观察现场、调整内容、兼顾首尾、突出重点、精选案例、演示模板、语言节奏、修辞手法十条。

根据演讲前准备阶段的要求，结合成功演讲的一般规律和成人法律教学的创新实践，认真总结律师演讲营销的经验教训和技法技巧，使演讲营销成为扩大律师业务来源、提高律师创收能力的重要途径和行之有效的方法，这是提高律师演讲营销能力和水平的当务之急，也是律师已付诸演讲实践极其重要的实务结合理论的提高和升华。

## 一、注重受众交流，缩短教学距离

### （一）注重与受众交流，有利于演讲的因地制宜、有的放矢

成人法律培训讲课要受学员欢迎，最重要的是因人而异、因地制宜，结合实务，有的放矢，从实际出发讲学员欢迎、喜欢的课程内容。一般而论，演讲的技法技巧也许有很多很多，但是从成人法律教育培训演讲范畴的技术角度来讨论，我认为讲课受学员欢迎是一个最重要的带有前提性的问题。那么，从技法技巧讨论，注重演讲营销的律师如何解决这个重要问

题呢？本书第三章阐述的是律师演讲要获得成功的两大关键，该章“四、知晓听课目的，满足听课需求”说到我每次讲课至少提前半小时到课堂，目的是通过开讲前与学员的交流，及时了解受众的情况，此举是讲师了解社会办班学员听课需求的有效途径，也是从技术角度解决律师演讲受学员欢迎的主要方法。

总结我25年来1218次在外讲课积累的经验，我发现法律培训听课人员基本可分为两大类：一类是各种协会或会议公司举办的社会办学，参加听讲的受众基本上是学员自费或单位承担费用的个人学员，其中有很多个人学员就是律师，他们听课的主要目的是提高自己的法律知识或处理法律问题的能力；另一类是企业举办的专题法律培训班，参加人员虽然是各企业的领导或项目经理等相关人员，但这类企业办班的主要受众不是听课的个人而是企业，企业办班的目的是提高企业合同管理水平和防范法律风险的能力。我总结把这放在演讲技法技巧第一条的“注重交流受众”，主要从技术上解决讲师讲什么、怎样讲才是不同受众所欢迎的。之所以把这一条列为演讲技法技巧的首要问题，是因为律师外出演讲，首先就要针对个人和企业不同受众的不同情况、不同需求采取不同的交流、了解方式，从技术角度有效地与受众交流，是解决知晓受众听课目的，满足受众听课需求的关键问题。

1. 及时了解个体学员对课程主题和演讲内容的学习要求，有利于讲师随时调整讲课重点以满足需求

针对听课受众主要是个体学员的情形，讲师通过提前到课堂与学员的直接交流，能够交流了解此类积极主动注重专题法律培训学习的学员情况，能够了解到他们为什么要自费来听课及其要解决的具体问题等，便于老师做到演讲的有的放矢。我从技术角度总结解决演讲获得成功的两大关键的处理方法，其好处是使老师能够及时了解学员，了解班上学员的具体组成情况，结合课程设置的需求，我会利用课间休息时间抓紧听取学员对已讲过课程的反应以及对老师的要求和希望。律师外出面对社会办班的个体学员的讲课，注

重与学员的交流，听取学员的意见和建议，就会了解到有的课程学员反应并不热烈，而有的则能发现课程主题具有广泛的市场需求。个体学员中有相当部分的学员是经单位批准或者是单位指派来听课的，往往我的讲课还未结束，就有学员要求或者探讨能否到他们单位再讲一次。本书第三章“三、何为知晓受众，如何了解受众”说到我之前曾有一次中建政研在杭州举办的讲课，根据“混搭”听课受众多达700多人的情形，我具体演讲时的技术对策是以听课主要受众需求为主进行阐述，同时在涉及实务操作方法时兼顾其他受众需求的处理，使一堂课的不同受众都能有所收获。这次讲课的实际效果，是听课受众中有一位浙江宁波轨道公司的副总经理，他在课后找到我，邀请我以同样主题和讲稿去他们公司又讲了一次。

及时了解需求量非常巨大的社会办班个体学员对讲课的要求和希望，有利于老师及时总结、及时调整讲课内容和重点。我在课间休息时了解到的学员反映，会在后续讲课时及时注意调整，有的讲义中原准备放开讲的内容会有意识地压缩，而讲义中比较简单的内容会根据了解到的要求而放开、展开讲解。通过前一次与学员、受众交流了解到的培训需求，我会在下次相同讲课时随即调整。于是，我经常能听到组织连续办班的主办单位评价说：你这次讲课和上次同样课程讲的不一样，课程又增加了新的内容，学员反映也很好。因此，讲师及时与学员交流，倾听学员的意见，是提高并保证讲课质量的一个重要方法。

2. 律师了解企业合同管理实际情况和存在的问题，才能因地制宜适应企业法律培训需求

我在许多场合都发表过演讲，其中进企业讲课是最多的。对律师而言，如何了解企业通过讲课培训要达到的目的和要求，这是一个涉及领导想法的不易解决的难题。以建筑施工企业为例，现在的建筑施工企业，有国企和民企的区别，领导层对法律培训的认识程度不一；国企又有中央施工企业和地方国有企业的不同，领导层对企业合同管理和抗风险能力的认识也不一致。之前已分析，各类企业组织的法律培训课，其培训的目的和要求体现的是企

业领导的意思和意志，所以演讲律师去企业讲课要了解受众的感受，主要是要与企业领导进行交流。以我去陕西建工集团有限公司讲课为例，2008 年 6 月 7 日，我第一次应邀到陕西建工集团的五公司讲企业法律风险防范课，这一类课程是国内施工企业需求极其广泛而具体要求又各不相同的课程。为了解、掌握该公司邀请我讲课的目的和需求，我通过联系讲课的法务负责人，直接与公司法定代表人李忠坤总经理进行了交流，听取他对办班的想法和要求。没想到这位领导不仅对企业法律培训和风险防范高度重视，并且本人的法律意识也非常强，甚至拿出自己起草的落实工程价款优先受偿权的合同补充条款和我研讨。领导对这次专题培训高度的重视及其有效的组织让我刮目相看，全体听课人包括李总自己均穿着统一工装听课，反映出企业上下对法律培训的高度重视和敬畏。我在前期沟通中了解到企业组织这堂课的目的是建立法律风险预先防范的管理机制，这个题目虽然有点大，不可能以一次法律培训课就能够全面解决，但理解了企业的这一目标后，我的讲课就能够做到按需而讲，有的放矢。我从领导和部门如何重视法律风险防范以及如何防范、化解的角度，通过一系列的典型案例有针对性地进行讲解，同时也说明哪几个具体操作问题还需要另行具体分析研究。这次在陕西建工集团具有开场性的法律讲课受到了与会学员的高度好评，也引起了集团上下的共同重视。之后，我又于 2009 年 3 月 17—18 日在陕西建工集团总部，2012 年 6 月 2 日在陕西一建、2013 年 6 月 1—2 日在陕西三建，2013 年 8 月 30 日在陕西五建，2015 年 5 月 12 日在宝鸡的陕西七建先后六次讲课，围绕的基本都是同一主题。我在陕西建工集团有限公司的多次讲课引起整个集团的高度重视和强烈反响，对此，已调至集团任副总经理的李忠坤亲自执笔如是说：

回想起来，我受教受益于朱老师已十年有余。2007 年左右，当时我还在陕西五建任企业负责人，朱老师已经是蜚声建筑工程法律领域的“大咖”了，工作之余，我有幸拜读朱老师的相关专业书籍及文章，大受裨益。此时适逢国家实施西部大开发战略，陕西五建作为陕西省属的国有建筑施工企业，面对这历史性的机遇，急需转型升级、深化改革。但建筑行业是我国最早开放的行业，市场竞争十分激烈，加之建筑立法方面过多保护业主利益，限制束缚施工企业权利，使业主和施工企业的权利义务失衡，企业明显处于弱势地位。尤其在招标条件、合同条款等方面十分被动，很难争取到平等的合作地位，再加之国有建筑企业处于从计划经济向市场经济过渡阶段，法律维权意识不强，风险防范意识淡薄，导致企业面临的风险日益加剧。企业急需建立有效的风险防范体系，打造一支专业的人才队伍，给企业稳步持续健康发展提供保障。因此，我多次组织企业法务及部分项目管理人员参加朱老师在全国各地开展的培训，大家均为朱老师在建筑工程法律领域的高深学识和授课的严谨风格所吸引，尤其对朱老师做过10年木工，在大型建筑施工企业工作28年之后，又能转型建筑施工法律领域，并取得如此大成就的传奇经历所折服。

2008年6月，陕西五建第一次邀请朱老师对主要管理人员进行了施工企业法律风险防范的专题培训和针对性的指导，通过本次培训，有效地改变了五建核心管理团队的意识，推动了首批商务经理培养，着手建立了工程项目风险防范体系，效果显著。在我2012年调任至陕西一建后，特地邀请朱老师再次对主要管理人员进行了专题培训指导，给予企业在风险防范方面很多启发和建设性建议。通过各级领导和同事逐渐了解到，朱老师还在陕建集团总部及除五建外的其他兄弟单位多次进行过培训，同时对部分项目开展过法律风险分析和风险化解路径、实施方案的指导，使企业在法制体系建设、法务人才培养、项目风险防控等方面受益匪浅，让陕建集团一批干部有幸成了朱老师的学生。

朱老师在建筑工程和法律两个专业领域都有很深的造诣，将建筑工程管理和法律实务进行有机融合着实让人钦佩。建筑工程和法律是两门复杂的学科，法律的高深宽广令人望而却步，建筑工程对专业性和实践性有非常高的要求，两个专业均需要穷尽半生精力方能学精、搞懂。国内能够将法律和建筑施工技术管理有机融合的专家凤毛麟角，特别是专注于建筑工程和房地产的专业法律研究，将法律纠纷、合同管理等问题和建筑施工流程、技术规范、惯例等实务完美结合，在业内朱老师是最杰出的一位。

我本人多次邀请朱老师给企业培训授课、传道解惑，也就企业风险防范体系建设、人才队伍培养、具体工程案例分析和朱老师进行过深入交流，对朱老师最深刻的印象就是“三乐”。

一是乐于案件钻研。朱老师始终奉行“业精于勤，成于思”的理念，三年著书130余万字，发表100多篇论文，所著书籍大部分是以自己20多年来承办的千余件案件为基础分析整理，成了从事建筑工程和房地产专业法律服务人员的必读书目。这些都源于他几十年如一日的不懈钻研，对经办案件的深入分析总结，尤其难得的是，朱老师并不仅局限于案件本身的研判，能通过具体的案件挖掘企业和项目在招投标、合同管理、预结算、财务等方面的深层次根源问题，这也是朱老师的著作和演讲深受法律界、企业界人士一致认可的原因。

二是乐于行业服务。从业28年来，朱老师致力于在建筑工程和房地产法律法规政策方面的研究活动从未间断和停止。从89版、99版、13版的施工合同示范文本，两次司法解释，招投标条例等国家层面出台的文件起草，到各地方相关政策法规的研究，朱老师都乐于参与其中，从前期的调研到后期的宣贯都全情投入，毫无怨言。就像朱老师讲的，不管政府主管部门下达的任务有多难、时间有多紧，他都是想尽一切办法，克服一切困难去完成，为建筑行业立法及推动法制体系规范化作出了应有的贡献。

三是乐于知识传播。从业28年，演讲培训1000余次，全国各地东奔西跑，平均每年坐100多次飞机，每次演讲和培训，都会毫无保留地把自己所知全部奉献出来。朱老师的演讲，受众对象广泛，不仅包括企业、律师，也有政府人员、法官，已然成了建筑工程和房地产专业法律领域内公平正义的化身和行业风向标。接触最多、感触最深的是给企业培训授课，每次朱老师都提前沟通内容和需求，策划到位、细心周全，通过亲自承办的一个个生动案例，结合企业在管理及法律实务方面的实际需要，提出企业存在的法律风险，给出针对性、实操性的具体措施和方案，培训内容实用有效，每每听之让人茅塞顿开，醍醐灌顶。

朱老师是上海的“东方大律师”“海派律师第一人”，国内当之无愧的建筑工程专业法律领域翘楚，但他从未以此为傲，仍然全心全意致力于建筑工程疑难复杂案件的钻研，仍然充满激情地对近几年建筑行业内的PPP等新模式、新事物和实务操作中的新问题进行学习研讨，仍然一如既往地热心于建筑工程法律知识的传播。虽已年过花甲仍未退休，这种勤奋的精神让人由衷的钦佩。

### （二）缩短教学距离，有利于演讲的师生互动、教学相长

成人法律培训市场本身存在的一个弱点，是法律规定的固化和条文的机械呆板，引起讲课老师与非专业研究相关法律的受众和学员的远距离感，如果加上法律演讲老师讲课的枯燥乏味和缺乏生动感，往往会使法律课听众的听觉疲劳而打瞌睡。因此，缩短教学距离就成为教师一种重要的技术能力。律师外出讲课或演讲，缩短与受众或学员的距离感是讲课老师首先要考虑解决的技术问题，距离感的缩短有利于调动受众学员听课兴趣。注重交流受众，是为了解学员是谁、他们想听什么等讲课的针对性和有效性的问题，而在技术上随之需要解决的则是如何缩短老师和学员之间的教学距离，使演讲产生近距离又有亲和力的客观效果。

法律上课也好，演讲也好，调动学员和受众的学习积极性，主动义务和责任在于教师。从这个角度分析，上课有没有人打瞌睡，其责任也在教师，教师要分析学员为什么没有被调动学习的积极性，以至于花钱来课堂打瞌睡？教师何以不让受众和学员听课产生困倦感？教学距离被技术处理后的有效拉近，有利于调动受众和学员的听课积极性，使人产生思索和联想，也就能有效地解除听讲人的听觉疲劳和困倦感。因此，从技术层面分析研究教师缩短与学员的教学距离，是需要教师高度重视并在教学实践中不断修炼和完善的技术能力。

1. 课前查阅相关资料，做好预案准备，功夫自然不负有心人

我在国内建设工程和房地产领域法律教学的长年勤奋耕耘，已形成一定

的名声，有许多相关的企事业单位，包括一些十分专业的企事业单位会主动联系邀请我去讲法律课。以建筑施工企业为例，除了以传统的房屋建筑工程为主业的施工企业会邀请我去讲课，有的还是多次讲课外，还有不少从事专业工程的施工企业，例如，中国铁路建设的中铁建设集团、中铁一局、四局、七局、十九局以及大桥局等铁建系统企业；中国电建企业包括北方、上海、广东、山东的电力设计院，相关电建公司，火电、水电以及核电的第22、23、24公司等专业施工企业；中国交通建筑系统企业包括中国航运建设的一航局、二航局、三航局等单位都有邀请我去讲过法律课。为在这些专业施工企业讲课时缩短距离感，我会在课前通过网络查寻相关单位的基本特点、承建过的重大工程、在专业建筑工程领域的地位等基本信息，并且通过与邀请单位的联系明确讲课具体要求，引用案例时尽可能运用自己曾经办理的行业、系统内相关案件等方法，化解与学员之间的陌生和远距离感。

教师在做讲义和讲课准备时，不仅要事先了解邀请单位的基本情况，还要做好吸引学员关注的预案和拉近与学员的教学距离的功课。如果是给各地律师讲课，我会以自己担任全国律协建设工程和房地产专业委员会主任，我的责任和任务包括指导广大律师的专业实务，这也是我的工作职责和责任作为开头，以缩短与素不认识的听课律师的距离感。如果我去讲得最多的施工企业讲课，一般会以自己曾经在施工单位的工作经历作为由头，并且以“回娘家”的感觉做自我介绍，往往一下子就能让听众把我当成同行和自己人。甚至，我有一次应邀在中石油给全系统近百名总工程师培训班讲法律课，我以曾经担任原上海建工集团八建总经理、后担任上海建工集团总工程师叶可明的秘书，以及叶总的重视企业法制建设作为讲课开头，介绍了我当年是经过叶总的同意才得以去学习法律，最后走上律师之路的故事，以引起总工程师们学员对法律课以及我作为专业法律教师的重视。借用国家首批工程院院士叶可明的技术权威，及其在国内工程师范围内几乎无人不知的专业地位，加上我对工程领域专业术语的熟悉程度，使这次难度非常大的讲课，轻易就拉近了我和听课总工程师们的教学距离，使之一下子认可了我的讲师地位，讲课的实际效果也就非常好。

2. 选取与专业系统有关的案例，有利于拉近教学距离

我把在清华大学等高校讲课以美国哈佛大学的案例法讲课的经验，嫁接、引用到一般的法律讲课，采取结合自己比较丰富的司法实践和挑选自己曾经承办的案件，以及学员最喜欢听、最容易接受的以案说法的方法，尽可能拉近与受众学员的教学距离。以法律教学最常用、最能说明问题也最能引起学员思索和联想的案例法教学为例，我在实践中的技术应对，首先是尽可能举例与学员熟悉的行业和地区有关的案例，施工企业和听课人都会告诉我：你讲课的内容和故事好像就发生在我们单位。例如，我 2016 年 11 月 26 日在南通仲裁委员会讲课，所有例举的案件全都是与南通企业有关的案例。我多次去中建总公司系统讲课，例举的案例也基本都是中建系统的案例。我在讲课中往往介绍并阐述了一个典型案例，学员的积极性就一下子被激活、被调动了。仍以我去中石油总工程师培训班讲课为例，我讲课过程中运用的第一个典型案例是发生在上海的“比萨斜楼案”，这是我自己承办的一个有关主体工程主体结构质量缺陷涉及观察沉降鉴定的纠纷案件。经过先后三次共延时十年的沉降观察鉴定，最后确定在建 32 层高的办公楼整个结构工程的垂直度倾斜达到千分之五，严重超过千分之二的国家标准，从而确定主体结构质量不合格。我通过法院对这个案件质量责任的判决，说明施工企业重视工程质量以及加强相关技术资料管理的重要性。这个案例分析引起培训班全体总工程师学员的强烈反响和热烈讨论，因为案件反映的工程质量问题与总工程师们的工作直接相关，从而奠定了学员全天听课的高涨情绪和积极性。

2016 年 9 月 26 日，我应邀去武汉凤凰山的中铁大桥局集团有限公司讲课。中铁大桥局是一个非常专业的建筑施工企业，其前身为 1953 年为修建汉长江大桥经政务院批准成立的铁道部大桥工程局，是中国唯一一家集桥梁科学研究、勘察设计、工程施工、机械制造四位一体的大型专业工程公司，具备在各种江、河、湖、海及恶劣地质环境下修建各类桥梁的能力。去这样一个非常专业的单位演讲法律课，我以企业法务关注的话题、中铁系统的典型

案例以及与行业熟悉的语言，仍然获得听讲学员的好评。

大桥局副总法律顾问、党办主任马建国教授对这次讲课，以“朱树英登上中铁大桥局‘凤凰山讲坛’”为题如是评价：

位于江城武汉的中国中铁大桥局集团是世界一流的建桥企业，多年来坚持举办每月一期的“凤凰山讲坛”，邀请国内外的专家名人大咖做专题讲座，传授专业知识与正能量。按规划，2016年9月邀请法律专家来讲课。为此，本人提前半年联系上海市建纬律师事务所创始主任、合伙人朱树英先生，朱先生愉快地接受了邀请，把时间敲定在9月26日这一天。大桥局的法律粉丝们期待着这一天的到来。朱先生更是一言九鼎！

9月26日下午3点，风尘仆仆的朱树英大律师冒着酷暑来到了武汉，来到了中铁大桥局集团总部，走上凤凰山。大桥局的第37期“凤凰山讲坛”正式开始了。大桥局党委副书记、纪委书记汪小平主持，代表公司热烈欢迎朱树英到来，并详细介绍了这位有着“东方大律师”称号的法律专家。大桥局领导、机关各部门负责人及在汉单位领导班子成员等共150余人在凤凰山主会场参加了学习；各子、分公司、项目部负责人、法务人员等在分会场以视频形式参与学习。

朱大律师身着西装，健步走上讲坛，只见他红光满面，两眼炯炯有神。他开腔了，操着沪上普通话，底气十足。朱先生讲的题目是“从典型案例看大型专业施工央企法律风险及其防范”。讲工程法律，是朱大律师的精湛专业和拿手好戏。

朱先生语言风趣幽默、生动形象，牢牢抓住了听众们的注意力，不仅使听课人员领略了建设工程领域专业大律师深厚的专业造诣和娴熟的诉讼技巧，同时对建设工程企业的法律风险防范实务有了更加深刻的认识和理解。

在多年的法律实践中，朱先生也多次来武汉处理案件纠纷，他还担任武汉仲裁委的仲裁员，因此他讲解了他本人在武汉亲自操作的成功案例，更令堂下听者听得入神，共鸣连连。

朱先生通过对建设工程领域几个主要案例的分析与讲解，告诫在项目运营中务必做到以下方面：第一，坚守和加强合同签订审查和履行管理，建立完善的风险控制机制；第二，熟悉菲迪克合同条款，提高国际工程管理水平；第三，加强项目签证索赔管理，提高全员证据意识；第四，法务人员必须深入项目一线；第五，重视协商解决争议，切莫逞强盲目应诉。

朱先生长期担任多家大型央企的法律顾问，他原本就在国企建筑施工企业工作过。他对国企情有独钟。讲案例时，说到动情处，他慷慨激昂，给听众留下深刻的印象。我们盼望着再次邀请他来授课。

凡事预则立，不预则废。上述一家地方大型国有施工企业的领导和大型央企专业施工企业的总法律顾问亲自撰文对我的演讲作出的由衷评价和首肯，说明律师演讲事先做好预案，做好功课的重要性。律师通过处理好注意交流受众，缩短教学距离的方法，就能够主动把控演讲的成效，使演讲产生因地制宜，有的放矢；师生互动，教学相长的实际效果，这一技法技巧值得走上演讲营销之路的年轻律师们借鉴。

## 二、观察现场情绪，及时调整内容

积累 25 年不断实践着律师演讲营销的经验，我总结的 10 条律师演讲营销技法技巧的第一条是“注重受众交流”；第二条是“缩短教学距离”，说的主要是针对律师演讲开讲前从技术上要做的准备工作；第三条是“观察现场情绪”；第四条是“及时调整内容”。后两条说的都是律师演讲过程中要注意发现自己缺陷和失误并及时进行调整的技术问题。律师并不天生就会演讲，演讲的能力和水平从来都是在实践中学来，只能从不会到学会，从不擅长到比较擅长。律师能够及时发现并针对演讲实践中存在的不足和欠缺，结合演讲实践不断总结经验和教训，不断扬弃，不断前行，才能逐渐提高演讲水平，不断提升演讲能力。那么，律师如何发现自己演讲过程中的不足和欠缺呢？怎么采取有效措施呢？第三、第四两条技法技巧正是为此而设定。

律师的职业特点决定了很难在当事人或者同人中听到对自己演讲的不同

意见，更难即时发现自己演讲中存在的缺陷和问题。由于律师为当事人提供法律服务的特殊地位以及当事人有求于律师的实际情况，又因为律师具有比当事人更熟悉法律的优势，因此，律师的办案说话、法庭上的辩论或演讲中存有什么问题，很难在当事人或者在同人那里听取不同意见。当事人有求于律师、希望律师能够尽心尽职提供法律服务，即便发现了律师的说话不妥或者有其他问题，一般不会愿意指出来。律师因为好胜心和要面子，以及同行之间存在的职业忌惮，一般也不会给其他律师指出在演讲或上课中存在的问题。这样，律师能够及时发现演讲中存在的问题，主要只能靠自己的悟性，以及若要在演讲或讲课过程中即时发现自己存在的问题，只能靠自己在演讲过程中注意观察并自我扬弃了。这也许就是许多律师感觉自己的演讲水平提高有困难，或者律师已经发现自己的讲课或演讲效果不好，又不知道问题在哪里也不知如何解决的原因。根据我的经验总结，第三、第四条技法技巧正是律师演讲能够不断自我提高的有效方法。

### （一）善于观察现场情绪，有利于领悟到受众好恶、反应冷热

我多次说过成人法律培训教学也是一个市场，教师和学员都是市场主体。教学市场对教师讲课反应的冷和热，学员对教师评价的好与恶都反映出市场的客观规律。教师的讲课若吸引人便能够受到学员的欢迎，市场反应和评价就好；反之亦然。成人法律培训教学与在校学生学习的根本不同，在于参与成人法律培训的，有自己的动机和需求，他们也有自己的分析和判断能力；同时，成人有自己的本职工作，甚至是繁重的工作，例如施工企业的项目经理，他们在紧张的工作之余利用周末时间来参加法律培训学习也很不容易。成人法律教学现场经常出现许多干扰因素，如学员交头接耳、打瞌睡或进出走动，尤其是影响其他人听课的打电话。演讲律师要从自身的讲课缺陷是否是主要原因对这些情况进行分析，不能简单地用对待在校学生那样的“学习不用功”或者“不尊重老师”进行指责或批评。成人学员参加法律培训，在听课过程中因本职工作有电话或其他事情需要处理，偶尔有人接听电话或者拿着手机外出打电话出现的现场走动属于正常情况。如果教师上课主题的重

要性和内容吸引力不足以让学员认为听课比处理自己事务更重要，学员中必然就有人会接听电话或者走出会场去接打电话。这种情况表现出的是学员的听讲情绪，反映的是对教师讲课内容的关注程度和吸引程度。因此，从技术角度分析，调整课堂听讲纪律好与差的关键，在于教师能否随时观察教学现场的学员情绪，及时从中发现学员情绪反映自己演讲存在的问题，并及时从技术上进行调整。

不注意观察讲课现场的学员情绪，不注重研究、总结这一技法技巧以提高自身讲课效果，是不少律师在演讲时的通病。不少律师在演讲或上课时只关注自己的 PPT 文件或者只是按事先准备好的讲稿照本宣科，不能目视课堂各个方位，注意观察学员听课情绪的脸部表情，不能随时察觉教学现场的听课情况和学员情绪的变化，也不善于即时分析课堂上出现的学员不认真听课的原因以及如何调整的对策。演讲的律师面对讲课时不少学员都在打瞌睡，课没讲完一半学员就走了，怎么不总结总结经验教训呢？怎么不好好分析分析个中原因以及该如何应对、解决呢？演讲或讲课的律师不注重提高自己的技术水平，不注重总结自己的演讲是否吸引学员，一味报怨学员不用功而不总结自己的经验教训，也许正是有的律师已演讲了好多课，仍不见业务增加的原因。如果律师从师者角度加强自我调节，把课堂纪律好与坏，归责于教师调动学习积极性技术能力的高与低，律师就会严于律己，不断提高讲课能力和水平。如果律师不断提高演讲的技法技巧，演讲时善于随时观察教学现场学员情绪，就能够了解学员对自己讲课的意见；习惯于对自己讲课不吸引学员注意力进行原因分析，并且能够在讲课过程中即时采取相应措施予以调整，提高讲课的成效是完全可以做到的。

我在长期的演讲或讲课实践中，不断注意提高自己观察现场情绪和分析讲课是否吸引学员的能力，在讲课过程中随时观察课堂上学员的听课情绪，注意观察学员听课时的脸部表情和喜恶反应。我发现：如果听课学员对课程内容和教师的演讲内容比较认同和喜欢，面部表情的反应是全神贯注，会跟随老师的讲课进程而心领神会，赞成老师的说法时会点头或者脸上有意会的微笑，听到老师讲解比较风趣或者比较幽默时会发出笑声，甚至整个会场都会哄堂大笑；如果老师照本宣科或者讲解枯燥，则会环顾左右、交头接耳，或者紧锁眉头，脸上表情则是不以为然或者不屑一顾，有的学员还会犯困瞌睡。因此，老师若是注意到现场有人打瞌睡，甚至人数占听课人的比例较高时，就可以分析得出学员对课程内容的不接受和反感程度。

为提高学员听课积极性，针对课程内容需要，我在每次事先准备讲义时会刻意准备 1 ~2 个有趣味性和有针对性的典型案例，讲半天课时会放在发现学员犯困或厌倦时讲述，讲一天课时会放在下午讲课开始不久学员容易犯困时举出，以此来调动学员的听课兴趣，提高学员听课的积极性，这些技术处理方法在实践中每每能取得较好的效果。之前在第四章“二、律师敬业必须守时，演讲守时就是对受众负责”一文中说到过 2006 年 1 月 21 日，我应邀在北京由住房和城乡建设部举办的“工程造价改革与建设工程施工合同文本研修班”上课。听讲者中有北京房山建筑股份有限公司的二位副总经理，因为他们认为我的讲课内容与企业的合同管理息息相关，又因为北京冬季施工淡季即将结束，企业即将进入奥运场馆建设施工旺季。他们希望我近几天就能去北京他们公司讲课，由于我有工作安排无法前往北京，该公司研究后竟然决定，公司主要负责干部和部门负责人共 50 人奔赴上海，当面听我讲两天专题课。这个实践中不多见的企业重视法律培训的故事令人感慨，其中还有关于教师如何观察学员学习情绪的故事细节，同样值得总结和重视。

这次连接两天讲课的第一天上午一开始不久，我就发现有一位公司领导打瞌睡了，还发出打呼声音。课间休息时我先问培训的负责人：“是不是我的讲课不符合你们企业的实际情况？”

回答说：“讲得很好，我们都感觉你好像就是在讲我们企业管理上存在的问题。”

我再问：“那为什么这位会打瞌睡而且还睡得这么熟呢？”

回答说：“老师你不用理会他，他是我们公司有名的‘开会瞌睡虫’，平时就这样，只要一开会，他就会打瞌睡。”

我转而与这位领导交流对我讲课的意见。

他回答：“我是项目经理，是干工程的，这种法律课我听得多了，总是觉得与我干项目经理没什么关系。”

我告诉他：“我这个律师也是干工程出身的，你能否注意听听我后面讲的是什么内容？如果你还是认为我讲的与你干项目经理没什么关系，那你就当这次在上海的学习让你好好休息休息，继续打你的瞌睡，好吗？”

他说：“好啊。”

这天上午的下半节课，我对课程内容适当做了一些过渡后，把课程中原本要讲发生在武汉的一个有关工期管理的典型案例提前先讲。我介绍这个项目基坑施工时发生塌陷，项目经理未及时办理工期顺延签证手续，仅因为工作紧张而疏忽了只需一页纸的要求顺延工期的签证手续，导致发生纠纷最后被法院判决企业承担3032万元工期违约金的重大教训。我边讲边观察这位领导的听课情绪，可能是因为我事先专门去交流过，也可能是这个案例具有很强的说服力和震撼力，我发现这位领导不再打瞌睡了，开始全神贯注在听讲，而且在此后的听课过程中他再也没有打瞌睡。在两天培训结束时，公司有人调侃：“朱老师的课确实讲得好，终于治好了我们有名的‘开会瞌睡虫’”。

律师的演讲从技术上注意调节学员对听课的关注程度，注意以抽丝剥笋、由表及里，深入浅出、由浅入深的方法不断提高学员的听课积极性，以有针对性的技法技巧使课程内容引人入胜，引起学员的关注，一旦听课学员的情绪被调动进入想听、愿听的角色，课堂纪律自己就会井然并且学员接受讲课的积极性就会大增，如是，律师演讲吸引学员的目的也就达到了。2000 年 12 月 2 日周日，我应邀在杭州招商宾馆给浙江省律师协会组织的专题培训讲课，主讲律师的建设工程和房地产法律服务操作实务。由于我讲的内容用律师的话说都是“干货”，都是实务操作经验，听课的律师精神都比较集中，会场秩序井然。下午讲课开始时，我发布安民告示与学员商量：考虑到有从全省各地赶来听课的律师下课要赶回家，我们下午课间就不休息了，有需要方便的学员可自便。大家同意吗？下面有律师大声反对说：“不同意。”我问：“为什么？”回答说：“因为我们出去时你讲的内容就听不到了。”这样的回答令人感动，其理由我当然只能同意，只是由衷感到浙江律师学习法律实务操作的感情太投入、太执着了。

### （二）及时调整演讲内容，有利于演讲的有的放矢，迎合需求

律师演讲在解决知晓都是谁在听以及受众想听什么的前提之后，就应该有的放矢，迎合受众的需求，讲受众最喜欢听的主题内容，也就是学员所说的老师讲课“有料”和讲的是“干货”。律师根据这样的要求可以在演讲前准备好讲义和 PPT 文件，但是律师事先准备的讲义内容是否符合了受众的需求？演讲重点是否有的放矢？演讲是否吸引了学员？这些只能在演讲过程中得到检验，演讲人也只有通过现场观察受众的听课情绪来分析判断。律师在演讲过程中注意观察讲课现场的学员情绪，凭自己的经验在掌握了学员学习情绪的冷热以及对讲课内容的好恶，就应当及时调整自己的演讲内容和侧重点。这反映的是演讲律师的课堂驾驭能力，根据课堂学员情绪反应及时调整讲课内容以及重点也是一门演讲技术，是一门律师驾驭自己的演讲以吸引受众、学员的技术，而且是可以提高讲课成效的更重要的技法技巧。

因此，律师在实践中为做到演讲内容的有的放矢，使之符合学员的听课需求，应当根据法律培训市场的需求和受众听课的现场反应及时调整讲课主题和重点内容。律师及时调整讲课内容一般有三种情况。

1. 根据市场变化在开讲前就及时调整主题内容

律师受邀外出讲课或会议演讲，一般都会提前收到邀请，甚至几个月前已收到邀请或通知。律师需要根据演讲主题和主办方的要求提前做讲课或演讲的准备。在通常情况下，律师的讲稿和演讲内容还要提前经主办方审查，也就是说律师外出演讲或讲课的内容事先是已经确定的。但是，在实践中经常会发生立法或市场方面的变化，律师为对受众、学员负责，需要在开讲前就及时调整演讲主题和主要内容。

本书第四章“四、对没有报酬的专业帮扶讲课同样认真、负责”有介绍：

2014年9月25日，西部讲师团赴陕西西安、榆林开展培训活动，我被安排参加了在西安的演讲。事先征求陕西律协演讲主题的意见时，他们对律师办理建设工程案件的时效问题感兴趣。但是，当年9月4日，国家住房和城乡建设部刚刚在北京召开“工程质量两年治理行动”电视电话会议，部署全国开展严厉打击工程转包、挂靠的违法行为。国家开展打击工程转包、挂靠的违法行为必然会扩大律师的业务来源，同时也会对律师相应的法律服务提出新的要求，尤其是住房和城乡建设部配套推出的《建筑工程施工合同转包违法分包等违法行为认定查处管理办法（试行）》即118号文件，对原先立法不明确且缺乏操作性的发包人违法发包，承包人转包、违法分包以及挂靠等违法行为作出了明确的界定，这必将在司法实践中产生相应的连锁反应，律师及时掌握相关规定有利于承接相关业务，也有利于该办法以及“工程质量两年治理行动”的顺利实施。作为住房和城乡建设部建筑市场监管司的法律顾问、起草制定该办法课题组负责人，我比较熟悉相关立法的背景情况。因此，我在西安的讲课经商得陕西律协同意，实际演讲时先简要介绍了“从典型案件处理看律师承办建设工程施工合纠纷案件常见诉讼时效问题的研判及应对”课程的主要内容，并给听讲律师提供了书面讲稿后，演讲主题改为“《建筑工程施工合同转包违法分包等违法行为认定查处管理办法（试行）》对律师专业法律服务提出的新要求”，我对上述118号文件进行了相对精准的解读，并对律师拓展此项业务的要求和方法进行了分析和探讨，尤其是有针对性地分析该办法涉及的发包人、承包人、分包人、实际施工人以及政府各方市场主体对律师的非诉讼和诉讼法律服务的巨大需求。我这次演讲临时调整的主要内容是当时最新、最前沿的律师专业法律业务，演讲主题极大地吸引了律师同人，共有1200多名陕西律师参加听讲。

这次在西安给西部律师讲课从技术上处理主题及时调整的实际效果是，我当天晚上就接到中央大型施工企业中国化工建筑集团驻西安办事处的电话，称听了参加当天听课的律师、办事处的法律顾问介绍，才了解这堂课的课程内容及其重要性。他们对当天未能有机会参加这次会议表示遗憾，迫切希望我能尽快安排时间到他们办事处给所属企业再讲一次课。我应邀于当年 10 月 16 日到西安这家单位以及他们的合作单位陕西建工集团八建合作举办的培训活动讲了一次。这个故事说明，律师演讲结合市场变化及时调整主题的重要性，以及调整后的演讲主题一旦吸引了听课受众能够产生的实际效果。

近年来，由于国家加强了立法，最高人民法院亦加强了司法解释，新颁布法律和司法解释的新规定使市场的学习、应对发生变化，尤其是当最高人民法院颁布了新的司法解释规定，市场和当事人对相关法律问题的处理需要立即予以调整。如果律师讲课或演讲的内容与此相关，就必须立即据此进行修改，演讲的主要内容和重点甚至基本观点都要临时进行调整，否则就会闹出笑话。2016 年 11 月 20 日，我应邀去宁波建工集团讲课，讲课内容是结合企业“走出去”战略会遇到相关法律问题的应对处理，其中涉及国际惯例工程独立保函的内容，事先准备并已印刷好的讲义内容涉及工程独立保函的定义、适用范围、效力及其如何依法处理的内容。这个讲稿涉及最高人民法院曾经先后发布两个相关的个案司法解释，这两个司法解释分别规定独立保函有涉外因素的有效，无涉外因素的无效，我的讲义中对最高人民法院有关独立保函的不同处理提出异议，并建议最高人民法院应予以修订。但是，就在讲课前两天即 11 月 18 日，最高人民法院为保障国家“一带一路”倡议，及时颁布了《关于审理独立保函纠纷案件若干问题的规定》，该规定第 23 条明确规定：“当事人约定在国内交易中适用独立保函，一方当事人以独立保函不具有涉外因素为由，主张保函独立性的约定无效的，人民法院不予支持。”该规定对独立保函的有效性做了新的统一规定。我 19 日知道后连夜对我的讲稿进行修改，确保了第二天演讲的及时性和准确性。如果不及时按新的司法解释对讲课内容修改调整，最高人民法院已经有了新的规定，我还在以原有老规定进行分析并要求最高人民法院进行修订，岂不要闹出大笑话？

2. 根据课前了解到的学员需求及时调整内容

我在成人法律培训讲课时会遇到这样一种情况，社会办学单位开班的培

训中，有时会临到上课前突然对原先明确的演讲主题作出改变，要求在原有主题外增加相关的甚至是不相关的主题，理由是单位报名听课的一批学员提出了新的要求。我认为这反映的是市场和学员的法律培训的特定需求，提出这样的要求也是以信任老师为前提的，对此类要求我一般都会接受。我对此的技术处理原则是：如果提出的是与原定讲课主题有关的内容，就在原有讲义讲课过程中临时增加相关的内容；如果提出的是与原定讲课内容不相关的内容，通过临时调整课程安排，增加预留现场提问环节时间，由学员提问我来回答的方式解决。

根据课前了解到的学员需求在讲课中及时调整内容的技术处理，最具代表性的是我在南通仲裁委员会安排的一次上课。2016 年 11 月 26 日，我应邀参加由江苏省南通仲裁委员会、江苏省南通市法学会联合举办的题为"'一带一路'倡议下建设工程法律争议热点问题"专题讲座。这次讲座学员组成"混搭"情况严重，听课人以南通仲裁委员会仲裁员、南通市法学会会员为主，同时南通市各大施工企业包括中南建筑、南通一建、二建、四建、六建的总经理、总工程师、总法律顾问以及南通市的律师等也闻讯赶来听讲，共有约 300 人参加了这次讲座。

根据南通仲裁委员会事先给我的讲课交底要求，我为给学员带去一场前瞻性、操作性的法律讲座，并已做好具体讲课准备工作。我以"建设工程法律争议的新情况、新问题、新对策"为题，从"一带一路"倡议下建设工程领域出现的新形势着手，结合国内建筑企业"走出去"产生的众多纠纷，列举了八个典型案例反映建设工程法律争议的新情况和新问题，以及妥善处理这些法律争议的新对策。在讲座开讲之前，南通仲裁委员会来电商量，经事先征集仲裁员的意见，希望我对以房抵债、招投标的效力、挂靠转包、工程价款优先受偿权等四个热点问题也能讲一下，说参会的施工单位也有一些问题到时也会提出来。

凭我的经验如果一堂课跨越几个主题，听课学员会因为内容零乱、感觉主题不突出，重点没有讲深、讲透而产生恶感，教师的课也没法讲好。所以，最后商定原演讲内容上下午各讲两小时，其他问题采取由现场学员提问我来答疑的方式解决。也就是说，这次讲课为不影响我原先准备的讲课主题，上午、下午除了需要各讲两小时主课，还要各留一个小时解答事先不能做好准备的各种问题。而实际上，讲座轮到互动环节时，我两个小时内回答了仲裁员学员事先提出的4个问题和施工单位临时提出的13个问题，一共有如下17个问题：

（1）在工程竣工时，合同所约定的债权尚未到期（支付工程款的期限尚未到期），工程价款优先受偿权何时起算？

（2）合同中约定以审计结果作为结算依据，根据《2015年全国民事审判工作会议纪要》第49条的规定，审计结果有问题的不能作为证据，那么该审计结果还是否可以作为结算依据？

（3）最高人民法院2004年《关于审理建设工程施工合同纠纷案件适用法律问题的解释》第26条规定，发包人只在欠付工程价款范围内对实际施工人承担责任，那么实际施工人是否可以直接向发包人请求支付工程款？

（4）发包人与承包人之间有仲裁约定，约定是否能够约束实际施工人对发包人的诉权，即实际施工人是否可以向法院起诉发包人？

（5）在工程停工的情况下，工程价款优先受偿权的起算点从何时起算？

（6）如何预防项目经理的表见代理？

（7）施工过程中的借款利息如何计算？

（8）实际施工人挂靠在一个施工企业名下，发包人资金链断裂，实际施工人请求被挂靠企业支付工程价款，被挂靠企业如何防范风险？

（9）施工单位进行劳务分包，分包单位再往下分给劳务班主，劳动班主老板再请农民工，农民工如何索要工资？

（10）如何预防项目经理或施工企业内部人员的表见代理？

（11）当事人约定了发包人收到承包人提交竣工结算报告的答复期限，但是没有约定发包人不按照约定期限给予答复的视为认可竣工结算报告。此种情况如何处理？

（12）施工单位拒不履行交付竣工资料义务，怎么办？

（13）发包方委托第三方进行造价鉴定，发包人和承包人已经按照该鉴定报告进行结算，分包人（实际施工人）就此鉴定报告提起诉讼，指出该鉴定报告有漏项，漏了埋管工程的造价，法院对该工程造价进行司法鉴定。针对埋管工程的价格，是以第三方鉴定报告的为准，还是以法院鉴定漏项的价格为准？存在漏项的如何结算？

（14）施工单位认为审计结论不合理，如何救济？

（15）大底盘独立地下室结构是否可以视为违章建筑？如何确定大底盘结构工程的竣工日期？

（16）业主甲将工程发包给施工总承包单位乙，总包乙又分包给丙，丙又分包给实际施工人丁，丁如何行使权利？是否可以请求乙、丙承担连带责任？

（17）建设工程施工合同无效，但建设工程已经施工完毕，承包人可否请求参照合同约定支付工程价款？

我这次在南通讲课因地制宜的随机应变，花四个小时讲课、两个小时答疑的技术处理满足了不同受众需求的实际效果。因为上述17个问题有南通仲裁委员会的仲裁员根据个案提出的，也有参加培训的施工企业代表根据企业合同管理现状提出的，他们各自的需求都获得了相应答案。律师演讲从技术上能够根据需要在讲课过程中及时调整内容，有利于演讲内容的有的放矢，符合不同学员的不同需求。要满足这样的讲课要求，对演讲律师的技术应对能力提出了更高、更严的要求。律师要根据课前了解到学员的听讲需求在讲课过程中及时调整内容作相应的技术处理，虽然这对教师即时应对的综合能力和技术的要求较高，但演讲的客观效果和学员反映也会较好。

3. 根据学员在现场提问时发现的难点问题及时调整内容

本书第二章“四、敢于面对最困难的现场提问答疑”，说的是律师提高演讲能力还应包括在讲课现场接受学员提问的能力。演讲律师应该不断培养并提升这样的能力，以适应成人法律培训的需要。这种能力的一大功效，是有利于演讲律师从技术上根据学员现场提问时发现的难点、热点问题及时调整演讲内容。而学员受众提出的难点、热点问题若能够及时解决，就会使远道而来的学员感觉听课不虚此行，物有所值，就会使听课效果大大提高。

2007年1月13—14日，我应山西省建筑业协会和山西省建工集团的邀请去太原讲课，他们共同专设有“三晋建筑工程合同高峰论坛”。我之前在2006年已讲过一次，这是在“三晋建筑工程合同高峰论坛”的再次讲课。会议主办方告知：我第一次讲课的反响强烈，许多当时未能到场的单位都要求我再去讲一次，说这次听课的基本上都是山西省内施工企业的项目经理和合同管理人员，他们在实际管理中有很多问题，希望时间安排为两天，能够多留点时间给学员提问。根据这样的要求，我和主办方商定两天讲课每讲半天，就留半小时给学员提问，我来答疑作互动交流。这次讲课的题目是“项目经理的合同管理及签证索赔”。在课程安排的提问环节学员提出了不少问题，其中有的是法律服务市场的新情况和新问题，有的是操作实务中的难点、热点问题。我在分时段回应答疑时发现这些情况后，在后续讲课中就结合这些热点、难点问题作进一步阐述。本书第一章“七、因为10年前的一堂课”中介绍了闻讯专程从内蒙古包头驱车赶来听课的原包头昆峰律师事务所、现建纬包头分所主任高文通的听课感受：“讲课过程中，朱老师由浅入深、旁征博引，法律法规、政策文件如数家珍、信手拈来，丰富的办案经验、精湛的理论体系、高超的办案技巧，朱老师像对待自己的孩子和学生一样，毫无保留倾囊相授。朱老师的讲课时而诙谐、妙语连珠；时而仿佛老者的循循善诱、语重心长；时而又指点江山、慷慨激昂。全场200多人，均全神贯注，听得如醉如痴。互动环节，与会人员纷纷提问，主持人手里握了厚厚的提问纸条，朱老师逐一解答，而且每个问题是对、是错，为什么？均有实质性答案，距会议结束已经过了半个小时，还有提问在继续。后来主办者把所有的问题编辑并装订成册，这本刊物至今珍藏在我的书柜中。”

律师在课堂回应答疑时发现与课程有关的热点、难点法律问题，在后续讲课时进一步展开阐述会产生什么样的效应呢？山西太原的这次讲课之后，我接到了当时并不认识的太原仲裁委员会秘书长的电话。说他们有疑难案件的一个仲裁员听了我的这次讲课深受启发，课间有学员提出的问题正是该案审理的疑难焦点问题。现在三个仲裁员对案件走向认识不一致，案件审理遇到了困难。询问我能否同意该案合议庭三位仲裁员携书记员一起来上海我的办公室专题合议一次，请我作为专家参加合议并给予专业指导，并说他们可以支付专家的相关费用。我确实没有想到，一次讲课根据现场提问所涉难点问题调整讲课内容竟然会引发这样的影响和需求，可见律师在演讲现场答疑环节帮助学员解决疑难法律问题的重要性。我欣然同意接受这个提议。该案合议庭于 2007 年 2 月 14 日专程从太原飞来上海，在我办公室召开仲裁合议会议专题合议讨论案件。我根据案情介绍发表了我的意见和建议，三位仲裁员对案件的认识也趋于一致。之后，根据我的建议案件后续审理得以顺利进行，案件裁决后当事人也无异议。

## 三、注重开头结尾，突出演讲重点

律师的一场演讲需要有事先准备好的讲稿，演讲稿本身就是一篇写作稿，虽然写作与演讲有表现方式和交流媒介的区别。从律师演讲实体过程的技法技巧来分析，一场成功的演讲和一篇好的文章一样，除演讲题目和各部分过渡照应之外，其主要内容有结构合理布局和演讲重点突出这两项基本要求。布局是否合理和重点是否突出是演讲能否获得成功的又两大技术要领，这也属于律师演讲过程中的技法技巧问题。这两个问题在技术上没处理好，就难以使演讲获得好的效果，由此，律师事先未准备好演讲稿就去演讲，事后就难以自我检讨演讲的成功与否，也不利于积累演讲的有关资料。在演讲实践中，听课人群中也是人才济济，稍微挑剔的学员常常会评价教师或演讲人有演讲的结构布局零乱、内容杂乱无章的问题，有的学员甚至反映说老师讲的内容毫无逻辑性，不知在讲什么，让人实在听不下去，不听也罢，一走了之了。大多时候课堂听课人的逐渐减少，往往与此有关。

说到演讲的结构合理布局，就必然首先会涉及演讲的开头和结尾的安排。一场好的演讲开场等于成功了一半，演讲一开始的引人入胜就起到稳定局面的作用，从而奠定了成功的基础；而演讲的结尾是否既简明扼要，刚劲有力，又能够使全场演讲通篇和谐，保持平衡，则是另一个必须从演讲技术上高度重视的关键。本书第四章“三、律师如何严格控制演讲时间”说到一次我产生轰动效应的 13 分钟主题演讲。2014 年 8 月 16—17 日，我应邀在鄂尔多斯党校参加“第八届中国房地产学术研讨会暨高等院校房地产学者联谊会”，由于在我前面演讲人的超时，主办方想方设法压缩后来演讲人的时间，本给我预定半小时，结果离原定会议结束时间只剩 15 分钟。因此，我临场把原计划演讲 30 分钟的内容调控在 13 分钟内讲完，并留 2 分钟给主持人作开幕式小结。我演讲开头结尾调控对策是：用时间 2 分钟通过连续提问方式简要介绍我的论文三个部分主要内容，后用 7 分钟分析为什么总参谋部的大贪谷俊山能够贪污数百亿元巨款的原因，结论是能够收取的土地出让金太多了，从而提出现行土地出让金一次收取的制度本身有漏洞，最后用 4 分钟归纳我提出改土地出让批租制为年租制的建议对于抑制高房价、抑制政府土地财政以及通过调控土地价达到降低房价的意义，并声明：会议事先已发放有论文集，大家如果对我演讲内容感兴趣，可以看我论文的文字内容。

演讲结构因故调整后做这样的安排，开头简明扼要，结尾突出演讲的主题意义，即使缩短时间后的演讲节奏紧凑，又突出主题演讲的社会意义和现实意义。我的演讲结束后全场报以热烈的掌声，主办方事后评价说，我这个演讲在本次会议所有演讲中给人印象最深刻，不仅巧妙处理了演讲时间，而且现场效果最突出，完全可以说是产生了轰动效应。可见一场主题演讲结构布局合理、注重开头结尾处理的重要性。

### （一）注重开头结尾，有利于演讲的优美生动、运用自如

律师演讲以什么方式开头，以什么方式结尾？演讲的首、尾两个问题值得从技法技巧深入讨论，这是律师在事先准备阶段就要想清楚、演讲过程须准确贯彻实施的技术关键点。不论是给时最短的竞选性自我介绍 3 分钟演讲，

抑或是通常会议时安排 15 分钟或 30 分钟的主题演讲，还是半天或一天甚至两天的授课演讲，演讲人都要有如何开头、如何结尾的技术安排。古人对写好文章有凤头豹尾之说，说的是文章开头要像凤凰的头部那样既多姿多彩又能引人入胜，文章结尾要像豹子尾巴那样既刚劲有力又能保持平衡。凤头豹尾之说既很形象，又很技术，此说完全适用于律师演讲。

1. 演讲开头像凤凰头部那样，既多姿多彩又能引人入胜

无论开会演讲或授课演讲，受众学员在一开始时都会关注演讲人主讲的是什么？这是因为演讲一开始时受众听讲注意力相对集中。所谓万事开头难，一场演讲有好的开头就能够从一开始就吸引听众的注意。总结实践经验，我经常采用并且实施效果也比较好的演讲开头方式，一般有以下五种。

（1）案例引入式。引用典型案例，最好是自己承办的典型案例作为演讲的开头，往往能取得出人意料的效果。针对法律培训教学本身的枯燥乏味，尤其是演讲主题本身的偏法理性，特别需要演讲人设法打破讲述的机械呆板，从演讲开始就引人入胜，而通过案例引入方式就能取得较好的实际效果。如本章中的“观察现场情绪，及时调整内容”所说，我通过讲述一个疏于办理工期顺延签证造成重大损失的典型案例，治好某领导开会打瞌睡的毛病，就是拜案例法演讲的技效、技能所赐。

我在演讲开头时，尤其是演讲主题偏法理性时经常采取案例引入法。前述第四章“四、对没有报酬的专业帮扶讲课同样认真、负责”说到我 2013 年 11 月 2 日在全国律协西部讲师团广西南宁站的讲课。广西律协要求就建设工程纠纷案件诉讼时效问题作针对性培训，这是一个律师在司法实践中不易把握的法律理论性很强的难题。我以“从典型案件处理看律师承办建设工程施工合纠纷案件常见诉讼时效问题的研判及应对”为题，在演讲开始不久就先介绍了一个典型案例，一般我会说：“请各位先看这么一个案件。”这个我自己承办浙江宁波中院的典型案件，涉及工程交付使用 5 年后还能否起诉并涉及质量争议的时效问题。我具体介绍案件审理中的司法鉴定建议质量缺陷的整改采取“整体顶升迫降的整改”方案，此方案针对楼层标高比设计要求低

5 厘米的质量缺陷，建议将已使用 5 年的建筑物先拦腰斩断，用 1596 个千斤顶把建筑物顶高 5 厘米，再灌注细石混凝土以抬高楼层，加以内外墙大面积钢板固定，所需费用 3870 万元。我的演讲如此开头，一开始就以实际案例中少有的“整体顶升迫降的整改方式”极大地吸引了受众的好奇心和关注度。

接着，我介绍了该案的诉讼对策是通过专家证人作证达到否定该司法鉴定方案。这样的开场，既解读了工程质量争议时效的复杂性，又介绍了司法鉴定的奇特性，通过这一典型案例的介绍，一下子就吸引住学员的好奇和全场注意力，演讲过程学员不时报以阵阵掌声，课间休息和演讲结束散场后，有好多学员围着我继续讨论相关法律问题以及如何才能使法院否定自己委托的司法鉴定意见。事后好几年里，就这个诉讼实践中不多见的司法鉴定意见被否定案例，律师学员见面还会与我探讨案件应对处理的经验教训和成败得失。

（2）名言警句式。古人有很多富有哲理的名言警句往往可以借鉴用以律师演讲的开头，尤其是给都有学问的律师演讲时。我经常会借用“业精于勤荒于嬉，行成于思于随”“春江水暖鸭先知”等名言警句来开场，并结合演讲主题做适当的解释或者引申。例如，我多次以“能说会写——律师的立身之本”为题给律师演讲时，演讲开始为解决律师如何才能取得演讲的成功的问题，我首先会借鉴苏轼所写江西庐山《题西林壁》的著名诗句，并说明西林是一座寺庙，在庐山北麓。诗说：“横看成岭侧成峰，远近高低各不同。不识庐山真面目，只缘身在此山中。”连绵起伏、雄奇秀丽的庐山整日在云里雾里，确实难识其真面目，但苏轼说的则是从不同角度和位置看庐山的不同感受及其原因。如果一试，站在不同的角度和方位看庐山，其感观结论果然千变万化。此情形与律师的演讲营销极其相似，即使是同一个演讲主题，甚至是同一份讲义，针对不同的学员其讲法和角度各不相同。律师演讲应以不同受众的立场作为出发点，只有站在学员需要的角度组织演讲才能解决其针对性。明确演讲的立场和角度问题，对于妥善解决律师演讲营销获得成功的关键性前提极其重要，也极其有益。我用这样的方式作为给律师演讲的开

头，既比较富有诗意，也使人容易接受。

（3）背景渐进式。根据特定演讲听众的高素质和主题的高要求，为从一开始就“镇住”学员，我会采用背景渐入的开头方式。所谓背景渐进式，可参见本书第一章“二、火上炙烤一整天，余音绕梁12年”中一次令我终生难忘的演讲。2004年12月25—26日，北京仲裁委员会和北京市高级人民法院共同举办针对最高人民法院《关于审理建设工程施工合同纠纷案件适用法律问题的解释》的高级研讨班，我的演讲任务是以“最高人民法院《关于审理建设工程施工合同纠纷案件适用法律问题的解释》对规范建筑市场的重要意义以及司法实践中应注意的操作问题”为题，在研讨班做一天主题演讲，并接受现场提问互动。

要说这次演讲之所以特殊和令人终生难忘，主要是因为这次听讲受众的特殊性让我感受到了前所未有的压力。演讲开始，当主持人、北京市高级人民法院民一庭张柳青庭长介绍我是北京仲裁委员会仲裁员时台下还一片安静，可继续介绍我是上海市建纬律师事务所主任时，台下前几排即刻一片哗然，交头接耳之声不绝于耳，只见有人表情愤怒、有人不解、有人惘然。坐在前排的法官们多半会想：律师又不判案，怎么找个律师给法官讲课？坐在后排的律师和企业人员当时都在替我担心：这可怎么办，这课还能讲下去吗？

我的演讲一开始先说：“我是一个专业律师，但我今天不会讲律师如何办案，而是和各位研讨如何运用即将施行的这个司法解释处理建设工程纠纷案件。可能有人不理解：律师怎样能讲案件裁处呢？原因在于我不仅是专业的律师，也是北京仲裁委员会的建设工程专业仲裁员，同时还是中国国际贸易仲裁委员会和上海、武汉、济南、厦门、常州、苏州、台州等仲裁机构的仲裁员，我被选定或被指定的案件基本都是建设工程纠纷案件，有许多疑难复杂的案件由我担任首席仲裁员，我有责任负责案件的最终裁决，所以，我有司法实践经验能够与各位分享。”我说完这些话，台下声音开始明显减小。

我继续说：“上午最高人民法院冯小光法官讲课时讲到了这个司法解释的制定过程和重要性，我还要补充几句。我们都知道现行《建筑法》已施行了6年。全国人大前不久决定修订《建筑法》，由住房和城乡建设部20名专家组成的修订起草课题组，我是其中唯一的一名律师。在课题组第一次开会时，分管的副部长王卫在任务交底时指出：‘最近，最高人民法院颁布了《关于审理建设工程施工合同纠纷案件适用法律问题的解释》，这弥补了《建筑法》的立法不完善。我们在讨论修订《建筑法》时，要把司法解释的规定尽可能设计到法条中去，使司法解释的相关规定有法可依。’因此，我认为最高人民法院这个司法解释毫无疑问正在推进中国建设工程的立法。”

我的演讲讲完这段开场白，台下声音止住了。背景渐进式的演讲开头有利于通过自我介绍的背景情况使学员了解讲师，信服讲师。

（4）连续提问式。演讲以连续提问式开头，能够从一开始就聚焦演讲主题，吸引听众的注意力。前述我在鄂尔多斯的那次演讲用时2分钟、以连续提问方式开头，我在这次演讲开头时说：“关于我，刚才主持人已有介绍，不再赘述。我现在要说的是：请各位大教授、大学者能够共同关注近年来为什么会出现谷俊山等巨贪现象？为什么现在腐败官员能够在土地出让环节动辄受贿数千万、数亿甚至数十亿财产？哪来那么多能受贿的钱财？原因在于现行土地出让制度是批租制，50年、70年出让金是一次收取的，因为有特别巨大的财产来源才造成了谷俊山等特别巨大的受贿。”我以连续三个问题提问，学员之后的反馈是“振聋发聩”地吸引了他们的关注，由此提出现行土地出让批租制改为年租制的建议引起他们的强烈共鸣，演讲在会场产生了轰动效应。

（5）缩短距离式。每当我到听众不太熟悉我或者比较特殊的企业去演讲或者讲课，我会采取缩短距离方式开头，尽可能以让学员感兴趣的话题缩短与受众的教学距离。本章“一、注重受众交流，缩短教学距离”记述，有一次我应邀在中石油给全系统近百名总工程师培训班讲法律课，在这个范围讲法律课我是第一次，学员一个也不认识。我以曾经担任原上海建工集团八建总经理、后担任上海建工集团总工程师叶可明的秘书，以及叶总的重视企业法制建设作为讲课开头，介绍了我当年是经过叶总的同意才得以去学习法律，最后走上律师之路的故事。借用国家首批工程院院士叶可明行业内的技术权威，及其在国内工程师范围内几乎无人不知的专业地位，加上我对工程领域专业术语的娴熟程度，使这次难度非常大的讲课，轻易就拉近了我和听课总工程师们的教学距离，使总工程师们一下子认可了我的讲师地位，讲课的实际效果也就非常好。

2. 演讲结尾像豹子尾巴那样，既刚劲有力又能保持平衡

演讲结尾类似于律师法庭审理最后环节的最后陈述，一般只用寥寥几句总结自己的中心思想或者主要观点。借鉴“凤头豹尾”之说的内涵，演讲结构应当包括结尾。与演讲开头一样，不论演讲时间长短，演讲结束应该有个结尾，演讲结尾应像豹子尾巴那样既刚劲有力又能保持平衡，结尾的语言表达应体现言简意赅、简明扼要的风格。但演讲的结尾与撰写其他文章有区别，演讲有时间的限制与控制问题，如果时间已到而演讲内容还没讲完，这时最要紧的是如何尽快讲完内容，结尾也无从谈起了。因此，我认为妥善处理演讲的结尾应在严格控制时间的前提下讨论。我在演讲实践中首先注重严格控制时间，在此前提下的演讲结尾常用的三种方法，都与时间控制直接挂钩处理。

（1）首尾照应，自然收束。如果演讲主要内容讲完时间正好到达，我一般会采取首尾照应或自然收束方法，用一两句话总结平衡，结束全场演讲。例如我在上海首届“东方大律师”自选主题的3分钟演讲题目为“上海律师应当成为专业领头羊”，演讲主题内容是结合我担任全国律协民事业务委员会（以下简称民委会）主任的工作，注释了律师界流行的“大型律所看北京，专业律师看上海”的说法，介绍我作为上海律师在民委会引领全国律师专业发展的成效。我演讲的开头控制用时30秒，结尾用时20秒，最后我说的呼应主题用时20秒的一句话是：“我作为上海律师的代表，引领全国律协近100名民委会的委员在各个专业领域的健康发展，进一步说明上海律师就是能够成为全国律师的专业领头羊。”这个压准时间演讲的一句话结尾，最终使让我被评为上海首届“十大东方大律师”的竞选演讲中，起到评委给我

投票的实际作用。

（2）适当议论，照应主旨。有时主办方给出演讲时间较多，尤其是那些时常达半天或一天甚至两天的主题讲课，要严格控制在时间到达内容正好讲完演讲内容难度较大。如果演讲主要内容已经讲完还留有少量时间，我一般会看着时间，据演讲的主题内容适当引申几句，或者议论几句，或者发挥几句，以强化演讲主题思想，让全场演讲在时间到达时顺利结束。

（3）归纳强调，深化主题。如果演讲的主要内容讲完还有较多时间，我不会重复已经讲过的内容，也不会拖泥带水无话找话，一般会根据现场学员提问或者课间休息时了解到的相关问题，结合课程的主要内容或重要观点换一个角度再适度延展强调几句，或者结合演讲过程中涉及的典型案件的处理结果，再适当延展补充几句，使演讲的结尾控制在时间到达时结束，这能够起到归纳强调、深化主题的作用。

成功演讲的技法技巧在演讲的开头和结尾部分，尤其要精心安排，处理得委婉得体，这是让学员受众对整场演讲产生好感、美感和舒适感的技术处理讨巧的重要环节，值得有志于坚持走演讲营销之路的律师们认真研究、仔细揣摩，以提高演讲的成功效应。

### （二）突出演讲重点，有利于学员的课后回顾，加深记忆

与写文章类似，演讲也须有通篇结构的谋篇布局安排，立意要新颖脱俗，布局要严谨周密，内容要首尾完整，过渡要互相照应，形式要详略得当。从一场演讲内容的结构分析，除了开头、结尾之外，其主体部分结构有竖式结构和横式结构的区别，演讲主体内容从上到下纵向发展一般为竖式结构，主要内容从左到右横向组合一般为横式结构。不论什么结构的演讲主要内容根据需要有时分成两个部分，有时分为三个部分，有时也会分为四个部分。为突出演讲的重点，让受众学员在听课时有个通盘的总体了解，我每次在讲解主体内容时都会开门见山地告知：演讲内容的哪一部分只是引出主要内容的铺垫，哪一部分是为了讲述主要内容的过渡照应，哪一部分才是本次演讲的要点、重点，需要学员重点加以掌握。在演讲的时间安排上，我按详略得当

原则一般都会对重点内容安排大部分时间着重进行讲解。在演讲的结构处理上事先言明演讲重点、要点的好处，有利于受众学员听课能够分清轻重，掌握要点，也有利于学员的课后回顾，加深记忆。

1. 竖式结构布局，在演讲阶段小结时归纳、突出重点

所谓演讲布局的竖式结构又称垂直结构，是指演讲的层次以事物的纵向发展、延伸进行安排的一种结构形式。2017 年 3 月 9 日，我应邀参加“2017 年度上海国际仲裁周”分论坛活动，“一带一路”（中国）仲裁院和武汉仲裁委员会共同主办“‘一带一路’倡议下中国国际工程与仲裁”分论坛主场。我以“一带一路”（中国）仲裁院副院长身份，在分论坛以“‘一带一路’倡议下中国国际工程建设与仲裁——高度重视前期仲裁实践反映的十大法律问题”为题，结合我国已发生的境外项目，按合同约定在国内仲裁的典型案例发表主旨演讲。根据主办方给我一个半小时以及主题需要，我结合案件发生在境外按约定在国内进行仲裁的特点，采取从上到下的竖式结构组织演讲主要内容。在规定时间内，我将演讲内容划分为三部分：第一，从典型案件看中国企业“走出去”的法律风险；第二，四个国内仲裁机构已受理前期境外建设工程仲裁案；第三，上述案件审理涉及十个法律问题及其准确处理。

律师在演讲过程中对结构内容的过渡照应，详略得当非常重要。如果这次演讲的三部分内容平铺直叙，逐次展开，时间肯定不够，效果也不会好。我在开讲时就言明其中第一、第二部分是铺垫、是过渡，主要由学员自己看，我的演讲重点是第三部分十个问题。在演讲过程中就第三部分的十个法律问题，我的 PPT 文件先列明是哪十个问题，在按秩序演讲时对每个问题也不平分秋色，重点突出其中的第三、四、五、六、七共五个问题。这样的结构布局既适应了时间控制要求，也突出了演讲的重点。

这次演讲采取竖式结构布局列明的十个法律问题分别是：

（1）当前国内建筑市场疲软，施工利润低，施工企业为化解“去库存”压力，在“一带一路”背景下向海外进发、“走出去”开拓新的市场。仲裁员对此情形及其因此引起的纠纷案件应给予高度重视。

（2）中国法人之间在境外发生纠纷会涉及法律适用问题。我国法律明确规定，涉外合同争议处理中的准据法选择以当事人意思自治选择的法律为基础，以最能体现该合同特征的一方当事人经常居所地法律或其他与合同有最密切联系的法律为补充。如当事人明确约定适用中国法律时，仲裁案件的审理及其裁决应以中国法律为准据。

（3）签订境外工程承发包合同一般分为外国发包人与中国承包商以及中国在外的投资人与中国承包人之间两种情形，此类承发包合同与承包人与各类分包人之间的总分包合同是两个彼此独立的合同，选择准据法时也应当分别对待，仲裁裁决的准据法也应分别适用。

（4）境外工程承发包国际惯例通常采取菲迪克（FIDIC）合同系列中的设计、采购、施工总承包即银皮书合同文本，我国法律称为工程总承包。适用国际惯例签订工程总承包合同引起的法律问题不同于国内的施工总承包合同，相关法律问题值得引起高度重视。

（5）裁处相关案件应顺应国家战略需要，应尽力维护合同效力。中国工程承包商“走出去”依法须经国家商务部批准，商务部审批境外承包工程会同时批准承包人与分包人以何种方式一起“走出去”。凡获商务部批准的境外承包工程项目，一般应确认其合同效力。

（6）境外承发包合同履行过程可能遇有不可抗力，案件仲裁须对发生不可抗力引起的争议予以处理。对于不可抗力，我国法律以及菲迪克合同都作出了相应的规定，但两者存在差别，当事人的合同又可能作有不同的具体约定，案件适用时应注意合同的具体约定。

（7）境外承发包工程的惯例都要设定工程担保。我国最高人民法院 2016 年 11 月 18 日出台的独立保函规定符合国际承发包工程独立保函的规定，为“一带一路”境外承发包工程担保提供了法律依据。实践中涉及解除独立的工程保函的，当事人通过约定置换担保方式来解决纠纷，仲裁裁决应予以支持。

（8）境外工程的造价鉴定较国内工程多有不同，仲裁庭应在考虑客观情况的前提下谨慎处理相关诉请。

（9）东道国或涉政府继承问题，我国建工企业可通过国内法路径或外交路径向其追讨合法债务。

（10）施工企业涉外纠纷可能会出现外文的证据材料，需提交翻译件或共同委托翻译机构翻译文本，翻译件应当注意公章的加盖方式。

演讲结构的如此布局处理，有利于引起听众的关注，也有利于学员的课后回顾，加深记忆。当天在现场听讲的上海贤思律师事务所的徐红梅律师，参加论坛后在个人微信上有感而发：我原来并不知道“一带一路”项目建设已经引起了争议并提起国内仲裁，也不了解案件仲裁中那么多的法律问题。看来确实要好好学习、研究朱老师的课件。

2. 横式结构布局，在演讲节点结束时强调、突出要点

所谓演讲布局的横式结构又称并列结构，是指根据表达需要，从几个方面并列地反映主要内容，以说明事物的特征或者需论证的中心论点的一种结构形式。2013 年 11 月 2 日，我在南宁给广西律师作题为“从典型案件处理看律师承办建设工程施工合纠纷案件常见诉讼时效问题的研判及应对”的专题培训，我以一系列典型判例分析律师承办建设工程施工合同纠纷案件常见的诉讼时效把握及其处理，论述有关工程质量、工期、造价争议的时效起算，并详细讲解了应对的方法和策略。根据建设工程纠纷案件诉讼时效集中反映在工程质量、工期和造价三个合同实质性内容的实际情况，需要一一讲清楚，我的演讲布局就采取了横式结构，并排罗列介绍了三个典型案例：

（1）从浙江省慈溪教育集团工程使用 5 年后提起质量缺陷诉讼并部分胜诉，看工程不同部位质量缺陷纠纷案件诉讼时效的相对性。

（2）从中强建工集团工程款案件被告反诉 6368 万元工期违约金败诉，看施工合同工期的开竣工期间认定的复杂性。

（3）从中建四局三公司 3 年零 11 个月后提出催讨工程款案件诉讼并胜诉，看工程款纠纷案件有关确认时效和返还时效的特殊性。

建设工程诉讼时效有关质量、工期、造价三大问题情况复杂且各不相同，我结合案例在讲述清楚每个问题的基础上分别提示要点。

• 关于工程质量案件诉讼时效应注意操作主要问题如下：

（1）工程质量缺陷不适用“出售质量不合格的商品未声明的”1年的短期时效，而适用一般诉讼时效为2年。

（2）施工过程中出现的地基基础、主体结构以及竣工验收各阶段的施工质量缺陷争议，其诉讼时效自阶段质量验收发现缺陷或阶段质量验收未通过时起算；如质量缺陷争议已委托鉴定的，自鉴定单位出具鉴定意见后2年。

（3）如合同约定发包人提出质量缺陷主张有除斥期间的，发包人在除斥期限届满未主张即丧失诉讼时效。发包人未经竣工质量验收或验收不合格便擅自使用工程，丧失主张一般部位和重要部位的诉讼时效，《建设工程施工合同司法解释》第13条对此有明确的规定。

（4）工程交付使用后，发包人主张承包人的工程保修责任，诉讼时效根据工程不同部位的最低保修年限而定。

①工程一般部位即一般土建、装修和管道工程的保修责任，诉讼时效为合同约定的不少于2年的保修年限后2年。

②工程重要部位即有防水要求的屋面、墙面、卫生间的保修责任，诉讼时效为合同约定的不少于5年的保修年限后2年。

③工程主要部位即地基基础和主体结构的保修责任，诉讼时效根据工程设计的不同结构形式而定：

a. 农村的砖木结构的房屋为不少于设计年限30年后2年；

b. 城市的砖和混凝土结构的房屋为不少于设计年限50年后2年；

c. 城市的钢筋混凝土结构的房屋为不少于设计年限70年后2年，上述案件法律据此受理完全正确；

d. 城市的钢结构房屋为不少于设计年限100年后2年。

（5）对承包人在缺陷责任期内应保修而未保修的责任，发包人的诉讼时效为缺陷责任期届满后2年。

• 关于工程工期案件涉及诉讼时效应注意的操作主要问题如下：

（1）工期为工程开工至竣工的期间。工程开工，分为计划开工日期（指合同约定的开工日期）和实际开工日期（指工程符合开工条件，承包人提请开工报告，发包人下达的开工通知或开工令载明的开工日期。由于符合开工条件主要指发包人已获得主管部门的施工许可证，故，实际开工日期通常会比合同约定的开工日期晚）。

工程竣工，是指工程合同约定的承包范围由施工图纸所载明的工程内容已经完工，竣工也有计划竣工日期和实际竣工日期的区别，合同计划开工日期顺延，计划竣工日期相应顺延。

（2）在施工过程中承包人要求工期顺延，或施工合同约定有形象进度节点工期的，发包人主张节点工期延迟，诉讼时效为当事人提出工期顺延或工期迟延签证申请后2年，如工期争议涉及工程质量缺陷的，诉讼时效为质量缺陷鉴定出具意见后2年。

（3）工程竣工后，发包人主张承包人逾期竣工，诉讼时效为工程实际竣工之日后2年，如合同约定发包人提出逾期竣工主张有除斥期间的，除斥期限届满丧失时效。

第三，关于工程造价案件涉及诉讼时效应注意的操作问题主要有以下几个。

（1）承包人主张预付款、进度款，其诉讼时效为按合同约定的支付期限提出付款要求后2年。

（2）承包人主张工程结算款，其诉讼时效自工程通过工程竣工质量验收、承包人提交竣工结算报告后2年，为发包人工程价款的确认时效，如工程价款结算已经确定，自确认之日后2年为承包人的返还时效，如承包人送出工程价款结算报告，发包人在2年未确认结算款，承包人的返还时效最长为4年，本案正是基于此才获得胜诉。

（3）承包人主张签证、索赔增加的工程款，诉讼时效为提交签证、索赔资料后2年；如合同约定除斥期间的，除斥期间届满，当事人丧失时效利益。

这个课程后来在好多地方的律协都有讲过，被律师们誉为我的“金牌演讲”课程。上述对建设工程纠纷案件质量、工期、造价三大实质性内容的诉讼时效的分析把握，我在演讲各节点结束时归纳、强调突出要点，帮助律师们分清轻重，掌握要点，演讲的录音有利于学员的课后回顾，加深记忆。这堂课让听讲的律师们在听课过程中清清楚楚，普遍的感受是建设工程纠纷时效问题确实疑难复杂，好多律师都说课后要好好回顾、好好学习我给出的书面讲稿。

## 四、巧用典型案例，精制演示模板

律师接受演讲或者讲课的主题一般由主办方决定，当然主办方安排律师演讲主题时也会照顾到律师的专业特长。律师演讲根据主办方安排的主题和自己的专业特长，演讲主题的结构和开头结尾的处理，都必须围绕既定的主题；演讲具体的结构形式安排，包括开头和结尾也都要由主题决定，运用结构内容和开头结尾的技法技巧也必须围绕演讲主题。从这一角度分析，律师围绕演讲结构注重开场结尾和突出演讲重点，都必须遵循演讲获得成功的一般规律，律师采取这两项技术处理手段都是客观的、被动的，都是为演讲的主题需要而服务的。

但是，律师为突出演讲主题的鲜明和重要，除了在结构和开头结尾的妥善处理以外，在演讲过程中自主地选择、运用典型案例和串插演示模板运用，同样是为了吸引众学员的重视和关注。在具体演讲内容布排时采取典型案例以案说法，应由演讲律师自主决定。律师选用什么案例？结合什么内容使用？从什么角度使用？都可以由演讲律师主动选定，尤其是律师选择自己承办的典型案例运用在演讲实践中会起到特别的效果。为提高演讲效果，现在的演讲通常都会采用 PPT 模板在现场演示使用，其间穿插案例现场或实体的照片，甚至是采访录像、电视视频等演示手法，这也完全可以由演讲律师根据需要主动采取。这两者不同于之前所总结的演讲准备阶段注重交流、缩短距离的技术要点，也不同于演讲过程中观察现场、调整内容、兼顾首尾、突出重点的被动遵循的一般规律，而是可以由演讲人自主创新、主动选择的技法技巧，这更能体现律师演讲的技法娴熟和技巧成熟。

### （一）巧用典型案例，有利于听课的以案论法、融会贯通

运用典型案例以案说法，是成人法律培训教学在演讲过程中最基本、最客观的技术要求，其效能在于能够化解法律课程的呆板和枯燥，吸引学员的关注，引起学员的兴趣。2005年5月20日，我接受清华大学第一次邀请在“实战型房地产总裁研究生培训班”讲课，邀请方只给我45分钟一节课时间，基本要求是由我自选一个有关房地产的案例，演讲时间为10～15分钟，其余时间是接受提问与学员互动讨论。主办方告诉我：这是借鉴美国哈佛大学的案例法讲学，以检验授课老师的课堂实战分析能力和互动答疑能力，并告知：清华大学外聘教师注重的就是案例法教学能力，这次听课人中有评判老师，如果能通过评选，今后才会继续邀请。

我认为这有何难？房地产专业律师有的不就是自己承办的案例吗？我按要求的时间介绍了自己为投资商承办的一个典型案件，标的5.4813亿元的东海广场房地产合作开发纠纷，这也是当时上海法院受理争议标的最大的案件。这个全部胜诉的典型案件具有可以吹嘘和炫耀的资本，但我只是介绍基本案情后即提出需要讨论的问题有二：第一，房地产开发商如何把握合作开发的合同效力？第二，如果合同无效，何以保护投资商的合法权益？我的案情介绍和随后与学员互动分析讨论都只围绕这两个问题展开，甚至演讲时连办案结果也没有涉及，直到在讨论过程中有学员问到这个问题，我才告知已追回了全部本息。这堂课的案例法教学在全部是房地产企业领导的学员中引起强烈反响。此后，我连续被清华大学邀请讲课，时长每次为半天，后根据学员反映和要求增加为每次一天，后来是两天。

这次讲课让我了解到中国第一高等学府的清华大学青睐美国哈佛大学的案例法讲学。所谓哈佛案例法讲学，是指原创于美国著名的哈佛大学商学院在Donham院长支持下，1912年ArchWilkinson Shaw教授在主讲经营策略这门课时，首次借鉴法学和医学的教学方式尝试案例教学法。此教学法是把现实中的问题带到课堂，以案例为中心，围绕一个教学目标，课前进行策划和准

备，通过教学双方共同的讨论、分析、提炼，归纳出一般规律以引起学员的共鸣。案例教学讲学把“马拉松式”培训变成“集中轰炸式”培训，让学生在课堂上就有厮杀战场的体验，以达到提高学生分析问题和解决问题能力的目标。

如是，律师演讲营销要获得成功，应高度重视并深入研究成人法律培训最适合的案例法教学。对具有成熟办案经验的律师而言其实这并不困难，因为律师具有司法实践经验，挑选自己承办的有针对性的案例轻车熟路，只是要能够分析、归纳出焦点法律问题并在课堂上和受众学员一起以案说法，以案论法而已。

1. 精选案例只为分析、研究、解决实务操作中的法律问题

成熟且有经验的专业律师都有丰富的办案实践，有许多亲身承办的案件可以选用，这不同于在校教师的法律教学需要搜索、寻找典型案例。要获得好的演讲效果，需要演讲人巧用案例，而巧用案例就需要律师根据需要解决的法律问题，挑选最有说服力的典型案件以说明课程需要解决的实务操作问题。2012 年 5 月 16—31 日，我应邀在中建八局以“以管理为要，唯证据为重——从典型案例看施工企业加强证据管理以及应注意的操作问题”为题，共五次为广州、北京、青岛等地的商务、法务人员，主讲大型施工企业如何加强工程签证索赔的证据管理，每次时长一天的课程内，我共用了八个有关的典型案例。这一演讲主题为广大的施工企业所欢迎，此后我在很多其他施工单位都有讲过。为说明施工企业遇到被拖欠工程进度款时能否索赔、怎么索赔、索赔什么这样一系列实务操作中的疑难问题，我选用法国某国际工程承包公司与上海某外商独资企业为双方当事人，因国际工程索赔与反索赔而由中国国际经济贸易仲裁委员会（以下简称中国贸仲）受理仲裁案件。本案合同全文采用的是 1986 版国际通用的菲迪克合同文本，案件的典型意义在于，争议双方仅因拖欠一个月的工程进度款，就引发索赔和反索赔款项共 2803 万美元的仲裁大案。

被申请人系由泰国某大型集团在上海投资组建的外商独资公司，该公司

投资3亿美元在浦东陆家嘴金融贸易区建设大型商业综合设施。为开发本项目，被申请人的母公司与由泰国七家银行组成的银团签订了贷款协议。1997年上半年金融风暴席卷东南亚，1998年年初，泰国众多银行陷入困境，有的甚至倒闭破产。上述银团受其影响也无力再向本项目注入资金。被申请人因不能支付到期的1998年3月的工程进度款229.55万美元。经过申请人先催告、后停工两个程序，同年6月12日，申请人正式通知被申请人，根据施工合同的约定解除合同。此时，整个地下室工程已近完工，申请人完成的工程量约占总工程量的1/4。同年7月8日，申请人向被申请人提交了金额为1158.87万美元的索赔报告。因双方对此协商不成，同年11月25日，申请人向中国贸仲提起仲裁，索赔金额为2543.32万美元，被申请人则就工程质量问题提出反请求260万美元。因此，本案涉案标的高达2803万美元。本案申请人委托的是一位精通欧洲共同体仲裁和国际工程索赔的英国大律师，被申请人则委托我作为全权代理人。

本案申请人因被拖欠工程进度款提出的索赔分为三个部分，包括已完工程价款、终止合同前后的直接损失、终止合同引起的预期利益损失三大部分，具体分为19个索赔项目，已完工程价款包括已完成工程价款、已开始未完成工程价款、开办费等项；终止合同前后的直接损失包括合同终结前工程延误损失、移走临时设施设备的费用、合同终结后遣散期间的开办费、履约保函延期手续费、未足额收回的政府规费、申请人外籍员工提前终止住房租约的损失、未足额积累的人员遣散费、遣返人员待工费、未足额积累的机械设备费、分包合同解除费、材料仓储费、法律咨询费、利息损失等13项；终止合同引起的预期利益损失，包括总部管理费、风险费及利润共3项。

实践中拖欠工程款项包括拖欠工程预付款、进度款、结算款三类。国内施工企业此类纠纷案件在司法实践中一般只是针对被拖欠的工程结算款。由于国内工程实践中一般不约定工程预付款，于是实践中除了结算款之外的突出矛盾就表现在拖欠工程进度款的如何应对、处理。施工企业被拖欠工程进度能否主张、如何主张、主张什么等三个操作性问题，一直是困扰国内施工企业实务操作的疑难复杂的法律难题。本案发生在国内的国际工程索赔案情复杂，标的巨大，可分析、研究的法律问题众多，但我在介绍本案时仅围绕这三个问题而展开，案件从索赔提出到仲裁的全过程本身，操作性的答案非常明确。听课学员一致反映这样以案说法容易理解，听讲的实际效果非常好。

2. 精选服务主题的典型案例，必须具有针对性和吸引力

律师演讲选择典型案例一要精选，二要巧用，这是为了避免讲解法律规定和条文的枯燥乏味，换一个实务角度说明有关法律规定及其准确理解，把理论的法律规定变成课堂上实战型的案例分析。如何精选案例？须由律师的实务经验和演讲需要说明的法律问题决定，前述第四章“四、对没有报酬的专业帮扶讲课同样认真、负责”，说到我 2013 年 11 月 2 日在全国律协西部讲师团广西南宁站的讲课。广西律协要求就建设工程纠纷案件诉讼时效问题作针对性培训，这是一个律师在司法实践中不易把握的法律理论性很强的难题。我以“从典型案件处理看律师承办建设工程施工合纠纷案件常见诉讼时效问题的研判及应对”为题，在演讲开始不久就先介绍了一个典型案例。这个我自己承办浙江宁波中院审理的典型案件，涉及工程交付使用 5 年后还能否起诉有关质量争议的时效问题。我在具体介绍受理法院认为并不过时效的依据和理由的同时，介绍了该案司法鉴定针对质量缺陷的整改采取“整体顶升迫降的整改”方案，这一少见的司法鉴定意见极大地吸引了听讲的律师，同时使律师理解了工程主体结构质量缺陷及其诉讼时效的特殊性。

律师选择案例的如何使用、何时使用也大有文章，案例的巧用往往能起到吸引学员集中听讲的作用。律师讲半天、一天课，如果不用一系列的案例来说明课程内容和观点，要保持课堂纪律和学员的集中听课简直没有可能性。本章“二、观察现场情绪，及时调整内容”曾介绍，为提高学员听课积极性，我针对课程内容需要每次讲课事先准备讲义时会刻意准备 1 ~ 2 个有趣味性和有针对性的典型案例，讲半天课时会放在发现学员听课厌倦时讲述，讲一天课会放在下午讲课开始不久学员容易困倦时演讲，以此来调动学员的听

课兴趣，提高学员听课的积极性，这些技术处理方法在实践中每每能取得较好的效果。该篇介绍：由于我时间安排上有困难，北京房山建筑公司组团主要负责干部和部门负责人共50人来到上海，当面听我专题讲两天课。其中讲到了我介绍一个案例治好了公司项目经理中有名的“开会瞌睡虫”的故事。这个案例就是武汉三建的工期被索赔案。

案件发生在湖北省武汉市。1998年6月，建设单位武汉某房地产公司与武汉建工集团第三建筑公司经招投标签订了一份《建筑安装工程合同》。合同约定：由武汉某建筑公司承建位于武汉市香港路与光华路交汇处一幢科技大楼（B）和综合楼（C1、C2）；质量标准为合格；约定整体工程工期要求为，1998年6月18日开工，1999年5月31日竣工；其中B栋应于1999年5月31日竣工，C1、C2栋应于1999年2月15日完工；如承包人逾期竣工，逾期1个月以内承担每日35万元罚款，逾期超过1个月，每日按合同价的千分之一承担违约金；合同还对工程款的支付进度及质量违约责任作了约定。

在工程的基础施工阶段发生了基坑塌方事故，研究加固和修复方案致使工程停工了237天，施工过程中还发生了造成工期一再延误的许多事由，但施工单位对此并未及时办理工期顺延的签证手续。最后C1、C2栋的实际竣工日期为2000年1月8日，B栋的实际竣工日期为2001年9月。2001年10月12日，双方确认工程决算总价款为6225万元，施工期间发包人已支付了5020万元，尚欠1204万元。

工程交付后，双方因承包人是否承担逾期竣工违约责任发生争议。经协商不成，发包人于2002年8月1日向湖北省高级人民法院提诉讼，请求承包人支付逾期违约金共5280万元。承包人以拖欠工程款为由另案起诉，请求发包人支付拖欠款1204万元，利息263万元。

两案经由一审法院并案审理，确认发包人在施工过程中已经支付工程款5020万元，尚欠承包人工程款计1204万元。同时，法院对C1、C2栋工期延误324天，B栋工期延误811天的原因进行审理，根据承包人提供的证据确认C1、C2栋可顺延工期61天，B栋工期可以顺延136天，而经上述核减后的逾期工期即C1、C2栋逾期263天及B栋逾期675天，认定应由承包人承担相应的违约责任。2003年10月31日，湖北省高院对本案作出一审判决，判决承包人应根据双方合同约定承担上述工程逾期竣工的违约责任，经计算承包人应承担的逾期违约金为3032万元。同时认为，发包人未支付工程余款，系行使抗辩权而无须承担支付利息的违约责任。判决承包人和发包人各自应向对方支付的款项相抵后，由承包人向发包人支付1828万元。

一审判决后，承包人不服判决委托我为二审代理人向最高人民法院提起上诉，案件被发回重审。原审人民法院另行组成合议庭重新审理本案后，认为原审认定事实清楚，证据确凿充分，判决结果并无错误。遂于2004年11月1日以与原审同样的判决结果作出重审判决。承包人仍不服重审判决再次向最高人民法院提起上诉。最高人民法院于2005年8月16日作出终审判决，维持原判。

使用这个典型案例不仅治好了北京房建的“开会瞌睡虫”，还引起了所有听课人对于及时办理工期顺延签证手续重要性的高度重视。

3. 巧用典型案例，注重选择性使用以解决相关法律问题

律师在成人法律培训教学中要注意、注重巧妙得体地使用案例，巧用典型案例能够集中体现律师在演讲过程中的技法技巧。司法实践中，有的典型案例案情复杂，能够从多个角度、多个方面说明有关的法律问题和企业的合同管理经验，使用这样的案例应结合演讲主题的需要，有针对性、选择性地使用有关细节才能获得较好的实际效果。我在很多有关施工企业合同管理以及追欠索赔课程演讲时，都会使用我承办中建一局四公司的北京新万寿宾馆的案例。本案中施工单位完善基础资料管理，做到诉讼需要证明什么事实就能够提供什么证据，最终在困难情况下赢得工程追欠索赔案件的胜诉。我在演讲时会总结、使用本案中的有关经验，有选择性介绍有关案件情况，以说明施工企业为追欠索赔，加强证据管理在案件诉讼中获得主动的成功经验。

1993年4月，我接受原告中建一局四公司的委托，代理该公司向当时的北京市中级人民法院起诉追索北京新万寿宾馆工程拖欠的1400万工程款、

800万索赔款，起诉标的共2200万案件，被告以工程存在质量缺陷和工期延误提起反诉。本案的诉讼困难在于被告诉讼地位特殊，工程系中央某部与日本社会党的合资合作项目。承办案件过程中，我以委托人扎实有效的合同履约管理形成的证据，向法院证明原告的诉讼请求完全能够成立应得到支持；同样以确凿充分的证据证明被告的反诉不能成立。在法院主持下，案件于当年12月得以调解成功，原告追回全部拖欠的工程款及600万索赔款，成功获得的索赔款占工程总价的7.5%。本案诉讼取得的全面胜利引起主管部门的高度重视，1993年年底的一次清欠会议上，建设部有关领导对此案的评价是："不论是追回工程款和索赔款的数额，还是依法解决工程款的成效和影响，本案都堪称中国建筑业追欠索赔第一案。"此后，有关媒体便以"中国建筑业追欠索赔第一案"为题报道本案。

本案当时在整个建筑行业影响巨大，但我在使用这个案例时会节选相关案情说明我要说明的问题，一般都只在简要介绍案情后，根据讲课主题需求有选择性地使用其中的有关经验。例如，演讲内容为说明证据对于案件胜诉的重要性，我会着重介绍该公司按土建和安装工程分类搜集、整理两大铁皮柜的书面证据，当律师需要什么证据，公司就可以提供什么证据，靠着这样的有效管理才最终赢得了案件的主动权。为说明施工单位对因设计缺陷而不应承担施工质量责任，我会总结介绍本案履约过程中施工单位对接手设计文件时立即提出对设计缺陷的书面异议、设计变更的确认手续以及按变更设计组织施工的验收合格等一系列证据证明施工单位的无过错，从而被确定施工单位不负此类质量缺陷责任的成功经验。

4. 律师以案说法只追求讲课效果，切不可借案炫耀、吹嘘自己

我和许多专业律师一样认真负责地出庭代理承办诉讼案件。在建纬所专事建设工程和房地产法律服务25年的实践中，我承办的建设工程和房地产专业案件达1000多件，其中有不少是典型案例。2016年8月和12月，由法律出版社出版我的一套两本专著《墨斗匠心定经纬——建设工程疑难案件办案思路与执业技巧》和《墨斗匠心定经纬2——房地产开发疑难案件办案思路与执业

技巧》，分别收集有关26个建设工程和28个房地产共54个典型案例。这些基本上是各地中级、高级人民法院和最高人民法院终审判决生效的各类成功案例，在建设工程和房地产领域具有一定的典型意义，54个案例中有10个案例由最高人民法院审定。全书录用的第一个案例，当事人合同约定固定价格计价，因发包方违约合同被解除，承包人起诉索要已完工程价款。青海省高级人民法院一审按合同约定总价与已完工程量的比值折价计价，判决承包人返还发包人付超的工程款98万元。我代理本案二审，最高人民法院按当地行政主管部门发布的计价标准，改判发包人支付承包人941万元及违约金，该案成为《中华人民共和国最高人民法院公报》2015年12月期刊用的案例。律师在司法实践中承办的典型案例，能够成为演讲或讲课以案说法的丰富来源，上述一套两本书所列的许多案例也都成为我演讲或讲课中经常引用的典型案例。

律师演讲包括讲课中选用的案例，其目的只能是说明演讲的主题思想、主要观点以及需要说明强调的法律问题。以案说法只能服务于演讲的主题，不能用于其他，这就要求律师在演讲时不需要全部、全面介绍案件的来龙去脉，只需要运用案例相关经验用以说明相关法律问题的理解即可。我在不同的课程演讲时多次运用上述中建一局四公司的成功案例，主要强调的是企业加强证据管理对案件胜诉的极端重要性。之前介绍演讲中先后运用我承办标的54813万元的上海东海广场和标的2803万美元的上海浦东正大广场案，在以案说法时都只涉及要说明有针对性的法律问题，甚至连案件的成败都不涉及。直到有学员提问办案结果，我才会告知案件都获胜诉，东海广场的全部本息都被判追回，正大广场仲裁案在申请人的仲裁请求2543万美元的基础上，反索赔成功的款项达1800万美元。

律师演讲选用自己承办成功的典型案例，客观上已经在宣传、推销自己，尽管这须以办案成功的事实为前提，宣传办案成功当然也是律师演讲营销事实上需要达到的目的之一。但是，这里有一条界限：律师介绍办案的成功经验和实际效果时要同时总结当事人的管理经验，律师成功办案的经验介绍应控制在受众能够接受的尺度或范围内，不刻意宣传办案的成功，听众一般不会产生反感，甚至有学员评价说这是低调的张扬、平和的炫耀。但律师演讲切不可在以案说法时借题发挥，介绍案例纯粹为了吹嘘和炫耀自己，不能在自我感觉良好的前提下过度宣扬，否则就会让受众产生反感甚至厌恶感。实践中引而不发、低调演讲比刻意吹嘘、突出自己的效果更好。

### （二）精制演示模板，有利于教学的认知通感、意象活泼

除了哈佛大学的案例法教学之外，现代演讲学，也是从美国引进的另一个技术手段，是演示模板即 PPT 文件。所谓 PPT，一般都认为是美国微软公司出品办公软件的重要系列组件 PowerPoint 的简称，是一种利用电脑制作的演示功能强大的文稿图形程序，也被国内俗称为投影幻灯片。这种技术手段的应用，增强了多媒体支持功能，利用电脑和 PPT 制作的图形文稿，可以做成一页一页的幻灯片利用投影仪播放，也可以通过不同的形式利用投影使用，并可在播放过程中插入音频和视频，包括电视播出内容及照片等可视内容。演示模板的运用，使受众学员在演讲现场不仅能够听到演讲人的声音，还能看到图形、文字以及画外音，使演讲、听讲的效果更能产生通感。所谓通感又称感觉转移，是一种修辞方法，指的是在描述客观事实时，用技术手法使感受转移，把人的视觉、听觉等不同感受互相沟通交错，彼此挪移转换，使意象更为活泼、新奇的修辞方法。毫无疑问，精制演示模板也是律师为使演讲产生吸引受众学员不可或缺的重要技法技巧。

#### 1. 可听可视的通感，要求演讲既提供文字讲稿又制作 PPT

我认为律师外出演讲或讲课要真正对受众学员负责，就必须做好充分的准备工作，不仅课堂上要有事先做好的 PPT 文件能够演示投放，还要事先撰写准备的书面讲稿。因此，我从 1992 年以来的 25 年间先后 1218 次演讲或讲课，演讲前都会自己撰写讲稿，凡是给我当助理的，一项重要的工作就是按我撰写的讲稿编制 PPT 文件，于是，到现在已留下了几百份讲稿和 PPT 文件。我认为：律师外出演讲或讲课，为对受众学员负责，满足听讲人的听觉、视觉的通感需求，也为使自己的演讲产生吸引当事人的实际效果，必须既撰

写讲稿，又制作、提供PPT文件，使听讲人在觉得老师讲得有道理、有继续回顾学习的需要时，可以自己在课后阅看老师提供的书面讲稿。律师演讲提供书面讲稿和演示文件是对学员负责任的基本要求，我认为这并不存在个人知识产权的流失问题，因为律师外出讲课就是与学员分享自己的知识成果的。人各有志，如果律师不同意与他人分享自己的知识成果，这本身并无不当，那就不要外出演讲或者讲课，而如果律师注重于演讲营销以拓展自己的业务，则不应当忌惮自己知识成果的与人分享。

之前讲过的2013年9月18日，我以“最高人民法院有关建筑房地产的两个司法解释对提高律师专业化服务提出的新要求”为题，第七次在新疆讲课。听课的律师们普遍反映这堂课对他们的实务操作帮助很大，有的律师因为来晚了没有座位，甚至有人站着在做笔记。我深知新疆律师业务学习的艰难，此次培训除把演讲的书面讲稿和PPT演示文件全部提交给新疆律师协会，当新疆律协询问我能否同意对全场讲课录像并刻制光盘作为律师学习的资料时，我毫不犹豫同意由主办方刻制光盘分发各地、市、州律协，以便全疆各地的律师能够分享。

又如，2014年9月25日，我被安排参加全国律师西部讲师团在西安的演讲。事先征求陕西律协关于演讲主题的意见时，他们对律师办理建设工程案件的时效问题感兴趣。但是，当年9月4日，国家住房和城乡建设部刚在北京召开“工程质量两年治理行动”电视电话会议，部署全国开展严厉打击工程转包、挂靠的违法行为。国家开展打击工程转包、挂靠的违法行为必然会扩大律师的业务来源，同时也会对律师相应的法律服务提出新的要求，尤其是住房和城乡建设部配套推出的《建筑工程施工合同转包违法分包等违法行为认定查处管理办法（试行）》即118号文件，对原先立法不明确且缺乏操作性的发包人违法发包，承包人转包、违法分包以及挂靠等违法行为作出了明确的界定，这必将在司法实践中产生相应的连锁反应，律师及时掌握相关规定有利于承接相关业务，也有利于该办法以及“工程质量两年治理行动”的顺利实施。因此，我在西安的讲课经陕西律协同意，实际演讲时先简要介绍了“从典型案件处理看律师承办建设工程施工合纠纷案件常见诉讼时效问题的研判及应对”课程的主要内容，并给听讲律师提供了书面讲稿后，主题改以“《建筑工程施工合同转包违法分包等违法行为认定查处管理办法(试行)》对律师专业法律服务提出的新要求”为题，对上述118号文件进行解读，并对律师拓展此项业务的要求和方法进行了分析和探讨，尤其是有针对性地分析该办法涉及的发包人、承包人、分包人、实际施工人以及政府各方市场主体对律师的非诉讼和诉讼法律服务的巨大需求。我这次演讲的是当时最新、最前沿的律师专业法律业务，1200多名陕西律师参加听讲，他们都获得我的两份专题讲义。

2. 提高PPT文件制作质量和水平，以增强吸引力和观赏性

演示模板可分为静态模板和动态模板，动态模板可通过设置动作或动画展示达到与意思表示同步，其现场演示效果更时尚、更先进。PPT文件信息演示功能强大和繁多，演讲人充分发挥其利用图表、文字、动画、音频和视频等各种显示、演示功能，不仅能使演讲或讲课的内容和信息量大幅增加，而且使演讲的主题更清晰、内容更丰富、逻辑更严谨，有利于受众学员在听课现场产生通感和美感，能够产生简洁、清晰、动人、美观的实际效果。因此，律师注重演讲营销，就应当认真学习、研究PPT文件的可听、可视功能，大力提高PPT文件的制作质量和水平，以增强演讲或讲课的现场观赏性和吸引力，甚至是震撼力，从而达到通过演讲或讲课提高业务来源的营销目的。

世上无难事，只怕有心人。我一开始根本不了解PPT文件及其展示功能，不善于提供有质量的PPT文件，只会依葫芦画瓢，但是，由于我经常在外开会、讲课，有机会不断感受到做得好的PPT文件所产生的吸引力。我在参会时有心注意做得好的PPT文件的技巧和方式，回来就会转告助理们要借鉴采用。看到凡是PPT文件在演讲过程展示有音频、视频或动画等内容，参会的受众就会特别关注、特别认真，我就会学习借鉴这项技术处理手段，并且在平时注意收集相关内容，演讲时会穿插相关的音频、视频以提高演讲对

受众学员的吸引力。例如，我的演讲PPT文件中经常会运用搜集到的造成21人死亡的杭州地铁塌陷事故，以及死亡19人的武汉东湖生态园工程升降机高空坠落事故的现场照片，以说明工程质量、安全的重要性和转包挂靠的危害性，演讲的实际效果也非常有吸引力和说服力。

2010年11月15日，上海市静安区胶州路728号的存量房屋、共28层的教师公寓正在进行外墙改建、增加保温层和更换钢窗的施工，大楼住有156户、400多名居民。下午2：15，因外墙10层脚手架上两个电焊工违章施工的火星掉落，引燃易燃的保温材料并迅速吞噬着脚手架外侧的尼龙安全防护网，浓烟随即冒起，火势迅速蔓延终于酿成震惊国内外的重大城市火灾。经过对遇难者遗骸的DNA检测，上海“11·15”火灾事故遇难人数为58人，其中男性22人，女性36人。除此之外，有73人在本次大火中受伤。当时，我从上海电视台现场直播的画面上看到大楼外面搭设有脚手架，就感觉到这是一起重大的建筑安全事故，并因此注意收集了第二天早上7：00上海电视台播出3分40秒的新闻报道视频内容。

之后，国务院调查认定这是一起因转包等违法行为引起的特别重大的城市施工现场大火事故。本书第一章“三、连续奔波的超级宣讲，影响巨大的专业广告”，有说到我2013年5月29日在北京国谊宾馆的一次宣贯讲课。这是我应邀在修订的《2013版建设工程施工合同（示范文本）》正式施行前，由住房和城乡建设部组织全国各省、市建设主管部门和各地建筑业协会有关负责人参加的新版施工合同的宣贯大会，我以《及时应对新版合同，加强施工合同管理——执行2013版施工合同及合同管理新制度的十二个操作问题》为题的宣贯讲课。课件第二部分“从我国建筑市场两起震惊国内外的特别重大的案件，看加强施工合同签约和履约管理的重要性”，在讲到第二点“转包以及抢工期致施工现场管理混乱引起的上海静安11·15大火案”时，我就穿插了自己收集的这段视频，我观察听课现场的所有人都被这段很平常的新闻报道所吸引。既然效果如此好，我以后在各地的同类讲课都会采用。

又如，2013年8月18日，我应邀在一家主要针对律师的社会办学机构，

主讲“工程总承包合同以及律师在操作中应注意的法律问题”专题课。课程内容需要介绍我国在利比亚以工程总承包方式投资、建设项目的情况。北非国家利比亚因政局不稳引发骚乱，卡扎菲政权对此处置失当引起局部战争，国家基本秩序失去控制，导致外国的投资建设无法保障安全。我国有多达1700多亿人民币的许多工程项目因动乱和战争处于不可抗力的危险境地。我在演讲的PPT文件中穿插了美、英等国发动对利比亚大规模轰炸的视频内容。这段视频使演讲现场的学员认识到我国在国际工程总承包模式的不可抗力风险，也起到非常直观也令人非常震惊的实际效果。

典型案例说法和演示模板运用两项技术手段都源自美国的最新技术成果，律师主动采用这两项技法技巧在演讲时能够产生令人耳目一新的吸引受众的实际效果，其技术的新颖性和鲜明性以及运用的主动性和自主性，甚至直接决定着律师演讲的现场效果及其能否成功。因此，注重演讲营销的律师，除了遵循演讲成功的一般规律和要求之外，还必须顺应技术的发展和时代的要求，尽量采用先进的技法技巧使自己的演讲达到新高度，符合时代进步和技术创新的新要求。

## 五、控制语言节奏，熟练修辞手法

语言和修辞是演讲的基本载体。演讲是在自然语言基础上加工后的口头语言艺术，其技术性体现在发声技巧和节奏技巧两方面；而修辞的本意就是修饰语言，即利用多种手段以收到尽可能好的表达效果的使用语言技巧。律师演讲语言及其控制节奏和能否熟练运用修辞手法的能力和水平，对能否吸引受众学员的听讲关系极大。律师演讲的主要对象是成人，成人法律培训教学的演讲更具有与一般演讲的语言和修辞手法不同的特点和要求。这两项技法技巧虽然是演讲的一般要求，但律师个人的技术素养往往决定了演讲能否成功。

本书第二章“一、竞选演讲‘黑色3分钟’和‘示范讲课’点评的痛与根”介绍过：上海市司法局和市律师协会于2006年7月开始启动，评选10名首届“东方大律师”。经过海选以及社会推荐和行业推荐，确定30名候选律师，最终这10名“东方大律师”，由38名上海市公、检、法代表和法律院校的知名教授和专家组成评选委员会，通过无记名方式由评委投票评出。

为体现公开、公平、公正原则，评出的律师为社会公认、行业认可、同人信服，评选委员会决定候选律师须在评委投票前自选题目发表竞选演讲3分钟，让评委在书面材料外还有个对参评律师的直观印象，评委会认为3分钟演讲能够体现律师的能力、素质和水平。也就是说，10名“东方大律师”主要将通过3分钟自我演讲的考评决定。

律师的语言和修辞手法如何在演讲中体现的呢？此次演讲得分第一名的是翟建律师，他共800字左右的3分钟演讲内容是：

我是律师翟建，一个只办刑事案件的律师。我的个人经历非常简单：从工人到大学生，再从大学教师到专职律师。今年愚人节就年满50周岁的我，参加革命已经是第35个年头了。回顾20多年的刑事辩护生涯，我有过成功、有过失败，有过欢乐、有过悲哀。但如果问我在这段经历中，什么事情最令我难忘？我最难忘的不是某一件案子，而是一次会议。那是在上海金茂大厦召开的一次中英刑事诉讼研讨会。英国法官介绍了他们国家的陪审团制度后，开始接受与会者提问。我提问：“一个杀人犯，陪审团却认为他无罪，作为法官你将如何判案?”

那位大法官毫不迟疑地立即回答说：“我是一名法官，我的唯一职责是执行法律。法律是什么？法律是人民意志的体现。所以我执行法律本质上就是在执行人民的意志。陪审团是干什么的？陪审团是人民意志在某一个具体案件上的具体体现。因此，假如是一个杀人犯，当陪审团宣告他无罪的时候，我立即明白：人民已经宽恕他了。我有什么理由和权力要去改变人民的意志呢?”

说得真好。我为这位大法官的理念所深深折服。我在思考：

假如我们也有个陪审团，我们的侦查人员将更加注重调查取证的合法性，因为每一项证据都将经过陪审团严格的审查；

假如有个陪审团，我们的检察官们将更加提高每一次起诉的说服力，因为只要说服了陪审团，就能给被告定罪，不再需要什么相互配合；

假如有个陪审团，我们的法官将更加中立、超脱，真正独立地行使神圣的审判权，因为他们不再左右为难；

假如有个陪审团，我们的律师将更加注重把所有的聪明才智运用到法庭之上而不是法庭之外，因为决定命运的是陪审团而不是其他；

假如有个陪审团，我们的审判将更能体现人民的意志，更能促进社会和谐，因为陪审团本身就代表着人民的意志。

因此，我真想有个陪审团。

这篇讲稿的题目是自选的，800 字的演讲内容时间刚好 3 分钟，其语言简洁、生动、明快、幽默，一篇短文使用了明喻、暗喻、排比、类比、设问、反问等一系列的修辞手法，更主要的是自选的主题具有时代意义的吸引力和震撼力，评委给出最高分理所当然。

据此，分析、研究律师演讲的语言技巧和修辞技法非常有必要。

### （一）控制语言节奏，有利于气场的抑扬顿挫，吸引学员

律师演讲是有气场区别的，而气场是由语言调控的。演讲人的演讲平铺直叙，语速不变；慢条斯理，节奏不变，听讲人就会困倦，内容再好也对听讲提不起积极性和注意力，从而引起课堂纪律松弛甚至大面积打瞌睡。因此，有效控制演讲语言的节奏和语速、语音的变化，以此建立起演讲人把控的演说气场。只有演讲人的语言快慢有别和语速的抑扬顿挫，才能建立起演讲的可控气场以吸引受众学员。

我在 25 年的丰富演讲实践积累的经验有五条：

1. 以演讲人激扬顿挫的语言气场感染听众

说演讲气场可由演讲人把控，指的是演讲人应当自己首先进入主题需要的角色，能够以激扬顿挫的语言感染听众，这一点对于演讲产生效果非常重

要。演讲人要能够把控气场，前提是事先做好了充分的准备，自己确信演讲的主题是鲜明的，内容也是正确的，站在讲台上是自信的；如果自己对演讲主题和内容的正确和准确不能确定的，其基本观点模棱两可的，就难以令听讲人信服，也就难以把握现场。在这个前提下，演讲人将激情投入角色，声情并茂地讲解，该愤怒时声调先激动，该惋惜时语言先同情，就能够起到现场的震慑或鼓舞作用。例如，我在讲课中介绍上海锦普大厦案件因甲方供应水泥的质量缺陷，造成四个楼面混凝土结构被炸，一审法院判决承发包双方按 7∶3 的比例分担损失，我代理二审改判由发包人承担。我在讲课时会义正辞严地提高声音说：谁供应建筑材料、谁负责材料质量是建筑行业的基本原则，一审法院怎么能违背这个行业基本原则？为什么发包人生病，要承包人吃药？往往因此就引来台下的阵阵掌声。

2. 摒弃不必要的口语重复和过渡词语

演讲实践中，许多律师会把自己不注意已形成的口头语和不当的语气词带到会场或课堂，这是演讲中的一个通病。有的演讲语言中夹杂着不当的口头语，例如“这个”“那么”；有的语句中有不必要的“嗯”“啊”等重复词语，并且造成演讲的不精练和语言的啰唆；还有的往往说过的话重复两遍甚至三遍，既浪费演讲时间，又让人厌烦。我们建纬所先后两次组织的示范演讲培训班，都在点评时着重指出示范演讲人存在的此类问题，甚至有一个示范演讲的律师在讲一句话中出现了 13 个“那么”。我自己在开始演讲或讲课时也同样存在这些问题，但是在被那次让我终生难忘的示范讲课点评指出后，自己有意识地注意这些问题才逐渐克服。律师自身的演讲技巧要取得进步，关键是自己有意识地发现这些问题，而个人已形成的语言缺陷自己往往不能有意识地发现。我的经验是：律师注重演讲营销又想提高演讲水平，一定要树立主动摒弃不必要的口语重复和过渡词语的意识，动员、鼓励朋友或客户发现并及时指出这些问题，通过自我努力不断纠正缺陷，有意识地不断提升演讲的语言能力，而主动、有意识地发现纠正演讲中的语言缺陷，通过锲而不舍的努力是完全可以做到的。

3. 演讲的口语化以及讲自己理解的实话，切忌套话、废话

法律教学培训一个大难题是专业法律本身的枯燥乏味，法律条文本身的不易理解，而听课的大部分受众学员又非学法律出身。如果演讲老师不能深入浅出地讲解，用通俗易懂口语化的词语表达复杂的法律问题，就难以达到较好的演讲效果。在演讲实践中，许多演讲的内容文书化、官场化又照本宣科，许多演讲内容是从报纸上、文件上转摘而来，文书化倾向加上照本宣科使听讲学员会感到在听时政报告；也有的演讲模仿领导讲话、时髦的官话、套话、废话，在开头、结尾时滔滔不绝，又会让听讲人觉得不是在听专业课而是在听时政报告。

解决这些问题的对策，是要将演讲口语化并形成个人的演讲风格，讲解使用经自己消化、理解后的个体语言讲解，其目的是让听讲的学员对深奥的法律理论和条文能够通俗易懂，一听就能记住。本书第四章“四、对没有报酬的专业帮扶讲课同样认真、负责”说到，2013 年 11 月 2 日，我在广西壮族自治区首府南宁，为当地律师做了题为“从典型案件处理看律师承办建设工程施工合纠纷案件常见诉讼时效问题的研判及应对”的专题演讲。我讲这个课程要涉及民法法学理论中的期限、期间、除斥期间这三个基本概念，这三个基本概念对非建设工程专业的律师和非学法律出身的行业人员，在学习和理解上都有难度。我用理论结合实际的口语化和实话实说方式一言以蔽之，听课人反映一下子就听明白了。

例如期限，民法理论是指法律规定或者当事人约定的一定时间，即法律关系发生、变更和消灭的时间，可以由法律规定，也可以由人民法院裁判确定，还可以由双方当事人约定。无论采用什么方式，期限一旦确定，对双方当事人都具有法律约束力，任何一方不得擅自变更。我从法理上讲过这个定义后，举例《1999 版建设工程施工合同（示范文本）通用条款》第 26 条有关进度款的规定，这个规定当事人都知道，进度款支付应在申报后的 14 天，这 14 天就是期限。

又如期间，民法理论指从某一特定的时间点到另一特定的点所经过的时

间。我又结合工程的工期概念，指开工到竣工所经过的日历天，这就是法律上的一个期间的概念。

再如除斥期间，指法定的权利存续期间，因该期间经过而发生权利消灭的法律后果。学理上的除斥期间的具体规定，或者因法律、法规或最高人民法院司法解释的规定，或者因当事人的合同的约定而产生并发生法律效力。我引用《2013 版建设工程施工合同（示范文本）通用条款》第 19.1 款“承包人的索赔”之规定：“承包人应在知道或应当知道索赔事件发生后 28 天内，向监理人递交索赔意向通知书，并说明发生索赔事件的事由；承包人未在前述 28 天内发出索赔意向通知书的，丧失要求追加付款和（或）延长工期的权利，”说明此项规定的 28 天即除斥期间，也就是当事人平时所说的“过期作废”或者“过了这个村，就没有这个店的意思”。

我在演讲中对上述民法中有关时效的三个枯燥且难以理解的基本概念，结合自己消化、理解并结合行业实际或惯例，用口语化的个体语言进行比较、类比，在演讲过程中取得了通俗易懂的实际效果。

4. 注重培养演讲语言的生动、风趣、简洁、幽默

律师演讲的语言风格除了千万不可环顾左右地绕圈子，要针对主题开门见山、直截了当以外，还有一个重要的技术要求即演讲语言应生动、明快、风趣、幽默。这要求是有点高，却是成功演讲必不可少的技术素养和表达技巧。同样的意思表示，用比较风趣、幽默的语言表达，听讲的受众学员就会产生享受感；同样的分析归纳，用相对简洁、明快的话语传递，受众学员就能体验听讲的舒适感。

什么叫作语言的风趣、幽默呢？仍以翟建被评为上海首届东方大律师的那场 3 分钟的演讲为例。他开场的第一句，“我的个人经历非常简单：从工人到大学生，再从大学教师到专职律师。今年愚人节就年满 50 周岁的我，参加革命已经是第 35 个年头了。”这样的自我介绍就比较风趣、幽默。

什么叫作语言的简洁、明快呢？翟建在演讲时涉及自己参加在上海金茂大厦召开的一次中英刑事诉讼研讨会。演讲内容说道：“主讲的英国大法官

介绍了他们国家的陪审团制度后，开始接受与会者提问。我提问：‘一个杀人犯，陪审团却认为他无罪，作为法官你将如何判案？’那位大法官毫不迟疑地立即回答说：‘我是一名法官，我的唯一职责是执行法律。法律是什么？法律是人民意志的体现。假如是一个杀人犯，当陪审团宣告他无罪的时候，我立即明白：人民已经宽恕他了。我有什么理由和权力要去改变人民的意志呢？’”这样的语言风格就相对简洁、明快。

5. 不断修炼普通话的发音，让学员能够听明白

律师演讲应当使用标准的至少是比较标准的、能让人听得懂的普通话。所谓普通话，是指以北京语音为标准音，以北方方言为基础方言，以典范的现代白话文著作为语法规范的中华不同民族进行沟通的共同通用语言。律师在演讲中只有使用标准的普通话，才是所有受众学员能够听懂的规范语言。普通话的语音和发声都有标准，如果演讲人演说的普通话语音和发声不准确、不标准，听课人也会听不懂。

出生并从小生活在上海的我，从小接触沪语普通话，其语音和发声很不标准、很不准确。这一天生的弱点使我在开始演讲或讲课的第一阶段，演讲语言严重不过关。常常有人反映听不懂我讲的有些话、有些词语。上海人的普通话语音不准，说“清理图片”，听讲人会误以为是“清妙肚片”；上海话发音“王”“黄”不分，讲课讲到“现金为王”时，听课人会误以为是“现金为黄”，不明白什么意思。课间休息时，也常会有人和我讨论因语音和发声不准确而引起的意思表示的疑惑和误解。经过自己好几年不断地修炼和调整，我的演讲进入第二阶段，说普通话的情况有所好转，学员反映听不懂我说话的情况有所改善，但还是很不标准、很不流畅，虽然有人鼓励说我的“沪语普通话”有所进步。又经过好几年的继续校正和调适，情况继续有所好转。

我的普通话演讲的前后两个阶段，先后经过好多年的磨砺进步仍很缓慢。原因是，一自己没有时间去专门学习；二也没有什么好的办法。我的笨办法还是自我的有意识地进行比较，寻求改变，我会比较电台、电视台播音员或主持人的语音和发声与我的区别，比较北方律师的语音和发声与自己的不一

样。从我的普通话从很不标准到逐渐进步，相应能力逐步有所提高的过程，仍然印证了那句名言“世上无难事，只怕有心人”。南方人天生的普通话语音、发声不标准、不准确，还是可以通过自我的扬弃和修复，能够逐渐得到校正和改善的。

上述五条关于律师演讲语言及节奏控制的实践经验，来源于我的演讲总体上取得较好效果的总结和体会，用以说明律师经过不懈努力解决演讲的语言问题，提高相应的能力和水平是完全能够做到的。

### （二）熟练掌握修辞手法，有利于演讲的醒人耳目，产生联想

聆听一场成功的演讲能醒人耳目，使人产生回味和联想，尤其是让呆板、枯燥的法律教学培训能够生动活泼，充满生气，这很大程度需要或者依赖于修辞手法的成熟运用。所谓修辞，指为提高语言表达效果的需要，以多种有效的语言手段和描写方法进行必要的美化和修饰，使语言表达具有准确性、鲜明性和生动性的技巧运用方式。修辞手法繁多，一般认为主要有比喻、拟人、排比、反问、设问、夸张、对偶七种，还有如前所述的通感等修辞手法。这七种修辞手法的演绎和引申，又能产生许许多多的具体修辞方法。要学习演讲，就必须学习使用修辞手法，并善于在演讲中结合需求熟练地运用。

显然，修辞手法在演讲中的熟练运用，有利于醒人耳目、引人入胜，让听讲人产生联想。而如果能够使人引起联想，演讲也就成功了。

#### 1. 修辞手法的熟练运用有利于消除法律课程的枯燥和呆板

演讲人熟练使用各种修辞手法最能体现其演讲才华，修辞手法最常用的是比喻，把大道理化为小比方，可以使原本呆滞、古板的法条理解变得活泼又有灵气，把市场中的弊病说得形象而生动。例如，上海于2006年7月评选10名首届“东方大律师”，第一名翟建的三分钟演讲词的开头说：“我的个人经历非常简单：从工人到大学生，再从大学教师到专职律师。今年愚人节就年满50周岁的我，参加革命已经是第35个年头了。”这里说的“愚人节”用的是比喻中的暗喻手法，这既自嘲是个“愚人”，又通过“暗喻”自我介

绍出生时间是4月1日。这样的诙谐、风趣的演讲开头，一下子就吸引了评委的关注。

我在有关建设工程类的演讲中常常会涉及工程招投标过程中投标人的种种让利和无奈，以及如何设定对策预防风险。我经常会说："建设工程的招标人好比是爷爷，投标人好比是孙子，孙子怎能不让着爷爷？因此，投标人要想中标，就要准备'吃药'，因为不'吃药'根本就中不了标。"这里把市场强势地位的招标人比作爷爷，把急欲中标不得不让利的投标人比作孙子，把投标让利比作吃药，使用的修辞手法都是比喻。我在演讲中还会针对投标人如何化解法律风险继续使用比喻手法，我在演讲时会说：招标人为了中标而吃了药，其实就是中了毒。因此，必须同时准备好"解药"，中了毒不及时吃"解药"可是要死人的。这"解药"是什么呢？"解药"就是律师给出的预防法律风险的对策。这里使用的仍然是一系列的比喻修辞手法。

还有之前说到我为了让听课的年轻工人上课不打瞌睡，在黑板上板书的四句打油诗"春天不是读书天，夏日炎炎正好眠，秋有蚊虫冬有雪，收拾收拾好过年"，用的完全是比喻的修辞手法以讽刺不好好读书的歪理邪道，在实践中为解决学生打瞌睡的效果比较好。

2. 为让受众产生联想而综合选用有针对性的修辞手法

常见的七种修辞手法有时根据演讲强调、提醒的客观需要，不同的修辞手法需反复使用、连续使用、交叉使用，以渲染气氛，加深听讲人的印象使之产生联想，以达到演讲的目的。

我的演讲常常会涉及承包人提供工程结算时会高估冒算以应对工程审价。对此我会说："现在行业内认为承包人送交工程决算的态度是'头戴三尺帽，准备砍一刀'还不够，应该头戴六尺帽，准备砍两刀，因为发包人要砍一刀，还要准备审价单位再砍一刀。"这里使用的是反复的暗喻和夸张相结合的修辞手法。在说到承发包双方都要提高预防法律风险的意识时，我会说："现在承发包双方都要格外重视法律风险的防范和化解。承包人一方往往说发包人市场地位强势，给我的合同文本都是‘霸王条款’，我是‘喜羊羊遇上大灰狼’；发包人则说承包人表面上恭敬，实质上在合同条款里留下了不少陷阱，到了关键时刻就给我一个‘下马威’。承包人说发包人绝对‘小气鬼’，工程结算可给可不给的钱都不给；发包人则说承包人就是一个‘黑心鬼’，可要可不要的钱都要。所以我们在建筑市场要学会‘与狼共舞’，学会‘与魔鬼打交道’。”我这里就交叉运用、连续使用了一系列的明喻、暗喻、类比、对偶等修辞手法，使听讲人心领神会，联想翩翩。

本章“二、观察现场情绪，及时调整内容”说到律师针对演讲中的问题应该不断总结经验教训时，我说：“演讲的律师面对讲课时不少学员都在打瞌睡，课没讲完一半学员走了，怎么不总结总结经验教训呢？怎么不好好分析分析个中原因以及该如何应对、解决呢?”这里连续使用两个反问的修辞方法，以提醒律师应该及时总结演讲中的经验教训，提高自己的演讲能力和水平。

前面说到翟建的竞选演讲词中有涉及他与英国大法官的提问和回答的一问一答内容，在现场演讲时话锋一转，他继续这么演说：“说得真好。我为这位大法官的理念所深深折服。我在思考：假如我们也有个陪审团，我们的侦查人员将更加注重调查取证的合法性，因为每一项证据都将经过陪审团严格的审查；假如有个陪审团，我们的检察官们将更加提高每一次起诉的说服力，因为只要说服了陪审团，就能给被告定罪，不再需要什么相互配合；假如有个陪审团，我们的法官将更加中立、超脱，真正独立地行使神圣的审判权，因为他们不再左右为难；假如有个陪审团，我们的律师将更加注重把所有的聪明才智运用到法庭之上而不是法庭之外，因为决定命运的是陪审团而不是其他；假如有个陪审团，我们的审判将更能体现人民的意志，更能促进社会和谐，因为陪审团本身就代表着人民的意志。因此，我真想有个陪审团。”这里，翟建一气呵成用了五个“假如有个陪审团”连续排比的修辞手法，才得出“我多想有个陪审团”的演讲主题和结论，这不仅让人产生一系列的思考和联想，还提出了我们的刑事案件审判

中的一系列弊端和问题。完全可以这么说：从演讲修辞手法运用的角度分析，翟建成为上海首届“东方大律师”演讲第一名，正是熟练运用一系列巧妙的演讲修辞手法的结果。

3. 巧用修辞手法有益于形成演讲的幽默感

我一再说成人法律培训教学最大的难题，是法律本身的枯燥乏味，法律条文的古板教条，如果演讲人不注意技法技巧的运用，往往一开始就陷入一本正经，泛泛而论，空谈理论，拖泥带水的被动境地。因此，演讲法律知识，尤其需要巧妙运用修辞手法产生演讲的风趣和幽默，以化解法律本身的凝滞刻板、难以理解的弱点。因此，受欢迎的法律演讲或讲课老师，一定是个能够熟练地、巧妙地运用修辞手法的高手。

中国律师界把《民主与法制》杂志总编刘桂明称为演讲的大内高手和律师行的第一主持人。他的演讲过人之处，在于能够在两种不同事物之间发现其相似之处和某种内在联系，并且把它们通过技术手段巧妙地联系起来，把表面看起来风马牛不相及的事物联在一起并且说得惟妙惟肖、风趣幽默，这实在是一种相当不易掌握的高水平的演讲技巧。今年 3 月 1 日，由出版单位和上海市建纬律师事务所共同在建纬北京分所举办我的一套两本《墨斗匠心定经纬》的新书发布会，会议请到的主持人正是刘桂明总编。

刘桂明的主持开场不同凡响。他不紧不慢地娓娓道来：“今天是 3 月 1 日，每年的 3 月份北京开会一定预示着有重大事情要发生。我们都知道，再过几天，北京将要举办数千人的大会，这个会将要决定今年我们国家的大政方针；我们也都知道，提交这个大会要讨论的事项，是由一个很小的、只有几个人的小会决定的。我们今天在这里举办一个不大不小的会，注定我们这里也会发生一件行业的大事，这就是朱树英律师两本重要的新书正式出版了。”他主持开场的演讲词正是把两件风马牛不相及的事物通过类比、明喻、暗喻、夸张等一系列的修辞手法加以联系，这个幽默、风趣的主持演讲词生动活泼，使人喜闻乐听，一下子调动了所有与会人员的情绪，全场不时发出意会的笑声。

演讲人的联想能力是通过熟练、巧妙地运用修辞手法实现的。因此，结论还是：律师要不断修炼、提高自己的语言能力和修辞手法，使自己的演讲能够醒人耳目、引人入胜，让听讲人产生联想。而如果律师的演讲能够使人引起联想，演讲也就成功了。

# 后记　读朱树英新书有感

多年来，我与朱树英老师亦师亦友。朱老师作为一位非常成功的律师，在法律实务领域取得令人瞩目的成就之余，一直致力于推动中国律师行业的教育工作，授业传道解惑，笔耕不辍。我是朱老师忠实的听众和读者，案头常有朱老师新作，还组织团队成员集体学习朱老师最新作品《墨斗匠心定经纬2——房地产开发疑难案件办案思路与执业技巧》。最近，朱老师将成册尚未印刷的新作发送给我，十分荣幸得以提前一睹大师书稿。自收到书稿后，怀着敬畏之心认真研读，获益匪浅，希望可以借此机会向大家分享我的心得。

朱老师此书，完全从律师的操作实务出发着重阐述了演讲的魅力。于个人而言，演讲能力是律师执业的核心技能，是律师完善自我修养和进行高雅营销的重要途径；演讲水平的不同将从专业技能、市场拓展能力、业务收入水平、执业传承等各个角度决定不同律师的层级。于行业而言，演讲与写作是律师群体将理论积淀和实践经验相互分享最高效的方式之一，是行业内部自我培训和传承的重要机制。

朱老师在书中，结合自己从事教员、文案人员、律师等工作的切身经历，分享了作为律师如何锻炼演讲技能，对每一位只要还在成长阶段的律师而言，都具有切实可操作的指导意义。

演讲既是一门艺术，又是一门技能。作为律师，应当从起步阶段就创造条件培养自己的演讲能力，最开始可以通过基层普法宣传等方式自我锻炼。一场完整的演讲包括选题、文稿写作、可视化文件制作、预演、演讲、接受提问等多个环节。《苦寒磨砺筑方圆——律师演讲技能提升之道》一书对各环节均有详细的描述和建议。演讲者应当准确把握受众需求与心理，量体裁衣式地选择演讲主题，围绕演讲主题准备演讲文稿并选择合适的可视化展示方式。演讲者对演讲内容深入研究，对演讲主题相关内容达到极其熟悉的状态，同时还应当通过预演调整发音、语气、表情等表达技巧，以确保流利度和讲演效果。演讲过程中，演讲者需要摒弃照本宣科式的授课模式，根据现场氛围等客观情况，调整演讲策略，控制演讲时长，详略得当地表达演讲内容。接受提问时，演讲者应以自身扎实的理论功底，现场分析问题并给出准确答案。优秀演讲技能的习得过程，可以锤炼律师的专业技能和心理素质等核心业务能力，也将为律师带来丰富的客户资源和业务收入，是年轻律师成长为优秀律师不可或缺的途径。

朱老师在书中总结自己学有所成后的理论知识和执业经验，重点强调已经小有所成的律师更应当注重能说会写，尤其是演讲的能力，以实现律师行业的不断发展和共同进步。

优秀律师演讲、写作主要是以自己既有的知识和经验为起点，总结归纳，提炼自己职业生涯中的理论积淀、经典案例等宝贵经验，尽量毫无保留地与同行、在校学生、法官、仲裁员、客户、行政机关、专业技术人员（如造价工程师）等分享。律师可以通过“自我总结、演讲、自我学习修正、应用于实践、再总结”往复循环的过程，快速高效地进行自我提升。同时，在演讲及写作过程中可以进行法律人之间的互动与交流，寻找志同道合的合作伙伴，组建具有凝聚力的团队；实现律师系统内部的自我培训，通过凝练的经验传授完成律师行业的传承。演讲、写作的能力是已有所成的律师必备的基本技能。

朱老师取得今日之成就，除过人的天赋和智慧外，还有我等常人望尘莫及的精神与意志。首先是坚持不懈的自律，我有幸与朱老师同在中华全国律师协会建设工程与房地产专业委员会任职，经常早上五点半接到朱老师的工作指示，这使爱睡懒觉的我一度非常“崩溃”。后来，我终于忍不住向朱老师请教早起工作的技巧，朱老师说他几十年如一日地坚持晚上八点睡觉早上

五点起床，利用早起精力充沛的时间将工作完成于他人睡梦之际。这种从点滴做起，持之以恒的自律最难坚持，也是最令人敬佩的。其次是与时俱进的时代精神，朱老师对新事物极为敏感并热衷学习，清楚地认识到如今掌握最新信息就是把握时代的脉搏。朱老师是律师圈中最早学会使用微信等信息工具的律师之一，并且很快建立建纬所公众号，定时保持维护和更新。该公众号迄今仍是我关注的公众号中最为活跃的一个，它对于房地产和建设工程领域的影响是不言而喻的。此外，旺盛的精力和体力是朱老师的标志之一，作为年长我们近二十载的长辈，朱老师与我们一起工作，特别是遇到“攻坚战”时，朱老师的工作热情和工作效率，丝毫不亚于年轻一辈律师，常以惊人的毅力带领我们攻克难关。朱老师一年之中大部分时间都用来工作，用他自己的话说，大概只有春节的三两天时间不是全天工作。朱老师的天赋和勤奋是我学习追随的对象，怀着对朱老师的敬佩，我一直努力“建议”朱老师，不要只专注于工作赚钱，也适时给自己留点时间花钱，发展的步伐稍微放缓一点，反正放慢一点我们也追不上，好歹给大家一个追赶的希望，不要让追随者纷纷绝望。

与朱老师的交往中，我可以明显地感觉到朱老师作为一个学者型律师，对于后辈律师寄予厚望，希望我们在追求自己业务进步和事业发展的基础上，注重提高能说会写的能力，完成自身总结、整理和升华之后，尽最大努力将职业经验传承下去，为推动中国律师行业的发展作出贡献。我敬重朱老师的学者情怀，对朱老师的教诲深以为然，将勤奋自律，沿着朱老师的足迹，钻研授课、著书立说。向所有有志于成为优秀律师和有志于推动律师行业发展的诸君推荐本书，与有此志向的诸君共勉。

袁华之

中华全国律师协会建设工程与房地产专业委员会副主任

北京大成律师事务所中国区副主席

北京大成律师事务所房地产与建设工程委员会主任

2017 年 5 月 7 日于北京